三聯學術

希腊神话和仪式中的结构与历史

[德] 瓦尔特·伯克特 著
刘宗迪 译

Classics & Civilization

生活·讀書·新知 三联书店

图书在版编目（CIP）数据

希腊神话和仪式中的结构与历史 / (德) 瓦尔特 · 伯克特著 ; 刘宗迪译. — 北京 : 生活 · 读书 · 新知三联书店, 2024.1
(古典与文明)
ISBN 978-7-108-07523-9

Ⅰ. ①希… Ⅱ. ①瓦… ②刘… Ⅲ. ①神话-研究-古希腊 Ⅳ. ① B932.545

中国版本图书馆 CIP 数据核字 (2022) 第 202287 号

责任编辑 王晨晨
装帧设计 薛 宇
责任校对 曹秋月 陈 明
责任印制 宋 家
出版发行 生活·讀書·新知 三联书店
(北京市东城区美术馆东街 22 号 100010)
网 址 www.sdxjpc.com
图 字 01-2018-4514
经 销 新华书店
印 刷 三河市天润建兴印务有限公司
版 次 2024 年 1 月北京第 1 版
2024 年 1 月北京第 1 次印刷
开 本 880 毫米 × 1092 毫米 1/32 印张 11
字 数 218 千字 图 12 幅
印 数 0,001–4,000 册
定 价 78.00 元
(印装查询：01064002715；邮购查询：01084010542)

“古典与文明”丛书
总序

甘阳　吴飞

古典学不是古董学。古典学的生命力植根于历史文明的生长中。进入21世纪以来，中国学界对古典教育与古典研究的兴趣日增并非偶然，而是中国学人走向文明自觉的表现。

西方古典学的学科建设，是在19世纪的德国才得到实现的。但任何一本写西方古典学历史的书，都不会从那个时候才开始写，而是至少从文艺复兴时候开始，甚至一直追溯到希腊化时代乃至古典希腊本身。正如维拉莫威兹所说，西方古典学的本质和意义，在于面对希腊罗马文明，为西方文明注入新的活力。中世纪后期和文艺复兴对西方古典文明的重新发现，是西方文明复兴的前奏。维吉尔之于但丁，罗马共和之于马基雅维利，亚里士多德之于博丹，修昔底德之于霍布斯，希腊科学之于近代科学，都提供了最根本的思考之源。对古代哲学、文学、历史、艺术、科学的大规模而深入的研究，为现代西方文明的思想先驱提供了丰富的资源，使他们获得了思考的动力。可以说，那个时期的古典学术，就是现代西方文明的土壤。数百年古典学术的积累，是现代西方文明的命脉所系。19世纪的古典学科建制，只不过是这一过程的结果。随着现代研究性大学和学科规范的确立，一门规则严谨的古典学学科应运而生。但我们必须看到，西方大学古典学学科的真正基础，乃在于古典教育在中学的普及，特别是拉丁语和古希腊语曾长期为欧洲中学必修，才可能为大学古典学的高深研究源源不断地提供人才。

19世纪古典学的发展不仅在德国而且在整个欧洲都带动了新的一轮文明思考。例如，梅因的《古代法》、巴霍芬的《母权论》、古朗士的《古代城邦》等，都是从古典文明研究出发，在哲学、文献、法学、政治学、历史学、社会学、人类学等领域带来了革命性的影响。尼采的思考也正是这一潮流的产物。20世纪以来弗洛伊德、海德格尔、施特劳斯、福柯等人的思想，无不与他们对古典文明的再思考有关。而20世纪末西方的道德思考重新返回亚里士多德与古典美德伦理学，更显示古典文明始终是现代西方人思考其自身处境的源头。可以说，现代西方文明的每一次自我修正，都离不开对古典文明的深入发掘。正是在这个意义上，古典学绝不仅仅只是象牙塔中的诸多学科之一而已。

由此，中国学界发展古典学的目的，也绝非仅仅只是为学科而学科，更不是以顶礼膜拜的幼稚心态去简单复制一个英美式的古典学科。晚近十余年来“古典学热”的深刻意义在于，中国学者正在克服以往仅从单线发展的现代性来理解西方文明的偏颇，而能日益走向考察西方文明的源头来重新思考古今中西的复杂问题，更重要的是，中国学界现在已经超越了“五四”以来全面反传统的心态惯习，正在以最大的敬意重新认识中国文明的古典源头。对中外古典的重视意味着现代中国思想界的逐渐成熟和从容，意味着中国学者已经能够从更纵深的视野思考世界文明。正因为如此，我们在高度重视西方古典学丰厚成果的同时，也要看到西方古典学的局限性和多元性。所谓局限性是指，英美大学的古典学系传统上大多只研究古希腊罗马，而其他古典文明研究如亚述学、埃及学、波斯学、印度学、汉学以及犹太学等，则都被排除在古典学系以外而被看作所谓东方学等等。这样的学科划分绝非天经地义，因为法国和意大利等的现代古典学就与英美有所不同。例如，著名的西方古典学重镇，韦尔南创立的法国“古代社会比较研究中心”，不仅是古希腊研究的重镇，而且广泛包括埃及学、亚述学、汉学乃至非洲学等各方面专家，在空间上大大突破了古希腊罗马的范围。而意大利的古典学研究，则由于意大利历史的特殊性，往往在时间上不完全限于古希腊罗马的时段，而与中世纪及文艺复兴研究多有关联（即使在英美，由于晚近以来所谓“接受研究”成为古典学的显学，也使得古典学的研究边界越来越超出传统的古希腊罗马时期）。

从长远看，中国古典学的未来发展在空间意识上更应参考法国古典学，不仅要研究古希腊罗马，同样也应包括其他的古典文明传统，如此方能参详比较，对全人类的古典文明有更深刻的认识。而在时间意识上，由于中国自身古典学传统的源远流长，更不宜局限于某个历史时期，而应从中国古典学的固有传统出发确定其内在核心。我们应该看到，古典中国的命运与古典西方的命运截然不同。与古希腊文字和典籍在欧洲被遗忘上千年的文明中断相比较，秦火对古代典籍的摧残并未造成中国古典文明的长期中断。汉代对古代典籍的挖掘与整理，对古代文字与制度的考证和辨识，为新兴的政治社会制度灌注了古典的文明精神，堪称“中国古典学的奠基时代”。以今古文经书以及贾逵、马融、卢植、郑玄、服虔、何休、王肃等人的经注为主干，包括司马迁对古史的整理、刘向父子编辑整理的大量子学和其他文献，奠定了一个有着丰富内涵的中国古典学体系。而今古文之间的争论，不同诠释传统之间的较量，乃至学术与政治之间错综复杂的关系，都是古典学术传统的丰富性和内在张力的体现。没有这样一个古典学传统，我们就无法理解自秦汉至隋唐的辉煌文明。

从晚唐到两宋，无论政治图景、社会结构，还是文化格局，都发生了重大变化，旧有的文化和社会模式已然式微，中国社会面临新的文明危机，于是开启了新的一轮古典学重建。首先以古文运动开端，然后是大量新的经解，随后又有士大夫群体仿照古典的模式建立义田、乡约、祠堂，出现了以《周礼》为蓝本的轰轰烈烈的变法；更有众多大师努力诠释新的义理体系和修身模式，理学一脉逐渐展现出其强大的生命力，最终胜出，成为其后数百年新的文明模式。称之为“中国的第二次古典学时代”，或不为过。这次古典重建与汉代那次虽有诸多不同，但同样离不开对三代经典的重新诠释和整理，其结果是一方面确定了十三经体系，另一方面将“四书”立为新的经典。朱子除了为“四书”做章句之外，还对《周易》《诗经》《仪礼》《楚辞》等先秦文献都做出了新的诠释，开创了一个新的解释传统，并按照这种诠释编辑《家礼》，使这种新的文明理解落实到了社会生活当中。可以看到，宋明之间的文明架构，仍然是建立在对古典思想的重新诠释上。

在明末清初的大变局之后，清代开始了新的古典学重建，或可称为“中国的第三次古典学时代”：无论清初诸遗老，还是乾嘉盛时的各位大师，虽然学问做法未必相同，但都以重新理解三代为目标，以汉宋两大古典学传统的异同为入手点。在辨别真伪、考索音训、追溯典章等各方面，清代都取得了巨大的成就，不仅成为几千年传统学术的一大总结，而且可以说确立了中国古典学研究的基本规范。前代习以为常的望文生义之说，经过清人的梳理之后，已经很难再成为严肃的学术话题；对于清人判为伪书的典籍，诚然有争论的空间，但若提不出强有力的理由，就很难再被随意使用。在这些方面，清代古典学与西方 19 世纪德国古典学的工作性质有惊人的相似之处。清人对《尚书》《周易》《诗经》《三礼》《春秋》等经籍的研究，对《庄子》《墨子》《荀子》《韩非子》《春秋繁露》等书的整理，在文字学、音韵学、版本目录学等方面的成就，都是后人无法绕开的必读著作，更何况《四库全书总目提要》成为古代学术的总纲。而民国以后的古典研究，基本是清人工作的延续和发展。

我们不妨说，汉、宋两大古典学传统为中国的古典学研究提供了范例，清人的古典学成就则确立了中国古典学的基本规范。中国今日及今后的古典学研究，自当首先以自觉继承中国“三次古典学时代”的传统和成就为己任，同时汲取现代学术的成果，并与西方古典学等参照比较，以期推陈出新。这里有必要强调，任何把古典学封闭化甚至神秘化的倾向都无助于古典学的发展。古典学固然以“语文学”（philology）的训练为基础，但古典学研究的问题意识、研究路径以及研究方法等，往往并非来自古典学内部而是来自外部，晚近数十年来西方古典学早已被女性主义等各种外部来的学术思想和方法所渗透占领，仅仅是最新的例证而已。历史地看，无论中国还是西方，所谓考据与义理的张力其实是古典学的常态甚至是其内在动力。古典学研究一方面必须以扎实的语文学训练为基础，但另一方面，古典学的发展和新问题的提出总是与时代的大问题相关，总是指向更大的义理问题，指向对古典文明提出新的解释和开展。

中国今日正在走向重建古典学的第四个历史新阶段，中国的文明复兴需要对中国和世界的古典文明做出新的理解和解释。客观地说，这一轮古典学的兴起首先是由引进西方古典学带动的，刘小枫和甘阳教授主编的“经典与解释”丛书在短短十五年间（2000—2015年）出版了三百五十余种重要译著，为中国学界了解西方古典学奠定了基础，同时也为发掘中国自身的古典学传统提供了参照。但我们必须看到，自清末民初以来虽然古典学的研究仍有延续，但古典教育则因为全盘反传统的笼罩而几乎全面中断，以致今日中国的古典学基础以及整体人文学术基础都仍然相当薄弱。在西方古典学和其他古典文明研究方面，国内的积累更是薄弱，一切都只是刚刚起步而已。因此，今日推动古典学发展的当务之急，首在大力推动古典教育的发展，只有当整个社会特别是中国大学都自觉地把古典教育作为人格培养和文明复兴的基础，中国的古典学高深研究方能植根于中国文明的土壤之中生生不息茁壮成长。这套“古典与文明”丛书愿与中国的古典教育和古典研究同步成长！

2017年6月1日于北京

目　录

前 言

本书的问世要归功于我应邀出席萨瑟讲座（Sather Lectures）所带来的挑战，而此书以眼下这种形式问世则要归功于伯克利大学那种独一无二、令人振奋的校园氛围。因此，本书不仅在内容上未加改动，在形式和风格上也保持了 1977 年春天讲座时的老样子，仅仅做了少量的润色和修订，我觉得这样做是合情合理的。这次讲座不是一次史料文献、相关成果、各种理论和参考书目的简单堆积，它本身就是一次神话潜在力量的现实表达：促进有意义的交流，甚至跨越语言和学科的鸿沟，就像在伯克利校园正在发生的事情那样。本讲座采用的方法，可以称为宏观研究，各种不同的文化和巨大的时间跨度均被纳入研究的视野。这样做，并不是要抹掉细节问题，书中旨在对相关证据详加辨析考证的注释就是明证，不过，为免枝蔓，注释力求精简。实际上，偶或在一些意味深长的语言学细节上把眼光放长远一点，以求搞清楚我们在进行宏观研究时置身其中的语境，让传统获得意义，实属必要。 *xi*

世界急骤变化，传统日渐式微，数字化技术的影响无所不在，历史学好景不再，已经失去了它声称自己曾经拥有的在人文科学中的特权地位，结构主义的、共时性的方法取而代之，许诺将关于人类精神及其创造物的研究变成一门真正的科学。语言学和历史学这些“古典”学科必须对这一挑战做出回应。

神话，毫无疑义是一种植根于遥远的过去的传统，却被结构主义当成自己拿手的研究对象，这事本身就有点儿吊诡。不过，由于历史学方法的史料堆积把神话研究领域变得越来越错综复杂、漫无头绪，而结构主义则将神话作为一个独居机杼而无关事实的交流体系进行分析，希望这种方法能够给神话学带来突破，看来也是情有可原的。尽管如此，这门新“科学”在不断强化其独立自足的系统性之同时，能否像古老的谕令所说的那样“保住现象”（preserve the phenomena），却仍在未定之中。

简单地讲，本讲座的基本论点是，即使是人类精神的结构也是由历史发展进程、由在错综复杂的生活方式中形成并传承的传统所决定的。本讲座的方法跟结构主义有一致的地方，如果结构主义不是将任何神话孤立起来进行观察，而是试图按照语义结构上的同一性对神话进行分类；本讲座跟“神话－仪式学派”也有同调之处，都强调神话与仪式在其历时性结构方面表现出的共生同构关系特别值得关注。但是，本讲座的方法并不认为精神是自治和自组织的，而是认为精神依赖于那些与周而复始、生死攸关的问题密不可分的文化传播进程，由此得出的推论就是：历史学视野比数学模型更能洞悉神话和仪式的奥妙。

本书开头两章旨在按照传统的理解确立神话和仪式的

概念，由此得出一个不可避免的结论是：仪式在很大程度上并不依赖于先行的概念。接下来两章分析了两个正处于变迁过程中的原生神话案例，即替罪羊经验和魔术师或英雄助手与“动物的主人”讨价还价的神话。最后两章则从一个更为限定的区域、在古代近东和古风希腊相互影响的视角下探讨传播的历史踪迹。

我们的探究将毅然跨越古典希腊文明的边界线，但仍会时不时地回到这边来。“神话”（myth）和“神话学”（mythology）的名词和概念都是由希腊人用希腊语发明的，这一点并不是偶然的，正是在希腊文明中，我们看到神话用一种独特的方式统领着艺术和诗歌，由此形成的复合体反过来又成为文化发展的主要构成力量，并为未来数个世纪奠定了标准，我们看到理性语言和理性思维努力要从神话中挣脱出来，却自始至终没能与之一刀两断。在其他许多文明中，都有较之希腊神话更为丰富多彩的神话结集，更具奇风异彩也更具繁枝缛节的仪式活动，但是，希腊人却有资格声称，在古风时代他们是最高级的，在高级文化中他们又是最具古风的。

萨瑟讲座的宗旨在于阐发古典文学之奥义，人们期待在此发表的这些关于神话学的漫谈能够为解读某些著名文本带来启迪。“古典的”（classical）这个术语隐含着一个理想的标准，事实上也确实如此，但这个术语本身却久已成为问题。当社会学、心理学、生物学正在迅速瓦解自古以来被认为是恒定不变的“人性”观念，与“古典的”对应的另一个概念——“人文科学”——也同样陷入危机之中。对于乐观主 *xiii*

义者而言，这意味着人类是可以不断完善的，对于悲观主义者而言，人类是可以被毁灭的，并被某些经过改良的构成物取而代之。就此而言，我们自己正置身其中的情境可以称为史无前例的历史时刻，因为这个时代正经历着最为深刻的变化。那些一直被认为构成“人类本性”的东西，最终证明不过是在一个持续至今的、独一无二的历史进程中发展形成的人类传统，由此看来，人文主义迟早将会消融于人类学之中。

最后，请容我感谢所有那些帮助我促成此书问世的人们。萨瑟讲座中的讨论让我获益匪浅，其中有些章节我也在其他一些大学讲过。我特别感谢古典学系的同事们，伯克利大学的阿兰·邓迪斯（Alan Dundes）、弗里茨·施塔尔（Frits Staal）、温迪·奥弗莱赫提（Wendy O’Flaherty）以及苏黎世大学的诺伯特·比斯科夫（Norbert Bischof）和马克斯·吕提（Max Lüthi）。苏黎世大学的布莱恩·威克斯（Brian Vickers）和保罗·Y. 霍斯金森（Paul Y. Hoskisson），伯克利大学的斯蒂芬·格伦（Stephen Gruen）和托马斯·奈特（Thomas Knight），他们校订了本书的部分手稿，对本书的贡献绝不仅限于为行文格式提出忠告。加利福尼亚大学出版社的苏珊·彼得斯（Susan Peters）、杰西·M. 菲利普斯（Jesse M. Phillips）等精心制作了本书的打印文本。本书如尚有差错，责任皆由我一人承当。

瓦尔特·伯克特 1978 年 12 月于苏黎世乌斯特

缩写表

AA	*Archäologischer Anzeiger*
A&A	*Antike und Abendland*
AAA	*Archaiologikà Análekta ex Athenôn*
Abh.	*Abhandlungen*
ABV	J. D. Beazley, *Attic Black-Figure Vase Painters*, Oxford 1956
AC	*L'Antiquité Classique*
AE	*Archaiologikè Ephemerís*
AfO	*Archiv für Orientforschung*
AJA	*American Journal of Archaeology*
AK	*Antike Kunst*
ANEP	*The Ancient Near East in Pictures*, ed. J. B. Pritchard, Princeton 1954, Supp. 1968
ANET	*Ancient Near Eastern Texts Relating to the Old Testament*, ed. J. B. Pritchard, Princeton 1955,[2] 3d ed. with supp., 1969
AOB	*Altorientalische Bilder zum Alten Testament*, ed. H. Gressmann, Berlin 1927[2]
AOT	*Altorientalische Texte zum Alten Testament*, ed. H. Gressmann, Berlin 1926[2]
AP	*Anthologia Palatina*
ARV[2]	J. D. Beazley, *Attic Red-Figure Vase Painters*, Oxford 1963[2]
ARW	*Archiv für Religionswissenschaft*
AS	*Anatolian Studies*
ASAtene	*Annuario della Scuola Archeologica di Atene*
ASS	*Acta Sanctorum*
BAGB	*Bulletin de l'Association Guillaume Budé*

BASOR *Bulletin of the American Schools of Oriental Research*
BCH *Bulletin de Correspondance Hellénique*
BICS *Bulletin of the Institute of Classical Studies of the University of London*
BJb *Bonner Jahrbücher*
BSA *Annual of the British School of Athens*
BSL *Bulletin de la Société de Linguistique de Paris*
CAF *Comicorum Atticorum Fragmenta*, ed. Th. Kock, Leipzig 1880–1888
CAH *The Cambridge Ancient History*, 3d ed., Cambridge 1970ff.
CAH pl. *Plates to CAH* I & II, Cambridge 1977
CIL *Corpus Inscriptionum Latinarum*
CIS *Corpus Inscriptionum Semiticarum*
CJ *Classical Journal*
CQ *Classical Quarterly*
CRAI *Comptes rendus de l'Académie des Inscriptions et Belles Lettres*
CTA A. Herdner, *Corpus des tablettes en cunéiformes alphabétiques découvertes à Ras-Shamra-Ugarit de 1919 à 1939*, Paris 1963
CV *Corpus Vasorum*
CW *Classical Weekly*
DK H. Diels, *Die Fragmente der Vorsokratiker*, 6th ed. by W. Kranz, Berlin 1951
EAA *Enciclopedia dell' arte antica classica e orientale*
EL *Etudes de Lettres: Bulletin de la Faculté des Lettres de l'Université de Lausanne*
ERE *Encyclopaedia of Religion and Ethics*
FGrHist F. Jacoby, *Die Fragmente der griechischen Historiker*, Berlin–Leiden 1923–58
GB J. G. Frazer, *The Golden Bough* I–XIII, London 1911–36^{3}
GRBS *Greek, Roman and Byzantine Studies*
HR *History of Religions*
HRR *Historicorum Romanorum Reliquiae*, ed. H. Peter, Leipzig 1883–1906, I^{2} 1914
HSCP *Harvard Studies in Classical Philology*
HThR *Harvard Theological Review*

IC *Inscriptiones Creticae*

IG *Inscriptiones Graecae*

ICS O. Masson, *Les Inscriptions Chypriotes syllabiques*, Paris 1961

JAF *Journal of American Folklore*

JCS *Journal of Cuneiform Studies*

JdI *Jahrbuch des Deutschen Archäologischen Instituts*

JEA *Journal of Egyptian Archeology*

JHS *Journal of Hellenic Studies*

JNES *Journal of Near Eastern Studies*

JRAS *Journal of the Royal Asiatic Society*

JSS *Journal of Semitic Studies*

KAI H. Donner, W. Röllig, *Kanaanäische und aramäische Inschriften*, I–III, Wiesbaden 1966–69²

KN J. Chadwick, J. T. Killen, *The Knossos Tablets*, London 1971⁴

KThWb *Theologisches Wörterbuch zum Neuen Testament*, founded by R. Kittel, Stuttgart 1933ff.

LSAM F. Sokolowski, *Lois sacrées de l'Asie Mineure*, Paris 1955

LSCG F. Sokolowski, *Lois sacrées des cités grecques*, Paris 1969

LSJ H. G. Liddell, R. Scott, *A Greek-English Lexicon*, new ed. by H. S. Jones, Oxford 1925–40

LSS F. Sokolowski, *Lois sacrées des cités grecques, Supplément*, Paris 1962

MDAI (Athen) *Mitteilungen des Deutschen Archäologischen Instituts, Athenische Abteilung*

MEFR *Mélanges d'Archéologie et d'Histoire de l'Ecole Française d'Athènes*

MH *Museum Helveticum*

NGG *Nachrichten von der Gesellschaft der Wissenschaften zu Göttingen*

NJb *Neue Jahrbücher für Philologie und Pädagogik* (1831–1897); *Neue Jahrbücher für das klassische Altertum, Geschichte und deutsche Literatur und für Pädagogik* (1897–1924)

OeJh *Jahreshefte des Oesterreichischen Archäologischen Instituts*

OGI *Orientis Graeci Inscriptiones selectae*, ed. W. Dittenberger, Leipzig 1903–5

PG *Patrologiae cursus completus*, ed. A. Migne, Series Graeca et Graecolatina
PL *Patrologiae cursus completus*, ed. A. Migne, Series Latina
PMG *Poetae Melici Graeci*, ed. D. L. Page, Oxford 1962
PP *La Parola del Passato*
PR L. Preller, *Griechische Mythologie*, 4th ed. by C. Robert, Berlin 1894–1926
PW *Paulys Realencyclopädie der classischen Altertumswissenschaft*, new revision begun by G. Wissowa, Stuttgart 1893ff.
PY E. L. Bennett, J. P. Olivier, *The Pylos Tablets*, I-II, Rome 1973–76
RA *Revue archéologique*
RAC *Reallexikon für Antike und Christentum*
RAL *Rendiconti dell' Accademia Nazionale dei Lincei*
REA *Revue des Etudes Anciennes*
REG *Revue des Etudes Grecques*
RFIC *Rivista di Filologia e di Istruzione Classica*
RGG *Die Religion in Geschichte und Gegenwart*, 3d ed. by K. Galling, Tübingen 1957–1965
RHR *Revue de l'Histoire des Religions*
RhM *Rheinisches Museum für classische Philologie*
RML *Ausführliches Lexikon der griechischen und römischen Mythologie*, ed. W. H. Roscher, Leipzig 1884–1937
RPh *Revue de Philologie*
SAVk *Schweizerisches Archiv für Volkskunde*
SB *Sitzungsberichte*
SCO *Studi Classici e Orientali*
SEG *Supplementum Epigraphicum Graecum*
SIG *Sylloge Inscriptionum Graecarum*, ed. W. Dittenberger, Leipzig 1915–24^{3}
SLG *Supplementum Lyricis Graecis*, ed. D. L. Page, Oxford 1974
SMEA *Studi Micenei e Egeo-Anatolici*
SMSR *Studi e Materiali di Storia della Religione*

SVF	*Stoicorum Veterum Fragmenta*, ed. H. v. Arnim, I–III, Leipzig 1903–21
TAPA	*Transactions and Proceedings of the American Philological Association*
TGF	*Tragicorum Graecorum Fragmenta*, ed. A. Nauck, Leipzig 1889[2]
TLS	*Times Literary Supplement*
VT	*Vetus Testamentum*
WM	H. W. Haussig, *Wörterbuch der Mythologie*, Stuttgart 1965ff
WSt	*Wiener Studien*
YCS	*Yale Classical Studies*
ZA	*Zeitschrift für Assyriologie*
ZAW	*Zeitschrift für Alttestamentliche Wissenschaft*
ZDMG	*Zeitschrift der Deutschen Morgenländischen Gesellschaft*
ZDPV	*Zeitschrift des Deutschen Palästina-Vereins*
ZPE	*Zeitschrift für Papyrologie und Epigraphik*
ZRGG	*Zeitschrift für Religions- und Geistesgeschichte*
ZVS	*Zeitschrift für Vergleichende Sprachforschung*

第一章　神话的组织

1. 故事、文本和指称

1

对现代人而言，尽管“神话”[1]一词对于古典学术圈之外的人还保留着某种特有的魅力，其本身却有着完全自相矛盾的品格：一方面，指责某种意见或态度是“神话”，意味着将之作为非理性、谎言、有害之物予以拒斥；[2]另一方面，“神话”又拥有一种怀旧的氛围，体现了某种失落于遥远的过去或隐藏于心灵深处的意味深长的真实，它可以被重新唤醒，作为医治我们这个既理性又荒谬的当今世界的解毒剂。然而，学术研究只诉诸理性，并且只关心事实，因此，我的讲座恐怕并不能满足这种消极避世主义的期待。

---

〔1〕　本章最早曾以“*Analyse structurale et perspective historique dans l'interprétation des mythes grecs*”为题发表于 *Cahiers internationaus de Symbolisme* 35/6（1978）163-73。关于希腊语 *mŷthos* 一词，见本章注释〔14〕。

〔2〕　参见 Barthes（1957）、Eliade（1963）181-93；更早的著作，见 Cassirer, *The Myth of the State*（New Haven 1946）～*Vom Mythus des Staates*（Zürich 1949）。

何为神话？对此并没有一个简单的定义。[3]几年以前，杰弗里·柯克（Geoffrey Kirk）在这个系列讲座里对现代神话解释者五花八门的研究方法做了一次出色的梳理，[4]最终并未对神话给出一个简单明快的定义，不过，他仍用一种兼具系统性和历史性的广阔视野对这一问题的地基进行了清理。在此，我并不想重复他走过的路，也不想把神话研究的历史重新回顾一遍，[5]不过，既然我想对几个希腊神话和仪式做一番探究，旨在将它们作为富有意义的、真正的人类传统进行理解，就免不了先对"神话"一词的一般性含义做一番思考。所以，我将尝试性地列举几个论点，这些论点合在一起会形成一个不含有希腊中心主义偏见的、实验性

〔3〕 参见本章第6节。关于神话的定义，最常见的有J. G. 弗雷泽（J. G. Frazer）的定义："对现象的错误解释，包括人类生活现象和客观世界现象。"（*Apollodorus*，"*The Library*，" I［Cambridge，Mass. 1921］XXVII）J. E. 哈里森（J. E. Harrison）的定义："被误解的仪式。"（*Mythology and Monuments of Ancient Athens*［London 1890］xxxiii）B. 马林诺夫斯基（B. Malinowski）的定义："一个活生生的现实……一个关乎原始信仰和道德智慧的实用主义的特许状。"（1926，100f）M. 埃里亚德（M. Eliade）的定义："一种神圣的历史，神话讲述了一个发生于原初时间的世间。"（1963，5）另可参见 *Encyclopedia Britannica* 15（1973）1133f.。参见柯克"论神话的定义"，载 *Exegesis and Argument*：*Studies in Greek Philosophy Presented to Gregory Vlastos*（Assen 1973）61-69。

〔4〕 Kirk（1970）；参见 Kirk（1972）；（1974）；"Greek Mythology：Some New Perspectives，" *JHS* 92（1972）74-85；"I limiti della ricerca nella mitologia greca，" *Rivista storica Italiana* 84（1972）565-83。

〔5〕 Gruppe（1921）；J. de Vries，*Forschungsgeschichte der Mythologie*（Munich 1961）；K. Kerényi，*Die Eröffnung des Zugangs zum Mythos*（Darmstadt 1967）；Kirk（1970）；对现代研究方法的简明扼要的讨论，见 Sebeok（1955），Leach（1967），Maranda（1972）。

的理论。不过，我认为，不管神话的准确定义是什么，都不应把诸如赫西俄德的《神谱》和《妇人名录》（*Catalogue of Women*）、希腊悲剧和阿波罗多洛斯（Apollodorus）的《文库》（*Bibliotheke*）这样一些希腊神话集排除在这个定义之外。

我乐于从杰弗里·柯克的研究中借用我的第一个论点：神话属于传统故事这一更为一般性的文类。[6] 此话乍看起来卑之无甚高论，学者们往往会立刻跳到下一步，将"真正的"神话与其他类型的民间故事区分开来，尽管如此，由这个命题引出的几个重要观点还是值得我们先做一番思量的：如果神话首先是一个传统的"故事"，那么，它就是语言现象，而并非某种并行于或者外在于正常语言之外的特别的创造物，像曼哈特（Mannhardt）或苏珊·朗格（Susanne Langer）所声称的那样；[7] 如果神话是一个"传统的"故事，这一观点将立刻引出下面这个自古以来就一直主导着关于神话的学术思考的问题："神话是由谁、如何创造出来

2

---

〔6〕 Kirk（1970）31-41；（1974）23-37；参见第一章第 6 节。

〔7〕 Mannhardt（1975）II xf.："eine der Sprache analoge Schöpfung des unbewusst dichtenden Volksgeistes"；由此回溯到浪漫主义，尤其是 J. 格林，并最终追溯到 J. G. 赫尔德。——S. Langer，*Philosophy in a New Key*（Cambridge，Mass. 1942，1951^2），201f. 将神话与"作为某种别样形式化媒介"的语言相对比。还可参见 P. Wheelwright，*The Burning Fountain*（Bloomington 1954）167，认为"神话故事"是"由神话思维中"后继进化的产物。另还可参见 Dundes（1964）43f.，驳斥了仅仅在语言的范畴中看待神话并将之视为"语言疾病"的说法，认为"绘画、音乐、舞蹈、手势"等都是神话的表达手段。这些讨论无疑将会引向一个更深的层面（参见本章第 4 节），不过，关于神话的定义最好还是从切实可行的材料即文本出发。

的？”在此，最基本的问题不是神话的“创造”，也不是神话的“起源”，而是神话的传播和保存，甚至是在一个“原始的”口头文明中，不借助于书写技术的传播和保存。不管被用来解释神话起源的创造者是什么，不管它是神灵附体的诗人，还是撒谎的诗人，是“民族精神”（*Volksgeist*）、人类的共同精神，抑或是心理的无意识冲动，[8]这些解释与其说是关于神话的理性的思考，都不如说只是一种创世神话。一个故事之所以成为传统故事，不是由于其被创造时赋予的品格，而是因为它被不断的复述和讲述，传播意味着相互的影响，而不是单方面的行为。一个故事被“创造”出来，也就是说，被某位作者发明出来，当它被后代的人们用来作为交流的手段，[9]通常会伴随着某种程度的变异和加工，从而成为传统故事，它就在某种意义上变成了“神话”。不管怎么说，事实是，所有原始社会，乃至现代社会，都有一些传统故事，它们世代相传不绝，尽管会遭到删减或误解，但仍保持其一目了然的同一性和再生的力量。[10]因此，首要的问题

---

〔8〕 “*Volksgeist*”（民族精神）概念很受欢迎，它是浪漫主义运动的发明，甚至直到今天，还有一些关于神话的论述充斥着诸如“人类想象力的审美创造”（R. Chase，*Quest for Myth* [Baton Rouge 1949] 73）、“人类普遍精神的产物”（Munz [1973] 3）之类的说法。又见 Jung（1941）109：“神话是尚未觉醒的人类灵魂的最初开启。”

〔9〕 可参见 S. Fraisse，*Le Mythe d'Antigone*（Paris 1974）。

〔10〕 谈到口头传统中故事的历史稳定性问题，自然是理论远多于实验，理论方面可参见 M. Halbwachs，*La Mémoire collective* [Pairs 1950] ～ *Das kollektive Gedächtnis* [Stuttgart 1967]，关于实验方面，可参见 W. Anderson，*Ein volkskundliches Experiment* [Helsinki 1951]。（转下页）

是：传统故事在经历无数次的讲述和再讲述的过程中，尤其是在口头传播中，如何保持其同一性？又在多大程度上保持其同一性？这些传统故事若果有用，那么，它们在人类文明发展进程中扮演着怎样的角色、发挥什么功能？

然而，什么是一个故事？谈到语言，如果我们借用分析哲学和语言学提出的三分法，即（1）记号（sign），（2）意义（sense），（3）指称（reference），[11]一个故事显然属于意

（接上页）这方面的一个实例，一个雅库特人（Yakut）的神话间隔一百年被两次记录下来：Meuli（1975）1114，其中提及 A. Th. v. Middendorff，*Reise in den aussersten Norden und Osten Sibiriens* III（St. Petersburg 1851）86-88 和 Friedrich-Buddruss（1955）289-91；还可以参见 P. Gaechter，*Die Gedächtniskultur in Irland*（Innsbruck 1970）。现代学者的观点更多倾向于强调不稳定性和变化（参见 Boas［1916］878）：Th. P. van Baaren，"The Flexibility of Myth，" in *Ex orbe religionum*：*Studia G. Widengren* II（Leiden 1972），199-206；B. K. Braswell，"Mythological Innovation in the *Iliad*，" *CQ* 21（1971）16-26。关于童话故事源于"巨石文化"的讨论少得可怜：C. W. v. Sydow，*Selected Papers on Folklore*（Copenhagen 1948）231-40；O. Huth，"Märchen und Megalithreligion，" *Paideuma* 5（1950）12-22；A. Nitschke，*Soziale Ordnungen im Spiegel der Märchen* I（Stuttgart 1976）。通过对比故事和史前考古发现对连续性的"宏大"讨论只关乎具体细节而无关乎故事，参见 K. Ranke，载 Bausinger（1969）102-16，另见本章注释〔149〕。

〔11〕 这里将被索绪尔的能指 / 所指二分法激活的斯多葛学派关于 *semaînon/semainómenon* 的二分法与戈特洛布 · 弗雷格（Gottlob Frege）所做的区分结合了起来，见 Gottlob Frege，"Ueber Sinn und Bedeutung，" *Zeitschrift für Philosophie und philosophische Kritik* 100（1892）25-50（repr. in G. Frege，*Funktion, Begriff, Bedeutung*［Göttingen 1962］，38-63～"On Sense and Reference" in *Philosophical Writings*［Oxford 1952］56-78）；参见 B. Mates，*Stoic Logic*（Berkeley 1973）；Bunge（1974）I i："On Sense and Reference"；Palmer（1976）30-34。对于漠视"指称"（reference）的极端结构主义，已有人提出批驳：例如，（转下页）

义的范畴，与之相对的，一方面是文本，另一方面是现实。人们理所当然地认为，故事可以被翻译而不会因此导致意义的丧失或破坏，[12]因此，故事不依赖任何具体的语言，即使在同一种语言内部，同一则故事也可以完全不同的方式被讲述，版本可短可长，细节可繁可简，想象性情境可多可少，

3 却仍保持为同一则故事。因此之故，在希腊文学中，同一则神话可能以多种多样的形式存在：可以是一部荷马史诗，可以是品达诗中的一个插话，可以是一出悲剧，可以是合唱队颂歌中的一个典故，可以是阿波罗多洛斯汇编中的一个片段，也可以是阿里斯托芬剧本中的一个笺注。一则神话，作为故事，并不局限于任何既定的文本形态，因此，应该把神话的解释与对一个文本的解释区别开来，尽管两者都涉及解释学循环，并且相互依赖，谁也离不开谁。说到底，我们都知道自己记住的是一个好故事、一个神话，听过一次就铭记不忘，而不需要字斟句酌地记诵一个文本中所有的话语，那么，我们记住的是什么呢？

（接上页）Greimas（1966）13，就迅速从“自然语言的特权地位”过渡到“语言集的封闭”然后过渡到“语义界的封闭”；参见 S. Abraham，F. Kiefer，*A Theory of Structural Semantic*（The Hague 1966）；contra，Ricoeur（1975）279-88；Palmer（1976）31-34；参见本章第 3 节。

〔12〕 参见 D. Demetreacopoulou，C. Du Bois，*JAF* 45（1932）400；Lévi-Strauss（1958）210；Dundes（1964）43。一个故事与其各种异文之间的关系不能与“语言”（langue）与“言语”（parole）之间的关系相类比（如雅各布森等在一篇著名论文中所指出的，见 R. Jacobson，P. G. Bogatyrev，“Die Folklore als besondere Form des Schaffens,” *Donum natalicium Schrijnen*［Nijwegen 1920］900-913=R. Jacobson，*Selected Writings* IV［The Haglue 1966］1-15）：“语言”（langue）存留于语言（language）的边界之内。

并不是任何“真实的”东西。一个故事，既不跟任何既定的文本绑在一起，也没有跟任何经验性真实绑在一起。跟一个词或一个原子句不同，一个故事并没有直接的指称，就像说：[13]这是一朵玫瑰，这是红色，这朵玫瑰是红色的。一个故事不是，也不可能是一系列原子句的堆积，它是一个在时间中发生的事件序列，由某种内部的必然性推动着从一个阶段向下一个阶段发展。通常，整个故事都是一般过去时态，故事中可能只会提供表明其已达到最后一个阶段的直接证据，但是故事中并无任何直接的途径能够证明事情已然过去。实际上，在现实和故事之间并无任何同构关系，越来越多的迹象表明，计算机信息的不断堆积较之任何故事更能再现现实，现代作家越来越失去意愿和能力去讲述一个直来直去的故事。现实不会自动地生成故事，甚至，比如说，一位新闻记者在现场直播足球比赛时，也只能对正在眼前同时发生的一切给出个人化的选择报道，如果有人想重新讲述刚刚发生的一切，他立刻就会进行更多的选择、压缩和结构化。故事的形式并不源于现实，而是源于语言，正是从语言中，它获得了其基本特征：线性化。每一个故事中都存在着基本的人工制作（*poiesis*）因素，这就是虚构。

〔13〕 对于一般而言的文学同理。参见 T. Todorov, *Introduction à la littérature fantastique*（Paris 1970）～*The Fantastic: A Structural Approach to a Literary Genre*（Cleveland 1973）64；*Littérature et signification*（Paris 1967）102；N. Frye，*Anatomy of Criticism*（Princeton 1957）73-82。不过，诗歌的形式或者书写手段却保证了作品的稳定性和传承性。

在传统故事的分类中，神话是无关事实的故事，这一点让我们接近了希腊语中与 *logos* 相对的 *mythos* 一词的含义：*logos* 一词源于 *legein*，意为“放在一起”，把零散的证据、可证实的事实聚集到一起：*logon didonai*，在持批评眼光和怀疑态度的观众面前列举事实；*mythos* 是讲述一个故事，但拒绝为其真实性负责：*ouk emos ho mythos*，[14]这不是我的故事，而是我在其他地方听来的。只有将真实性问题置而不论，人们才能欣赏或惊叹于一个神话，才会开始思考。

4 然而，神话通常并不被视为一种稍纵即逝的乐趣，而是某种重要的、严肃的甚至是神圣的事情。那么，如果说神话缺乏真实性的加持，它如何能具备这些属性呢？实际上，古代的神话研究者就已经意识到了这一问题，而且试图凭借某种捷径，通过代入某种据说是神话的严肃性和恒定性所赖以存在的直接参照物（reference）来回避这一问题，这意味着寻找某种据说是原初的、“真实的”含义，借以抵消故事中显而易见的悖谬和虚妄之处。最受垂青的参照物是自然事

---

〔14〕 Eur. fr. 484；参见 Plat. *Symp*. 177a，Callim. *Hymn*. 5，56，更多类似的实例见 *TGF ad loc*.；关于神话（mŷthos）与逻各斯（lógos）的对立，见 Pind. *Ol*. 1，28f.；Plat. *Gorg*. 523a，527a，E. Hofmann，“Qua ratione *épos mythos ainos lógos* in antiqua Graecorum sermone adhibit sint”（Diss. Göttingen 1922）；Stählin，“mŷthos，” *KThWb* 4（1942）769-803；W. Nestle，*Vom Mythos zum Logos*（Stuttgart 1942^2）。——关于故事讲述者的信念，参见 L. Dégh，A. Vazconyi，“Legend and Belief” in D. Ben-Amos，ed.，*Folklore Genres*（Austin 1976）93-123。

件，[15]其次是历史：宙斯是天空；阿波罗是太阳；[16]喀迈拉（Chimaera）*是利西亚（Lycia）地区靠近奥林匹斯山的一处地火；[17]法厄同的坠落**象征日落，更令人印象深刻的解释则说这一故事象征锡拉岛上的火山喷发；[18]俄狄浦斯是埃及法老阿肯那顿（Akhnaton）***；恶龙齐格飞（Siegfried）被杀是指罗马军队在条顿堡森林（*saltus Teutoburgensis*）被阿米尼乌斯（Arminius）****歼灭；[19]施里曼（Schliemann）自以为他从迈锡尼的竖穴墓中找到了阿伽门农被谋杀的证据；[20]有些人似乎认为如果能从线形文字B中发现墨涅拉俄斯（Menelaus）和海伦（Helen）的名字，荷马史诗将最

---

〔15〕 关于古代的寓意式解释，见F. Buffère，*Les Mythes d'Homère et la pensée grecque*（Paris 1956）；P. Lévêque，*Aurea catena Homeri*（Paris 1959）；J. Pépin，*Mythe et allégorie*（Paris 1958）；更多的现代例证，见*RML*；参见R. M. Dorson，"*The Eclipse of Solar Mythology*，" in Sebeok（1955）25-63。

〔16〕 Diogenes of Apollonia *DK* 64 A 8；Democritus *DK* 68 B 30；Aesch. fr. 83 Mette；P. Boyancé，"*Apollon solaire*，" in *Mélanges Carcopino*（Paris 1966）149-170。

〔17〕 Ctesias *FGrHist* 688 F 45e；*PW* Ⅷ 318f.

〔18〕 C. Robert *Hermes* 18（1883）440；A. G. Gelanopulos，*Altertum* 14（1968）157-61.

〔19〕 I. Velikovsky，*Oedipus and Akhnaton*（London 1960），参见P. G. Maxwell-Stuart *Maia* 27（1975）37-43. ——A. Giesebrecht，*Germania* 2（1837），202ff.，参见Höfler（1961）。

〔20〕 H. Schliemann，*Mykenae*（Leipzig 1878）384-86；关于Danaïds，还可参见Detienne（1977）37-40对P. Faure *REG* 82（1969）xxvi-viii的批驳。

* 希腊神话中的吐火怪兽。——中译者（凡以此星号标注的均为译者注，不再一一注明。——编者）

** 法厄同是太阳神之子，因试图驾驶马车升天而被太阳烧死。

*** 埃及法老，传说与其母亲关系暧昧。

**** 日耳曼部族首领。

终得到解释。严格说来，没有人否认这些故事容或会跟诸如此类的现象或事件有所关联，但是，认为一个故事会直接源于事实本身，则未免头脑简单。这一路数的解释为了将故事与所谓的事实一一对应起来，都不得不对故事削足适履，为此必须砍掉故事中那些显得多余的成分，[21]而恰恰是这些成分使故事具有了天马行空般的“幻想”，砍掉这些成分也就杀死了故事，也杀死了神话。

相比之下，另一种解释路数则更为巧妙，但在我看来，也同样避免不了“走捷径”之讥。这种解释路数不是用某种经验现实作为神话的直接参照物，而是代之以某种来自形而上领域的——或者用现代术语讲——来自心理学领域的元经验实体。从普鲁塔克开始，直到现代神学，[22]再到荣格，[23]

---

〔21〕 亚里士多德对此有精辟的论述，见 *Met.* 1074b4：古代神话告诉我们天体是神圣—— “其余的都是画蛇添足”。

〔22〕 参见普鲁塔克的 *De Iside et Osiride*，它被视为原始诺斯替主义可谓名副其实，灵智有意思地用故事暗示玄学的奥秘和灵魂的命运，参见“Song of the Pearl”（A. Adam，*Die Psalmen des Thomas und das Perlenlied als Zeugnisse vorchristlicher Gnosis* [Berlin 1959]；R. Merkelbach，*Roman and Mysterium* [Munich 1962] 299-320）；然而，这只是神话的一个可能的用途，而并非神话的源头或实质所在。追随 Plotinus（3，5，9）和 Proclus（cf in Plat. *Remp.* I 74f. Kroll），F. Creuzer（*Symbolik und Mythologie der alten Völker* [Leipzig 1810，1819^2]）提出一个理论，认为神话应当“将至高无上的观念神圣化”（91）并“付诸行动”（99）。另外，J. Schniewind 将神话定义为对一种神秘的、不可言说之物的生动的呈现，见 H. W. Bartsch，*Kerygma und Mythos*（Hamburg 1948，= 1967^5）79；P. Wheelwright 则发现神话强调了“超越性的指称物”，见 Sebeok（1955）154。

〔23〕 参见注释〔8〕以及本章注释〔93〕。

都采用的是这种解释方法。这种解释方法的好处是既无法证实，也无法证伪，因为完全可以根据某些神话的要求将这种非经验性实体打造得与之严丝合缝。然而，要保证如此这般建构的非经验实体始终保持一致，既能如所证实的那样与神话保持接触，又能不失去所有与经验现实的关联，众所周知，这很难办到。人类精神世界的确存在着无意识冲动，但并没有理由认为它们跟任何故事之间存在着同构关系，归根到底，故事并不属于无意识领域，而是属于语言领域。神话是一个意义多面体：同一个神话可以被应用于自然，也可以被应用于历史，可以被用于形而上学，也可以被用于心理学，根据解释者的偏好，在每一领域都可以生发出某种意义，有时候甚至是令人刻骨铭心的意义。[24]但是，这种应用场合的多元化提醒我们：一个神话，就其作为故事而言，不能通过直截了当地指向任何一种外在于故事的现实之物或被归结于某种“起源”而被固定住。

2. 普罗普的遗产和伊卢延卡

由此引出第二个论点，相比第一个论点，这个论点也同样没有多少新意：传统故事（包括神话）的同一性，就其

〔24〕 例如，阿提斯（Attis）神话可以被认为意指自然，即谷物的收获（Gnostics in Hippol. *Ref.* 5，8，39：5，9，8）；或意指仪式，即伽罗伊（Galloi）的阉割；或蕴含玄理，即由朝向众多的生成过程变为朝向唯一的回归过程的转折点（Julian *or.* 5，175b）；或者意指精神分析学者眼中的心理状态：即阉割的母亲（参见第五章）。

既不依赖任何具体的文本或语言，也不依赖对现实的直接参照而言，乃取决于故事自身之内的“意义结构”。一般意义上的结构主义，尤其是关于民间故事和神话的结构主义研究，在最近几年可谓方兴未艾。[25]要对相关的理论做一番全面的展示和评论，写一本书都打不住，我没打算干这事，也不想提出另一种不同的结构主义，提出一套恰当的术语，如果可能，还有图表和数学公式等。在此，我只想介绍一下我尝试采用的方法，并说明不想过深涉猎别的研究方法的理由。

就其最一般的意义而言，结构指一个整体的各部分或要素之间可以界定的关系构成的系统，这个系统可能发生改变，但其改变是可预测的，[26]结构主义倾向认为正是这些关系束，不仅构成了整体，也构成了整体中的部分。更具体地说，为配合“符号学”（semiology），结构主义被称为“符

---

〔25〕 要列一个完整的书目几乎不可能，研究者可以参见 Leach（1967）；Ducrot（1968）；Piaget（1968）；Schiwy（1969）以及 *Neue Aspekte des Strukturalismus*（Hamburg 1971）；Maranda（1972）；H. Naumann, ed.，*Der moderne Strukturbegriff*（Darmstadt 1973）；E. Holenstein，*Linguistik, Semioti k, Hermeneutik: Plädoyers für eine strukturale Phänomenologie*（Frankfurt 1976）；T. Hawkes，*Structuralism and Semiotics*（Berkeley and Los Angeles 1976）；Dundes（1976；附有书目）；结构主义的真正源头是俄国形式主义者和语言学家雅各布松（R. Jacobson）和特鲁别茨科伊（N. Trubetskoi）。

〔26〕 “结构”的定义见 Lévi-Strauss（1958），279f.；Piaget（1968）6f.；结构主义被定义为“符号、符号系统的科学”，见 Ducrot（1968）10。另一个完全不同的结构概念见 K. Kerényi，“Strukturelles über Mythologie,” *Paideuma* 5（1952）151-56，认为“结构”是某种难以界定的东西，要掌握它，全靠初学者的悟性。

号的科学”（the science of signs），同时，“符号”（sign）和“语言”的概念被扩充到涵盖人类文明的几乎所有方面。说到传统故事和神话的结构，就我所知，有两个响亮的名字分别代表了结构分析的两个路数，即弗拉基米尔·普罗普（Vladimir Prop）和克劳德·列维－斯特劳斯（Claude Lévi-Strauss），现在也出现了几种试图综合这两种分析的理论。

普罗普在一部 1928 年出版于俄罗斯、30 年后才为西方世界所知的著作中，[27] 将整部俄罗斯神奇故事集归结为一个重复出现的模式，一个由 31 种“功能”（functions）构成的线性序列。这些“功能”是构成情节行动的单元，阿兰·邓迪斯（Alan Dundes）建议称之为“母题素”（motifeme）。普罗普的理论可以概括为三个定理：[28]“功能”（或母题素）而非故事涉及的人物才是神奇故事中的恒定要素；“功能”的数量是有限的；“功能”的顺序是不变的。这并非意味着所有 31 个“功能”都必须出现于同一个叙事中，而是说一个特定故事的所有“功能”都会按照理想的顺序出现在恰当的位置。这等于说：一个民间故事，包括神话，是按照固定 *6*

〔27〕 Propp（1928）；参见 R. Breymayer, *Linguistica Biblica* 15-16（1972）36-7；E. Güttgemanns, *Linguistica Biblica* 23-24（1973）10-15；M. Lüthi, *Das europäische Volksmärchen*（Bern 1976）115-21；相关批评见 Nathorst（1969）16-29。在美洲印第安人故事研究中的应用，见 Dundes（1964）；在古典学中的应用，见 T. Mantaro, *Amore e Psiche: Struttara di una fiaba di magia*（Genoa 1973）。

〔28〕 Dundes（1964）50-53；Nathorst（1969）22f.

的顺序连接而成的母题素，[29]而人物则是可以替换的。令人感到欣喜的是，这一说法跟亚里士多德对 *mythos* 的定义十分接近：神话是遵循开头—逆转—结局这一固定顺序的“行动组合”。[30]其实，在普罗普的著作为人所知之前，就已经有其他学者运用十分相似的方法将同一个故事的多个变体还原为一个基本模式，至少冯·哈恩（von Hahn）的“弗莱亚程式”和“雅利安放逐与回归程式”就已经开始这么做了。[31]普罗普的贡献在于他的分析严格限制于“功能”的序列，将人物及其品质和所有具体的细节排除在外，不管这些细节多么精彩。列维-斯特劳斯采取了一种类似的程序，作为分析神话的第一个步骤。[32]普罗普并没有宣称他建立了故事的普遍结构，尽管一些后普罗普主义理论家似乎是把这一点当成了研究的前提，[33]

---

〔29〕 Propp（1928）91：“Eine Sequenz von Funktionen”；Dundes（1964）75：“one or more motifemic sequences”.

〔30〕 Arist. *Poet*，6-8，1450a3ff.，b21ff.；参见 P. Madsen，*Orbis Litterarum* 25（1970）287-99；E. Güttgemanns，*Linguistica Biblica* 23-24（1973）5f.。关于作为“行动理论”的亚里士多德诗学，见 R. Kannicht，H. Flashar，*Poetica* 8（1976）330-38。

〔31〕 “Freja-Formel”（新娘犯错；失去新郎；寻找；重新结合），见 J. G. Hahn，*Griechische und Albanesische Märchen*（Leipzig 1864）43ff.；“Die Arische Aussetzungs-und Rückkehrformel”，载 *Sagwissenschaftliche Studien*（Jena 1876）340。类似的行动模式，见 A. H. Gayton，“The Orpheus Myth in North America，” *JAF* 48（1935）263-93；关于争霸神话，见 Fontenrose（1959）。

〔32〕 Lévi-Strauss（1958）211：“神话素”是“可能的最短的句子”。

〔33〕 Greimas（1966）将“寻找”（la quête）视为普罗普行动序列的主题（177），不过，他却从普罗普的学说引出了自己的“行动神话模式”理论（180，又见 213-21），尽管只是一个假说（221）。

他的论断仅仅是针对一种特定的故事类型提出来的，这种故事类型体现为31种“功能”，不妨称之为“寻求”（quest）型故事。阿兰·邓迪斯成功地将普罗普的方法应用于美洲印第安民间故事，他提出四种更为一般性的序列：缺乏—缺乏得到补偿；任务—完成任务；谎言（deceit）—骗术（deception）；禁令—违背禁令—后果—企图逃跑。[34]在希腊神话和其他民族神话中，最引人注目的是一系列关于性、生殖以及如何应付死亡的故事，此类主题在童话里则十分罕见，此类故事与杀戮和复归的献祭模式相重叠。[35]

为了用一个希腊神话的例子，借以说明那些表面看来毫不相干的神话经过分析可以显露出相同的基本结构，我姑且以那些重要英雄人物的母亲们的悲惨故事为例：卡利斯托（Callisto），阿卡狄亚人始祖阿尔卡斯（Arcas）之母；[36]奥格（Auge），珀加蒙城创建者忒勒福斯（Telephus）之母；[37]达娜厄（Danae），迈锡尼城的创建者珀耳修斯（Perseus）之母；[38]伊俄（Io），达奈人始祖厄帕福斯（Epaphus）之母；[39]堤洛（Tyro），伊俄尔克斯国王珀利阿

〔34〕 Dundes（1964）.

〔35〕 Burkert（1972）.

〔36〕 R. Franz，“De Callistus fabula,” *Leipz. Stud. zur class. Philol.* 12（1890）235-365；W. Sale *RhM* 105（1962）122-41；108（1965）11-35；Burkert（1972）101；G. Maggiulli in *Mythos: Scripta in honorem M. Untersteiner*（Genoa 1970）179-85.

〔37〕 *PR* II 1139-44；L. Koenen，*ZPE* 4（1969）7-18.

〔38〕 *PR* II 229-33：fr. 135.

〔39〕 *PR* Ⅱ 253-66；Burkert（1972）182-89.

斯（Pelias）和皮洛斯国王涅琉斯（Neleus）之母；[40]墨拉尼珀（Melanippe），贝奥提亚人始祖玻俄托斯（Boeotus）和伊奥利亚人始祖埃俄罗斯（Aeolus）之母；[41]安提俄珀（Antiope），底比斯城创建者泽托斯（Zethus）和安菲翁（Amphion）之母。[42]这份清单，其中包括七位母亲、十个儿子、五个城市、四个部族，如果我们按照神话手册中那些沉闷冗长的篇幅把英雄们的父亲和远祖也算上，再加上那些五花八门的细节，对于记忆力来说将是一个十足的负担，但是，这些故事都可以完美地归于由如下五个“功能”构成的序列：（1）离家：女孩告别童年生活和家庭生活；（2）隐居：卡利斯托与狩猎之神阿耳忒弥斯同处，堤洛独自一人来到河边，奥格和伊俄成为女祭司，安提俄珀成为酒神女祭司，达娜厄被囚禁在一处像坟墓一样的密室里；（3）强奸：女孩与一位神一见钟情、违背禁令、怀上神的孩子，这位神，对卡利斯托、达娜厄、伊俄、安提俄珀而言是宙斯，对堤洛、墨拉尼珀而言是波塞冬，对奥格而言是赫拉克勒斯；（4）磨难：女孩遭到父母或亲人的严厉处罚甚至死亡威胁，安提俄珀和堤洛成了后母的奴仆，墨拉尼珀被弄成瞎子并且被囚禁起来，达娜厄被关进棺材并被丢进海里，奥格被卖给

---

〔40〕 Homer *Od.* 11，235-55；Soph. fr. 648-69 Pearson；*PW* VII A 1869-75.

〔41〕 H. v. Arnim，*Supplementum Euripideum*（Bonn 1913）9-22；Hygin. *Fab*，186；Apollod. 3［42-4］5，5；U. v. Wilamowitz-Moellendorff，*SB* Berlin（1921）63-80＝*Kl. Schr.* I（Berlin 1935）440-60.

〔42〕 *PR* II 114-19；Cook I（1914）734-39；Burkert（1972）207-11.

了陌生人，伊俄变成一头母牛并被驱赶到远方，卡利斯托被变成一头熊，不断地遭受追猎和射杀；（5）获救：母亲生下孩子，得到救助，脱离不幸和死亡阴影，她的孩子获得了命定属于他的权力。尽管这些故事中的人物、场所、事件的动因以及细节变化多端，但无一不具备离家、隐居、强奸、磨难、获救这一固定的序列，这一序列是英雄出世的序幕。[43]不过，若考虑到卡利斯托变为熊和伊俄变为母牛的人兽变形情节，问题将变得更为复杂：文本在人兽变形发生的时机方面存在着明显的歧异，或在与神通奸前后，或在事情发生很久之后。[44]如果因为人兽变形的情节是“原始的”，因此推断其在故事中应该发生得尽可能早，同时也将神变为动

---

〔43〕 早从 Hahn（参见注释〔31〕）开始，这一故事类型就作为英雄故事模式的组成部分而被研究：E. S. Hartland，*The Legend of Perseus*，I-III（London 894-96）；Rank（1909）；Raglan（1936）；不过，这一故事类型本身可以按照如下序列进行分解：禁令—违反禁令—后果—（企图）逃跑（参见注释〔34〕），童贞禁忌即代表“禁令”（参见本章注释〔90〕）；有一个来自玛雅基切人（Quiche）这一极为不同的文化的例子，见 *Popol Vuh*，ed. L. Schultze-Jena（Stuttgart 1944，1972^2）44-55，讲的是乌纳普（Hunahpu）和斯巴兰克（Xbalanque）两兄弟的母亲斯奎克（Xquic）的故事，这两兄弟相当于基切人的狄俄斯库里兄弟（Dioscuri）。参见 J. Dan，“The Innocent Persecuted Heroine: An Attempt at a Model for the Surface Level of the Narrative Structure of the Female Fairy Tale，” in H. Jason，D. Segal，eds., *Patterns in Oral Literature*（The Hague 1977），13-30。

〔44〕 卡利斯托的变形或发生于通奸之前（Eur. *Hel.* 375-80），或发生于之后（Hes. fr. 163；Apollod. 3［101］8，2，4），或发生于她的儿子阿尔卡斯出生之后（Ov. *Met.* 2，466ff.）；宙斯跟伊俄的通奸是在她变形之前（Hes. fr. 124），或既在变形之前又在其之后（Aesch. *Suppl.* 295-301），或者是在伊俄恢复人形之后（Aesch. *Prom.* 834f.，848-50）。

物，这种论调实际上是回避问题。我们宁愿认为，人兽变形和性媾合情节并非一个固定的母题素序列的必要环节，在这点上，故事结构的线性进程受到悬置。事实上，不仅在这个序列中，在其他叙事序列中，人兽变形也算不上是“母题素”，更算不上一个独立的故事类型，而只能算是一个应用范围广泛的母题（motif），借助人兽变形可以改变角色，或者暗示故事对某种外在现实的关涉，熊和牛都有其具体的、仪式性的意义。不过，这个问题将把我们从民间故事引到神话。[45]

我们再举一个例子，借以说明这种研究方法对于确定古代神话的各种相似版本究竟是同一个神话还是不同的神话是多么有用。我想说的是赫梯神话中的伊卢延卡（Illuyankas）

8 龙和阿波罗多洛斯记载的怪物堤丰的神话，[46]在赫梯神话文本刚被发现之时，这两个神话之间一目了然的相似性就已经引起了学者的注意。[47]但是，赫梯文本总是将两

［45］ 参见第一章第6节。

［46］ 未完稿最早刊载于 *Keilschrifttexte aus Boghazköi* 3（1919）no. 7；由 H. Zimmern 翻译的未完稿译文载 E. Lehmann，H. Haas，*Textbuch zur Religionsgeschichte*（Leipzig 1922）339f.；A. Götze，*Kleinasien*（Munich 1933）131f.（1957², 139f.）；转载于 Friedrich（1967）51-53；译文又见 *ANET* 125f.；Gaster（1961）257-65；参见 Gurney（1954）181f.。

［47］ Apollod. 1［39-44］6，3；W. Porzig，“Illuyankas und Typhon，” *Kleinasiatische Forschungen* 1（1930）379-86；F. Dornseif，*Die archaische Mythenerzählung*（Berlin 1933）26；A. Lesky in *Anzeiger der Oesterreichischen Akademie* 1950，146f. =Lesky（1966）362；A. Heubeck *Gymnasium* 62（1955）511f.；F. Vian in *Eléments*（1960）17-37.

个版本并置在一起，一个是“他们不再讲述的版本”，一个是“他们后来按其方式讲述的版本”。这就提出了这两个版本之间关系的问题，这两个版本至少都共同指向新年的节日仪式，即 Purulli。不过，将两个文本并排列表做一比较并不困难：[48]

老版本	新版本
风暴神和龙相互厮杀。	
龙打败了风暴神。	龙打败了风暴神，抢走了他的心脏和眼睛。
风暴神求遍了所有神……	风暴神试图复仇。
伊娜拉斯（Inaras，一位女神，帮助风暴神）遇到一位凡人胡帕思亚斯（Hupasiyas），跟他睡觉。	他掳走了一个穷人的女儿；跟她生了一个儿子；儿子长大成人，跟龙的女儿结婚。
伊娜拉斯把胡帕思亚斯带到一个地方藏起来；伊娜拉斯把龙从他的洞窟里引出来；龙和他的儿子们一起前来；他们喝光了所有罐子里的酒；他们无法回到洞窟；胡帕思亚斯赶来，用一根绳子把他们全部给捆了起来。	风暴神教导儿子；儿子让他的妻子和龙把风暴神的心和眼给他，他们给了他；风暴神拿回了自己的心和眼。
风暴神来把龙杀死。	风暴神再次与龙较量，差一点就打败他。
伊娜拉斯告诫胡帕思亚斯说“不许从窗口向外看”；他没听她的话，打开窗户，看到妻子和她的孩子们；她杀了他。	风暴神的儿子喊道：“看我面上请饶他一命！”风暴神杀死龙和自己的儿子。

这些情节可以被排列成一个母题素序列，这一序列是争霸故事的典型变体：（1）霸主与对手争霸；（2）对手打败霸主；（3）霸主孤独无助；（4）凡人帮手出现；（5）帮手设巧计欺骗对手；（6）对手丧失他原有的优势；（7）霸主重 *9*

〔48〕 下列文本采自 *ANET*，做了适当的删节和校订，并在括弧里做了说明。

启战端击败对手；（8）凡人帮手也被杀死。一场从阶段（1）越过中间阶段直奔阶段（7）的争霸战，并没啥看头，真正惊心动魄的是中间阶段的逆转，霸主暂时失败，陷入困境（2、3阶段），于是，靠计谋而非单凭蛮干取胜就成了势所必然（5、6阶段）。直到今天，我们仍能在很多电影和连环漫画中看到无数此类桥段的变体。〔49〕

两个版本的伊卢延卡神话都具有一种别具一格的诡异而令人不安的特点，这种特点源于凡人帮手的登场，尽管神的最后胜利离不开他的帮助，但他最后还是被神杀死了。正是在这里，在涉及这位"行为者"的身份和动机时，这两个文本出现了明显的分歧，尽管故事的基本序列及其具有悲剧色彩的内在矛盾并没有因此而改变。胡帕思亚斯的悲惨命运看来本身就构成一个遵循着"禁令—违背禁令—恶果"叙事模式的短篇故事，跟整个神话的关联比较松散。在"新"版本里，凡人帮手之死被融入行动的主线之中，尽管这个文本并没有把他必有一死的原因说清楚；相反，这个文本表明他是出于自己的意愿自由选择了死亡，这一点难免令人联想到献祭意识形态，〔50〕其背景很可能是发生于新年庆典语境中的某种以真人或人偶献祭、旨在帮助神克服混沌状态的献祭形式。

阿波罗多洛斯关于怪物堤丰神话的版本几乎与上述情

〔49〕 参见 U. Eco，"James Bond：une combinatoire narrative，" *Communications* 8（1966）77-93。

〔50〕 参见 Burkert（1972）10，78；参见第三章第3节。

节如出一辙：（1）宙斯与堤丰较量；（2）堤丰打败宙斯；（3）他抢走宙斯的武器和他手脚的筋，藏在洞穴中由一条龙守护；（5）赫耳墨斯和埃癸潘（Aegipan）偷回筋；（6）重新给宙斯接上筋；（7）宙斯重新发起挑战，打败堤丰。这一模式与上述“新”版本的伊卢延卡神话很像，两个神话中都出现了对手剥夺了霸主身体的某些部分导致胜负形势逆转的情节，在赫梯神话里是“心和眼”，在希腊神话里是“筋”，而且都是经母龙之手得以恢复。由于这个希腊故事明确无疑地发生于西里西亚地区，因此可以假定存在着一个介于博阿兹柯伊（Boğazköy）文本和阿波罗多洛斯文库本之间的“后赫梯时期”文本。在这个故事的传播过程中，失落了凡人帮手的角色及其悲剧性死亡的情节，这一点进一步加强了如下假设：这个情节植根于仪式，因此不太容易传播。

最近，福尔克·哈斯（Volker Hass）注意到一个完全不同的希腊神话却与上述“老”版本的伊卢延卡神话有着惊人的相似性，即伊阿宋和美狄亚的故事。[51] 两个故事里都有一位女神，美狄亚的神性品格是毋庸置疑的，女神爱上了一位凡人，两人齐心协力打败了龙，但是，后来这位凡人离开了他地位崇高的配偶，最终为此付出沉重的代价。需要补充的是，在赫梯新年仪式上，“太阳之绒”（fleeces of the sun）具

〔51〕 V. Haas, “Jasons Raub des Goldenen Vliesses im Lichte hethitischer Quellen,” *Ugarit-Forschungen* 7 (1975) 227-33.

有非常突出的地位，而伊阿宋的使命就是去太阳的国度埃阿（Aia）取回金羊毛（the Golden Fleece），[52]而“埃阿”在美索不达米亚和赫梯宗教中，是太阳神的妻子的名字。[53]

我不认为这纯属巧合。但是，尽管存在诸如此类的相似性，要将上述赫梯故事和希腊故事合并为同一个“普罗普式的”叙事序列却被证明是不可能的：一方面，在希腊伊阿宋故事这边，不存在霸主及其凡人帮手这一典型的二元角色，因此，赫梯争霸故事类型的整体框架并不适合希腊；另一方面，金羊毛这一环节，尽管毫无疑义地存在于赫梯仪式中，却不见于赫梯故事。相反，在伊阿宋故事中金羊毛就是其远征的目的。其实，卡尔·梅里（Karl Meuli）在很久以前即已指出，阿尔戈英雄（Argonaut）阿卡狄亚远征的故事属于“助手故事”（helfermaerchen）的类型，[54]除去其反常的后续故事美狄亚悲剧，这一类型最终可以纳入普罗普的神奇故事功能序列。不过，还是让我们就此打住，不要在复杂的阿尔戈英雄故事传统里走得太远，[55]而是回到更一般、更基本的问题。阿尔戈英雄故事中确有几个移植于赫梯故事的母题，但是，这些母题出现于其中的故事却是不同的故事类型。

---

〔52〕 关于“太阳的羊毛”，见第四章注释〔100〕、第六章第1节。关于“埃阿”，参见 Mimnermus 11，2 West；Lesky（1966）26-62。

〔53〕 *WM* I 39；Laroche（1947）119.

〔54〕 Meuli（1921）1-25.

〔55〕 参见 *PR* II 758-875：Wilamowitz（1924）II 228-48；O. Roux，*Le problème des Argonauts*（Paris 1949）。

3. 列维－斯特劳斯的影响及其局限性

普罗普的方法被不同的学者证明是行之有效的，他提出的定理似乎把握了真理：一个故事是一个母题素的序列；用语言学的术语讲：一个由“纵向聚合”（paradigmatic）的变体构成的横向组合（syntagmatic）链；用更为人性化的语言讲：就“行动”一词的宽泛含义而论，一个行动的进程，包括谋划、反行动、行动进程中的消极体验。批评者也许会对如何划分行动提出质疑：[56]划分两个相邻“功能”或“母题素”节点如何确定？是否可以继续做无限的任意细分？其实，为了描述如何将综合性的行动一步到位地分解为较小的行动，“行动理论”[57]已提供了某种形式主义的方法。反之，整个“功能”序列可以被囊括于一个主要“行动”，就普罗普所研究的序列而言，即“寻求”行动。然而，在实际分析时，不得不依赖见于同一类型故事中的那些可选项和变体，它们能够清楚地表明转折点和“关节”之所在。[58]

11

由普罗普的理论所导致的一个困扰着结构主义的常见烦恼是这个理论明显缺乏系统性：为什么恰恰是31个“功能”？这乍看起来太过随意。每一颗柏拉图主义的心灵都会

---

〔56〕 Nathorst（1969）24-28. Detienne（1977）33：“Les mythèmes restent introuvables”；不过，我们仍然是在“叙事”（narremes）的层面进行讨论。

〔57〕 A. I. Goldman，*A Theory of Human Action*（Englewood Cliffs 1970）35f.，45f.；H. J. Heringer，*Praktische Semantik*（Stuttgart 1974）43-50.

〔58〕 参见 Dundes（1964）24f. 论“功能等效”；O'Flaherty（1973）17：“插曲和符号的准确界定只能通过不同版本的比较才能得以确认。”

情不自禁地想删繁就简成最好是二元对立的框架，所有功能系统即由此而生："从链条到系统！"[59]邓迪斯引进了某种二元对立的母题素，诸如"缺乏—缺乏得到补偿"之类，与此同时保留着由各种不同结局组成的开放组群。更加系统化的方案是由格雷马斯（Greimas）和布雷蒙（Bremond）提出的，[60]这一方案基于普罗普的成就，其宗旨却是建立一个普遍的、形式化的"叙事语法"。人们不禁会感到好奇，如何才能从这样一个尽管简洁却空洞贫瘠的系统重新回到对一个与众不同的故事的动力机制的描述，就像普罗普的"寻求"序列所曾做到的那样。

一个更少系统性，但更为激进的结构主义方案以列维-斯特劳斯的名义为人所知，[61]人们甚至把他的影响力与抽象

---

〔59〕 P. Madsen *Orbis Litterarum* 26（1971）194. 或以为这是由语法学向语义学的进步，此说实误，因为普罗普的行动序列和它的变体已经是有意义的结构，亦即语义学结构。毋宁说，问题在于学者想要寻求的究竟是什么样的"意义"；参见 Dundes（1964）47（引自 J. Lotz），"意义不能用时间中的序列表达"——这一说法透露出来的柏拉图主义意味一目了然。

〔60〕 Dundes（1964），参见第一章注释〔34〕；Greimas（1966）172-221，the 'modèle actantiel'；"Eléments d'une grammaire narrative，" *L'Homme* 9，3（1969）71-92～*Du sens*（Paris 1970）157-83；"Un Problème de sémiotique narrative：Les Objets de valeur，" *Langages* 31（1973）13-35；C. Bremond，*Logique du récit*（Paris 1973）。

〔61〕 他在神话学方面的重要著述有："The Structural Study of Myth，" *JAF* 78（1955）428-44＝Sebeok（1955）81-106，revised as "La Structure des mythes"，in *Anthropologie structurale*（Paris 1958）227-55～*Structural Anthropology*（New York 1963）206-31～"Die Struktur des Mythos" in Schiwy（1969）134-43～*Strukturale Anthropologie*（Frankfurt 1967）226-54. — "La Geste d'Asdival" in *Annuaire de l'Ecole pratique* （转下页）

绘画相提并论。[62]我不认为列维-斯特劳斯证明了任何东西，但是，他用一种前无古人的方式向人们表明，一个学者都可以用神话做一些什么事情。在他看来，一个仅仅被视为“横向组合关系链”的民间故事没有任何意义可言。[63]于是，他拆解了故事的叙事序列，组成这一序列的所有成分，诸如人物、物件、特性、行动等，就像一个个可以随意支配的元素一样被纳入各种抽象的关系之中，诸如对立、比例、逆转、逻辑四边形以及数学意义上的“函数”（function）。正如纳

（接上页）*des Hautes Etudes*, *Sciences religieuses*, 1958-59（1958）3-43；*Les Temps modernes* 179（1961）1080-123＝*Anthropologie structurale deux*（Paris 1973）175-233～“The Story of Asdival,” in Leach（1967）1-47. —*Mythologiques*（Paris 1964-71）：I，*Le Cru et le cuit*；II，*Du Miel aux cendres*；III，*L'Origine des manières de table*；IV，*L'Homme nu*～*The Raw and the Cooked*（New York 1969）和 *From Honey to Ashes*（1973）～*Mythologica* I-IV（Frankfurt 1971-75）。——在大量关于列维-斯特劳斯的论著中，指出几部代表作足矣：Dundes（1964）42-47 和（1976）（附书目）；Nathorst（1969）37-59；Kirk（1970）42-83；E. R. Leach，*Claude Lévi-Strauss*（New York 1970）；Makarius（1973）。——下面是几个将列维-斯特劳斯的方法应用于古典研究的例子：Kirk（1970）132-71；Detienne（1972）和（1977），参见 Detienne, ed., *Il mito, guida storica e critica*（Bari 1975），esp. 3-21；P. Pucci，“Lévi-Strauss and Classical Culture,” *Arethusa* 4（1971）103-17；C. P. Segal，“The Raw and the Cooked in Greek Literature：Structure, Values, Metaphor,” *CJ* 69（1974）289-308；“The Homeric Hymn to Aphrodite：A Structuralist Approach,” *CW* 67（1974）205-12；C. Bérard，*Anodoi: Essai sur l'imagérie des passages chthoniens*（Bern 1974），参见 *AK* 19（1976）113f.；Brisson（1976）；P. Scarpi，*Letture sulla religione classica: L'Inno Omerico a Demeter*（Florence 1976）。

〔62〕 H. Glassie，*Semiotica* 7（1973）315.

〔63〕 Lévi-Strauss（1964）313；Dundes（1976）83 批评说：“列维-斯特劳斯分析的并非神话叙事的结构，……而是神话中描述的世界的结构。”

索斯特（Nathorst）所言：“他或许发现了和声，但他肯定失去了旋律。”[64] 列维－斯特劳斯告诉我们说，神话中存在着多个层面的共生“编码”，只有揭示其中蕴含的基本的二元对立关系才能“解码”。列维－斯特劳斯通常会列出代表基本二元对立的两栏和一个介于这两栏之间的中间项，他似乎想要证明，神话的真正作用就是这种“中介调谐”功能。

这种自始至终都以其显示出来的高超智力而令读者激动不已的方法对于渴望成为一门真正科学的人文科学而言或许有一种难以抗拒的魔力，困惑不已的反对者认为这种结构主义徒然生成了一些没人见过也没人理解的结构，[65] 不过，对这种反对意见的反驳早就准备好了：这些结构是无意识的，一个土生土长的人在说话时并不需要对其语言的语法规则有任何明确的了解，但他仍然会遵循它，其他文化现象也是一样。[66] 我乐于承认，结构主义解释方法的确让我注意到了某些在以前仅凭朴素的、印象主义式的观察无法注意到的现象。尽管如此，我仍然认为，结构主义的效果是有一定限度的，超过这个限度，它无法合乎情理地期待获得可证实的成果。然而，我深知结构主义看起来是如此精致，以至于迄今为止的每一位列维－斯特劳斯的批评者都被认定没能真正

12

---

〔64〕 Nathorst（1969）51.

〔65〕 参见 Nathorst（1969）56；Makarius（1973）98-101，277-86。

〔66〕 Lévi-Strauss（1958）18-25，281f.，F. Boas，*Handbook of American Indian Languages*（Washington 1911）70f.，和 N. Trubetskoi，*La Phonologie actuelle*（Paris 1933）；Lévi-Strauss（1964）20；参见 Dundes（1976）78f.。

理解列维－斯特劳斯，[67]我也将不得不面临同样的头脑简单之讥。我的批评如下：

1. 数学公式的使用是有限度的，不管它们在新手看来是多么神通广大。只有当数学公式能够满足真正的变量，也就是说，只有当它们能够应用于更多的实例，而不仅仅是唯一的实例，只有当它们足够具体而不仅仅是陈腐之见，它们才是有意义的。如果我们告诉一个物理学家说，电的基本公式是－1＋1＝0，反之亦然，＋1－1＝0，他肯定不屑一顾。但是，像每一个神话都是一对二元对立的中介[68]这样的命题真比－1＋1＝0这种水平高明吗？况且，这种说法并不适合所有神话。列维－斯特劳斯的中介项公式，$F_x(a)$: $F_y(b)=F_x(b)$: $F_{a-1}(y)$ 过于复杂，以至于屡屡出现排版错误，[69]不过，就算它得到正确应用，像康加斯（Köngäs）和马兰达（Maranda）所做的那样，[70]它也同样适应于歌曲、抒情诗、谜语、笑话以及某些特定的故事，但并非所有故事。由此可见，它确实是一个结构，但并非神话的结构。

2. 科学要求处理外在于它的事实，但是，在何种程度

---

〔67〕 参见 *TLS* 3，572（August 14，1970）899-91 论 Kirk（1970），以及 Detienne（1977）18-21 论 Kirk 和 Leach。

〔68〕 Lévi-Strauss（1958）229："神话的目的在于提供一个能够解决矛盾的逻辑模型"；参见 Dundes（1964）45f.；Kirk（1970）44，48。

〔69〕 Lévi-Strauss（1958）228；a 的对立面显然是 $a^{-1}=1/a$，但常被误写成 $a-1$，见 Sebeok（1955）104；*Structural Anthropology*（1963）228；*Midwest Folklore* 12（1962）137f.。

〔70〕 E. K. Köngäs，P. Maranda，"Structural Models in Folklore，" *Midwest Folklore* 12（1962）133-92.

上，可以说结构是“事实”？除客观结构之外，还存在着主观投射结构，即存在于观察者或解释者心中的结构，有时候很难将它们与客观结构分别开来。我们都知道那种视错觉绘画，即一个透视正确的立方体，我们一会儿觉得是从上面看它，一会儿又觉得是从下面看它，经过练习，我们甚至能自行转换视角，这说明空间结构并不存在于画面中，而是我们有经验的大脑通过处理相关信息投射上去的。更何况，有些“结构”，比如说在一篇文章中句点与逗号的关系，的确是客观的，但是却并没多大意义。结构主义是否想到过把基本结构与偶然结构、客观结构与投射结构区分开来？〔71〕个人的告白“模式就在那儿，我没有发明它”，〔72〕不能代替批评的方法。但是，事实上，结构主义一直在探求无意识，而且似乎十分强调其学说对不断增长的材料有着无限的适应性，列维－斯特劳斯有一个著名的论断：一个神话中已包含了其所有的版本，因此，俄狄浦斯神话甚至包含了弗洛伊德的解释，〔73〕最终也包含了列维－斯特劳斯的解释。围绕着“上帝真理”与“花言巧语”之间的论争非常古老，想要一锤定

13

〔71〕 Nathorst（1969）31：“对一则完全相同的材料，可以用无限多的不同方式……进行结构分析。”

〔72〕 E. R. Leach，*Transactions of the New York Academy of Sciences* II 23（1961）395. 列维－斯特劳斯声称要发现“独立于任何主体的……真实”（1964：19）；“神话之间相互映发”（20）。

〔73〕 Lévi-Strauss（1958）216f.；参见 Kirk 50。此说被 Dundes（1964）46 称为“谬论”；参见 Munz（1973）25。

音并不容易。[74]正如有人曾经指出的那样，结构主义恰好是“上帝死了”这一命题的产物。[75]成为一门“科学”，这是结构主义方法的出发点，但是，结构主义果真能够不忘初心吗？无所拘束的结构主义能够发现各种纯属任意捏造的上层结构，用奇思妙想代替客观性。事实上，列维－斯特劳斯的中介概念就明显具有黑格尔主义气息，自然－文化的二元对立命题无非是迎合因文化危机引发的时代焦虑的产物。列维－斯特劳斯将俄狄浦斯神话简化为“估价过高”的血亲关系和“估价过低”的血亲关系，[76]听起来就好像凶杀和通奸关乎外汇汇率事务似的，这不能不让人想起他的第一本大作研究的正是“血亲关系的基本结构”。

3．结构主义不能导致理解和解码。举大写拉丁字母为例，我们可以给出如下等式：$I : L = F : E$，因为给等式两边的第一个字母下面加上一笔横画就变成第二个字母，即 I 变成 L，F 变成 E，此说是一个典型的“结构主义”命题，然而，这一论述对于字母表用法没有提供任何有用的知识。针对希腊语铭文开头的字母串 ΘEOI，可以做一番完美的结构主义分析：这串字母，从右到左，包含了十足的希腊文书写要素，有垂直的直线和完美的圆圈，两者的基本要素都被明

---

〔74〕 F. W. Householder *International Journal of American Linguistics* 18(1952) 260；Dundes (1964) 57，(1976) 78：指出“人为编造的似是而非的上帝真理”。

〔75〕 M. Casalis *Semiotica* 17 (1976) 35f.

〔76〕 Lévi-Strauss (1958) 213-16；古典学专家认为他对古典研究领域的涉猎并不成功，参见 Detienne (1977) 19f.。

确地标示出来，即直线的头和尾各有一小横，圆圈的圆心有一个圆点。当然，我们知道，这几个字母表示“诸神”，旨在呼唤诸神为下面的记录做见证。这是一个玩笑——但又不仅仅是一个玩笑。十分意味深长的是，列维－斯特劳斯将现代音位学作为他成功建立其结构主义系统的模型，[77]当然，音位学的重要性正如其成就一样有目共睹，但是，单靠音位学却无法理解任何一种已知语言的任何一个词，我们先必须知道语言说的是啥。可能存在一种哲学，无关乎任何现实之物而只关心“结构”，即符号与符号的交相互指关系，将客观性和主观性一起消融于某种高深莫测的“精神”（*esprit*）之中，在此意义上，结构主义似乎正在成为唯心主义的最后狂欢。[78]我也许是太鲁笨了，无法加入到一统天下的符号学阵营并将客观现实置之不理。一个符号系统不可能是独立自足的，不存在没有意义的符号，也不存在没有指称的意义。列维－斯特劳斯认为一个故事，就其本身而言，是没有意义的，与他的这一论调相反，我仍发现在其《神话学》一书中处理的每一个神话都蕴含着有趣的、微妙的意义。例如，书中编号为1的神话，[79]显然关涉青年人成年礼：一个男孩强奸了他的母亲，因此被他父亲赶走，此后，他学会了打猎，因此受伤，伤好以后，他杀死了父亲，把尸体丢进水里让他安

14

〔77〕 Lévi-Strauss（1958）20-22，31-54.

〔78〕 参见第一章注释〔11〕。

〔79〕 Lévi-Strauss（1964）43-45（另见 Matranga［1972］251-54），也可参见 Makarius（1973）141-83。

息，与此同时，他具备了给整个部落提供火的能力。这个故事具有丰富的含义，而且绝不仅仅限于弗洛伊德主义的意义。列维－斯特劳斯及其追随者津津乐道的自然与文化之间抽象的二元对立，也只是蕴含于这种有意义的内容之中，要理解它，不是靠抽象的形式逻辑，而是靠人类经验。说实在的，结构主义能够比这个走得更远，它是一种用来对付晦涩、荒谬之物的方法，这可能是虚无主义游戏的最后一幕。

4. 行动的程序

说到这里，我们好像陷入了一个自相矛盾的境地：我们一方面认为，一个故事，包括神话，没有直接的参照物（reference）；另一方面，我们又认为，离开参照物，任何符号系统都是没有意义的。难道结构主义不正好是摆脱这一困境的唯一途径吗？牺牲朴素的意义观，代之以结构主义的逻辑，甚至在荒谬之物中也能发现这种逻辑。[80]当然不是！“没有直接参照物的意义结构”的概念并非自相矛盾。尽管意义（meaning）与指称（reference）有关，但跟指称并非一回事。在此，我们不可能详谈围绕着指称语义、操作语义和结构语义的争论。[81]不过，有一点大家也许都会同意，说话要有意

〔80〕 参见 Ricoeur（1975）288：“suspended reference”。

〔81〕 关于现代语义学理论的讨论，见 Palmer（1976）、Fodor（1977）、第一章注释〔11〕。C. Morris, *Writings on the General Theory of Signs*（The Hague 1971）95 决定彻底抛弃“意义”（meaning）这个术语，因为它缺乏精确性。

义，当然离不开丰富的生活经验，但也离不开语言本身的丰富多彩。[82]在一门理论性语言中，按照符号的设计，意义取决于作为结构的概念和命题，[83]建立“叙事语法”的尝试就引入了类似的结构和便于进行形式化运作的抽象性，格雷马斯的体系中“主体之间的物体位移”即为一例。[84]这种结构固然干净利索且显得很有格调，但它甚至无法解释诸如“凶杀”这样的行动：尽管在某些语言里，杀人可以表达为“取走了某人的生命”，但杀人肯定不是某种物体的“位移”。[85]一个故事的意义，即使在普罗普式功能序列的层面上，也是非常丰富和复杂的，正是这一功能序列，显示了一个主要的语义“规则”，这一规则决定了其中每一要素的意义。

15

但是，这样的规则有其非常具体的动力机制。“母题素序列”也可以称为“行动的程序”，在语言中，“行动”由动词表示。其实，如果我们更加密切地观察普罗普的功能序列，其功能序列的主要构成部分可以简单地概括为一个动词，即“获取”（get），对应于名词性实体词“寻求”（the quest）。这个由三个字母组成的词（即 get）蕴含了一个极其复杂的行动程序。“获取”，有时候意味着：认识到某种匮乏，或者接到了出发的命令；拥有、得到关于所欲事物的知

〔82〕“使用”词语说明意义，这一话题又回到 L. Wittgenstein, *Philosophische Untersuchungen/Philosophical Investigations*（Oxford 1953）。

〔83〕Bunge（1974）8-15.

〔84〕参见第一章注释〔60〕。

〔85〕参见 Calame（1977）70，提出了一个“在更具体层面上的”行为逻辑。

识或信息；决定开始一场探索活动；进入陌生的环境中，或与同伴会合，他可能是帮手，也可能是对头；发现了目标，凭借强力或者计谋将之据为己有，或者，在更加文明的环境中，通过谈判协商得到它；然后，带着得到的东西返回，而它可能仍有被抢走、偷走或丢失的危险。只有经过这一系列环节之后，大功告成，"获取"的行动才算完成。这其实就是普罗普功能序列中撇开了帮手的功能项的8—31项功能，这一完美构成的意义较之任何诸如－1＋1＝0或"缺乏—缺乏得到补偿"之类的零和公式，更具体，也更复杂。这一结构是不可能从形式逻辑中推导出来的，请注意其中的不对称性："探索"完全不同于"回归"或"逃跑"，无论是奥德修斯还是阿尔戈英雄们，想要回家，都不可能重走将他们带到喀耳刻身边或者埃阿的老路。故事中，现实的回响无处不在。

事实上，如果我们追问：这样一种意义结构，这样一种行动逻辑，由何而来？答案是明摆着的：来自生命的现实，更进一步讲，来自生物学。[86]一只搜寻食物的老鼠都会不断地重复所有上述"功能"，包括它成功获取食物时所体验到的瞬间狂喜，接下来它不得不尽快地在其他老鼠抢走它的食物之前找一个安全的地方，把食物藏好。在普罗普功

〔86〕 运用动物行为学解释童话的一个大胆尝试，见于A. Nitschke，*Soziale Ordnungen im Spiegel der Märchen*，I-II（Stuttgart-Bad Cannstatt 1977）；G. Durand，*Les Structures anthropologiques de l'imaginaire*（Paris 1960，1963²），试图基于另外一种理论，从姿势的（postural）、消化的（digestive）、交媾的（copulative）三种条件反射中引申出原型。相对于生命体的高度复杂而言，这种观点过于简单化了。

能序列中，有一段母题素序列被称为“神奇逃生”（magical flight），[87]这一环节通常成为神奇故事中最惊心动魄的部分，当主人公得到具有魔力的物件或者姑娘后，此前拥有它或她的主人开始对他的追杀，这一场追杀插曲，很可能正是上述行动模式的一种变形形式。

上面这番议论，从结构主义的崇高姿态一下子跌落到动物学的深渊，肯定会立刻引发抗议。不过，这一转变自有其道理。归根到底，自然的语言就是生命体的语言，如果说母题素对应于行动的程序，那么，我们恰好处于生物控制论的领域。当然，就算行动程序并非人类所独有，也只有人类才能把它说出来。行动由动词表示，而在大多数语言中，包括英语、德语、法语、拉丁语、希腊语、土耳其语，动词的词根，即无形式动词，都是祈使词。用祈使词进行交流较之用陈述句进行交流更为原始，也更为基础。[88]由此可见，故事最深的深层结构，应当是一系列祈使句，“去获取”，这等于说“出去，探听，找到，战斗，拿到，快跑”。读者的反应则对此过程亦步亦趋：在故事惊心动魄的魅力影响下，我们自己也经历了上述行动的每一步，当然，是以空转（idle motion）的方式。如此说来，以行动序列的形式或曰故事的形式进行的交流，是如此与生俱来、根深蒂固，不可能将它

16

[87] A. Aarne, *Die magische Flucht* (Helsinki 1930).

[88] 关于祈使句的特殊地位，参见 Palmer（1976）141；以及 E. Schwyzer, A. Debrunner, *Griechische Grammatik* II（Munich 1950）339。那种企图从肯定性短语中引出祈使句的想法，忽视了语言的基本事实。

归结为比它“更深的”层面，顺便指出，这跟做梦有相似之处，做梦即涉及以空转方式进行的行动序列。其实，我们正在讨论的问题根本不像乍看起来那么简单，甚至老鼠的大脑也比得上一台功能非凡的计算机，当然比任何结构主义的公式要复杂得多。难道我们能相信存在着任何比最简单的DNA分子更简单的生命现象吗？

如果我们看一眼另一个已经讨论过的故事的结构，将会进一步证明这种生物学观点。我们几乎不需要提及争霸型故事，它本是普罗普功能序列的一部分，却变成了一个独立的故事，因为在有些社会中，对英雄的好战主义的推崇超过了对经济利益的推崇。男性经常为了得到女性而战斗，“匮乏与匮乏的补偿”的确是一种最基本的生物控制论机制。〔89〕此类故事中少女的悲剧可视为成年仪式的反映，但是，这一切反过来又都取决于青春期、破处、怀孕、分娩这一系列自然进程。假如就像在有些部族中看到的那样，女孩在初潮来临时不得不离开她父母的家，只有在生下第一个男孩之后才获得完全的成人资格，〔90〕那么，其与故事结构的对应关系几乎是若合符契。邓迪斯指出的另外几个母题素序列，“任务—完成任务”、“禁令—打破禁令—后果”，则植根于完全

〔89〕 “Allgemein biotisch”：M. Lüthi，*Deutsche Zeitschrift für Volkskunde* 2（1973）292.

〔90〕 S. L. La Fontaine，“Ritualization of Women’s Life Crises in Bugisu” in La Fontaine（1972）159-86；参见 *GB* XIII 448-50：“The Seclusion of girls at Puberty”；W. Burkert，“Kekropidensage und Arrhephoria，” *Hermes* 94（1966）1-25。

不同的人性层面，但仍然反映了某些最为基本的社会功能：

17 权威和道德。“谎言—骗术”序列则附加了智力的运用，它跟权威和道德都是相抵触的。

因此，恰如博厄斯所言，“情节具备人性的一般特点”。[91]情节的几个特征很容易被形式化：开头通常总是与结尾相呼应，就像在“缺乏—缺乏得以补偿”序列中那样，这形成了一种二元对立，这种二元对立是当下的电脑化心智所喜闻乐见的。但是，这并不意味着在开头和结尾之间发生的一切也是同样简单、对称的，就像正、负数之间的转换那样一蹴而成。诸如“去获取”“去战斗”这样的行动，本身就具备复杂的、非对称的动力机制。即使说到开头和结局，希腊人也宁愿用故事的“脚”和“头”来称呼它们：你不可能在一个故事讲到半截子时就戛然而止，否则 *mythos* 会变成一个没有脑袋的幽灵四处游荡。[92]故事结构天生就是人神同形的，或者说是具有生物属性的。

通过将故事的结构归结为行动程序，我们避免再一次坠入“走捷径”的陷阱：我们并不是通过对任何客观事实的“初始”参照来解释故事。即使我们认为人类的第一个故事讲的是一场成功的狩猎活动，这个故事能够被理解、被再次讲述，则是因为其听众自身都是潜在的行动者，故事的行动模式确立了一个综合原则，成为具体的故事讲述活动的先

---

〔91〕 Boas（1916）874.

〔92〕 Plat. *Leg.* 752a；参见 *Gorg.* 505d，*Phdr.* 264c，*Tim.* 69ab，*Phil.* 66d。

验原则。这就解释了为什么故事的听众会反客为主变成故事的讲述者，这是传统故事的通则，也解释了为什么故事只要听过一次就很容易被记住：故事中并没有多少东西需要费劲记忆的，因为故事的结构大都是大家早就熟知的。正是凭借这一点，传统故事才能保持一定的稳定性，甚至某种再生能力：由于故事讲述人和听众或有意识地无意识地就故事的结构达成了共识，因此，误解会得到纠正，疏漏也会得到补充。

说到这里，或许是时候对人类心智的无意识动机做一点探究了，无意识动机大致处于生物学和语言的中间位置，故事的接受和复述显然跟无意识有关联。打从弗洛伊德开始，精神分析学就对神话表现出浓厚的兴趣。[93]性冲动与其他行动模式之间的关系，以及这种冲动的力量力图借某种表现形式得以表现的倾向，是精神分析学的一个基本问题，荣格将此种表现形式称为“原型”。[94]不过，这个问题远非

---

〔93〕 这方面的研究成果可参见 J. Glenn，“Psychoanalytic Writings on Classical Mythology and Religion，” *CW* 70（1976-77）225-47；E. Nase，J. Scharfenberg，eds.，*Psychoanalyse und Religion*（Darmstadt 1977）；D. Anzieu，“Freud et la mythologie，”*Nouvelle Revue de Psychanalyse* 1(1970）114-45；这方面的基础研究有 Rank（1909）和 K. Abraham，*Traum und Mythus*（Wien 1909）～*Dreams and Myths*（New York 1913）；另可参见 A. Dundes，*Analytic Essays in Folklore*（The Hague 1975）。

〔94〕 C. G. Jung，“Ueber den Archetypus，”*Zentralblatt für Psychotherapie* 9(1936）259ff.；*Eranos-Jahrbuch* 6（1938）403-43；Jung（1941），在此书中，他称神话为“潜意识灵魂的启示”；他最后的理论发表于 *Man and His Symbols*（London 1964）；参见 J. Jacobi，*Komplex, Archetypus, Symbol in der Psychologie C. G. Jungs*（Zürich 1957）；Kirk（1970）（转下页）

18 我的能力能胜任，我不想过多刺探“象征”（symbol）的奥妙。[95]让我们记住第三个论点：[96]**故事结构，作为母题素的序列，是植根于行动的基本进程，这一进程兼具生物和文化属性**。现在，让我们转向别的话题，从无意识转向言语活动。

5. 具体化：库马尔比和克洛诺斯

我并不想否认，在任何故事中，除了基本的母题素序列，还可辨别出很多其他附属结构，更不用说存在于一种语言中的那些更为恒定的结构，诸如音步、谐音、韵脚等等。一个故事显得特别、感人、令人难忘，看来是多重结构共同作用的结果。我将此称为故事的具体化。[97]考虑到各种结构的交叉重叠，其中的构成要素相互之间必定存在着千丝万缕的关联，牵一发而动全身，这正是艺术的标志。然而，问题仍然是，一个传统故事，究竟是作为一个独具匠心的艺术品

（接上页）275-80。神话学中的荣格主义研究，见 E. Neumann，*Die grosse Mutter*（Zürich 1956）~*The Great Mother*（New York 1955）；S. Sas，*Der Hinkende als Symbol*（Zürich 1964）；K. Kerényi 的观点一度跟荣格很接近，这尤其表现于 Jung（1941），但是，他后来自立门户，见 *Eleusis, Archetypal Image of Mother and Daughter*（New York 1967）xxiv-xxxiii。

〔95〕 一种想将神话象征和生物内在释放机制联系起来的企图，见于 Campbell（1959）30-49。

〔96〕 参见第一章第 2 节的开头。

〔97〕 还可参见 M. Lüthi，*Das Volksmärchen als Dichtung*（Cologne 1975）。关于故事的多重性，参见 H. Jason，“A Multidimensional Approach to Oral Literature，” *Current Anthropology* 10（1969）413-20。

而传承，还是仅仅以基本的形式而传承？

意义具体化所涉及的原理之一是相反和对称。“高故事”需要强烈的对比，以便用理想的方式填补由行动模式提供的位置，因此，争霸型故事，[98]其结局是英雄大获全胜，其中出场竞争的不会是两个体格中等、德性中等的平庸人物，这样两个对手只会打成平手、握手讲和。人们期待的胜利者与其对手在方方面面都必须形成对照：胜利者应该明朗、英俊、可爱、年轻，容或纤弱、矮小，但一定要顽强而正直，而其对手则应该是阴沉、丑陋、讨厌、年老、高大而有力，但却贪婪而好色。明朗与阴沉的对比先声夺人，令人无法视而不见，或许还需要一些别的“编码”加强这一对立给听众的印象。事实上，列维-斯特劳斯所说“编码”中的大部分，通过类比、比例和反转等操作，似乎即进入了这一层面的具体化过程。

相反原理会为一个故事的情节突变增加可信度：故事开头时，霸主往往贫困潦倒、地位低下，这让他最终的胜利显得愈加势不可当，或者，在大祸临头之前，往往是一番宁静安详的田园牧歌场景，小红帽在遭遇又大又坏的大灰狼之前，在草地上采摘美丽的花朵，珀耳塞福涅在死神到来之前也在无忧无虑地采撷鲜花。 19

另一种对比方式是通过引入二选一的机会让故事反转：让英雄还有下一次机会翻盘。他第一次会失败，第二次

[98] 这方面最扎实的论著是 Fontenrose（1959）。

则反败为胜，这一类的例子数不胜数，从风暴神和伊卢延卡的故事，[99]到与之渺不相及的帕西发尔的故事（Parsifal，亚瑟王传奇中寻找圣杯的英雄），或者，英雄也有可能先胜后败。或者引进性格正好相反的人物，一个注定会失败，另一个则注定要成功：他们可能是兄弟俩，也可能是姊妹俩，一个善良，一个邪恶，一个聪明，一个愚蠢，这种情况常见于“禁令—违背禁令”型故事，也常见于争霸型故事。

一个更行之有效的具体化方式，将对比与对称结合起来，这是通过两种标准行动模式的冲撞实现的，尤为引人注目的是性爱与侵犯两种行动模式。交配和生育两种行动定义了男人和女人、父母和后代的角色，男人与女人之间的争霸是一个出人意料的反转：诸如亚马逊女战士的神话、妻子杀死丈夫的故事，更可怕的是父亲杀死女儿，或儿子杀死母亲，完全颠覆了家庭伦理纽带。这些都是非常简练有力、令人难忘的叙事结构，它们结合在一起有可能形成一个十分对称的序列：父亲杀死女儿，妻子杀死丈夫，儿子杀死母亲。——埃斯库罗斯的《奥瑞斯忒亚》悲剧三部曲讲的就是这样的故事。

在民间故事和神话中，“幻想”被赋予重要的作用，“任何事情都是可能的”[100]一次又一次应验。不过，水面上

〔99〕 参见第一章注释〔46〕、〔47〕。

〔100〕 Lévi-Strauss（1958）208；幻想（künstlerische Phantasie）被奉为创造者，这要归功于 K. Ph. Moritz，*Götterlehre oder Mythologische Dichtungen der Alten*（Vienna and Prague 1791，1795²）7f.；参见 K. Schefold，*Griechische Kunst als religiöses Phänomen*（Hamburg 1959）135。关于想象力在神话中的限度，见 Boas（1916）874，880。

的粼粼波光往往反映了水面之下暗流汹涌的节律。从我们的观点看，“幻想的”因素也就是“不可能”的事情，事实上，在神话中，甚至在童话中，幻想的因素并非不可或缺。在格林童话名篇《汉塞尔和格雷特尔》中，不存在什么不可能的事情，[101]正如在俄狄浦斯故事中，[102]除了那个久已流传、最后一一应验的预言，并没有什么超自然的事情。当然，在有些故事中会出现魔法或萨满通灵术的因素，在神话中则尤其会出现仪式的因素，动物在故事中举足轻重的作用主要出现于这些方面。因为不受现实的制约，故事可以越过死亡大限，发生“幻想性的”逆转，例如，脑袋被砍下之后可以重新接上，被吞噬之后重新从肚子里爬出来。这些是依靠逻辑实现反转的行动，另外一些“幻想性的”母题则干脆以逻辑代替现实，赤裸裸的、无所顾忌的行动，例如无穷无尽的力量、迅雷不及掩耳的敏捷、取之不尽用之不竭的食物等。或者，以龙这种深受近东和西方神话喜爱的生物为例，[103]在争霸型故事中，龙是敌手角色唯一完美的具体 *20*

〔101〕 *Kinder-und Hausmärchen der Brüder Grimm*, no. 15. 在这个故事中，“巫婆”没有使用任何魔法，对她的处置也是使用的非常现实的手段，只是在故事的结尾，才模模糊糊地显示出一点“魔法飞行”的迹象（参见第一章注释〔87〕)。一般性的研究，见 L. Röhrich，*Märchen und Wirklichkeit*（Wiesbaden 1965，1974[3]）。

〔102〕 男人无意中娶自己母亲为妻的一个历史案例，见 H. F. Helmolt，ed.，*Briefe der Herzogin Elisabeth Charlotte von Orleans* I（Leipzig 1908）230f.（December 23，1701）。

〔103〕 参见 Propp（1946）343-46；Merkelbach *RAC* IV（1959）226-50；又见 Boas（1916）880 论“恐惧的对象的实体化”。其他一些来自（转下页）

化，龙是一条蛇，因为蛇是最令人恐惧又令人反感的动物，在很久以前就被用为化学战的武器；[104]龙有一个吞噬一切的巨口，因为被吞噬、被吃掉是所有生物与生俱来的最基本的恐惧；龙可能生有翅膀，这会让它无往不在，不可战胜；龙会喷火，因为这是古人知道的最具毁灭性的能量，其在现代科幻小说中的替代品就是核武器和激光武器。龙往往会诱拐、强奸处女，以此激发双雄争霸战中敌对一方的怒火；但是，龙往往既年老又丑陋，它总是一次又一次地被打败，它在故事结构中扮演的角色就是作恶然后被打败。凡此所述，没有任何理由需要假设一种特别的逻辑，[105]甚至一种刻意经营的象征系统，一个好故事，既环环相扣，又晶莹剔透（crystallized），反倒可能因为太合乎逻辑了而显得不真实。

如果不依靠诗歌或韵文的形式，口头传承能够在多大程度上保持其具体形态而不因漫长岁月的磨砺而黯然失色，则是另外一个问题。这是一个实证性问题，有证据表明，结构似乎总会破裂为碎片。在不同的文明中，存在着很多类似的民间故事变体，以及明显是相互关联的故事组群，这些现

（接上页）东方图像的怪物并不是很容易作为神话人物而被希腊人接受，在阿里斯铁阿斯（Aristeas）的《独目人》中，只是到了相当晚的时候，格里芬才作为敌对的角色进入希腊神话（J. D. Bolton，*Aristeas of Proconnesus* [Oxford 1962]）。

〔104〕参见 R. and D. Morris，*Men and Snakes*（London 1968）。

〔105〕一个运用三真值（真、不确定、假）逻辑的有趣尝试，见 D. E. Cooper，"Alternative Logic in 'Primitive Thought'," *Man* 10（1975）238-56；参见 E. Hornung，*Der Eine und die Vielen*（Darmstadt 1973^2）233-40。对神话"前逻辑性"概念的批评，见 Frankfort（1946）19-36。

象暗示着存在某种文化传播的过程，但同时也展现出不同的结构特征。针对这一问题，学术讨论可能会关心如下一些问题，诸如，两个故事是“同一个”故事，抑或是风马牛不相及的两个故事？是否存在“表面的相似性”，抑或无处不在的、自由流动的“母题”就可以解释这种相似性甚至同一性？在这些问题背后，则是另一个问题：究竟是什么构成了一个故事在不同版本之间的同一性？看起来，普罗普的理论就为这一问题提供了一个答案。为了验证这一点，让我们举一个具体的例子，即赫梯的库马尔比神话和赫西俄德记述的克洛诺斯神话之间的关系。[106]

记录库马尔比神话的赫梯文本在1945年甫一出版，这两个神话之间的相似性就立刻引起了学者的注意，而赫梯版本在时间上早于赫西俄德是毋庸置疑的，因此，人们普遍相信这个故事是由赫梯传到希腊的，其间可能经由一系列中介，诸如胡里安人、腓尼基人等。不过，深受结构主义影响 21

〔106〕 H. G. Güterbock, *Kumarbi*, *Mythen vom churritischen Kronos* (Zürich 1946); H. Otten, *Mythen vom Gott Kumarbi* (Berlin 1951); *ANET* 121f., Güterbock in *Mythologies* (1961) 155-61; G. Steiner, “Der Sukzessionsmythos in Hesiods ‘Theogonie’ und ihren orientalischen Parallelen” (Diss. Hamburg 1958); 参见 A. Lesky, “Hethitische Texte und griechischer Mythos,” *Anzeiger der Oesterreichischen Akademie der Wissenschaften* 1950, 137-60=Lesky (1966) 356-71; F. Dirlmeier, “Homerisches Epos und Vorderer Orient,” *RhM* 98 (1955) 18-37=*Ausgewählte Schriften* (Heidelberg 1970) 55-67; A. Heubeck, “Mythologische Vorstellungen des Alten Orients im archaischen Griechentum,” *Gymnasium* 62 (1955) 508-25; P. Walcot, *Hesiod and the Near East* (Cardiff 1966); Kirk (1970) 213-20。

的杰弗里·柯克最近却提出一个独到的见解：这个神话的赫梯版本全然不见希腊版本中明显可见的对称性，一方面是乌拉诺斯旺盛的性欲，最终招致阉割；另一方面是克洛诺斯的假怀胎和假流产。正如柯克指出的，克洛诺斯的行为像是一个消极的母亲，与之相反，乌拉诺斯则是一个超级父亲。赫梯神话中却全然不见类似的内容，而且，在赫梯神话中，天神的阉割和库马尔比的怀孕与吞噬阳具的母题密不可分，这一母题却不见于希腊神话。“显而易见的结论是，这两个神话互不相借。”〔107〕然而，如此一来，我们该如何理解神话作为传统故事这一概念呢？柯克甚至无法断定这两个神话有着共同的来源，因为在任何可能的谱系中，结构错位的问题都有可能在关键的环节上再度出现，如此一来，他只好含糊其词地说存在〔108〕“一个综合性的神话母题库”作为其共同的源头，就像一个储存了各种各样结构的神话传统的仓库，凭借这个母题库，神话得以漫无目的地自生自灭。

然而，如果我们知道存在着不止一个层面的结构，这个问题就容易解决。柯克本人已经对这两个神话的行动序列做了清晰的勾勒，按照这一行动序列，可以看出赫梯神话和希腊神话之间的一致性，并证实了普罗普的假说。如果将柯克的论述加以精简，〔109〕略去希腊版本增加的枝蔓，即塞浦路

---

〔107〕 Kirk（1970）219.

〔108〕 同上。柯克会同意“希腊版本追本溯源是来自一个前胡里安语的希腊通用语叙事”。

〔109〕 同上，217。

斯的阿芙洛狄特和德尔菲的石头的故事，其母题素序列是：（1）天神（Heaven）作为统治一切的君王；（2）库马尔比 / 克洛诺斯挺身而出对抗天神，并阉割了天神；（3）库马尔比 / 克洛诺斯吞噬了对他造成威胁的东西；（4）库马尔比 / 克洛诺斯无法承受他吞下去的东西；（5）库马尔比 / 克洛诺斯被石头神宙斯打败并被取代。我们看到的显然是一个争霸型故事的对称反转：其中，一个争夺王位、最终被废黜王位的神作为中介角色，通过否定之否定，天神的王权得以重建。争霸过程中使用的手段是阉割和吞噬，这的确是两个最原始的手段。将这两个手段结合在一起，可能是最初的版本，但在另一个赫梯变体中，这一手段被更为文明的手段所取代，即用一把铜刀将天和地割裂开来。[110]但主干序列仍保持完整，即王权由天神传给万神殿的统治者，这不仅仅是故事的结构，而且还是对天空和由赫梯传到希腊的统治之神的双重指涉——也就是说，这不仅仅是故事，还是神话。但是，流传下来的神话都发展出了为其所独有的附加"具体化"——两个版本的故事结构都因此延长了，如柯克所指出的，在赫梯版本中，在故事开头增加了至高之神阿拉鲁（Alalu）和直接引语的润饰，在赫西俄德版本中，增加了纵欲过度以及因此而引来的惩罚。把作为冒牌母亲的克洛诺斯当成乌拉诺斯的对立面，我斗胆地认为这只是柯克的主观投射，被吞噬的恐惧是根本性的、不可还原的。由此得出的结论是，存在

22

〔110〕 *Song of Ullikummi* III C，*ANET* 125.

着一些上层结构，一些切实有效、至关重要的叙事结构，在文化传播的过程中破碎了，[111]但是，基本行动模式的结构却能够超越语言障碍，穿越漫长的历史时段和广大的地域空间，在相邻文化之间提供交流和相互理解。

6. 故事的应用

至今为止，我们所关注的一直是一般的传统故事，尽管也偶尔会对某种特殊形式的神话有所涉及。那么，相对于其他类型的故事而言，什么才是神话所特有的呢？就像通常所说的那样，仅仅从形式或结构层面上是无法见出其差异的。[112]但是，任何根据内容对神话进行界定的努力似乎都不可避免地变成生撕活剥、削足适履。假如将神话定义为关于诸神的故事，或神圣叙事，那么，希腊神话的核心部分，包括俄狄浦斯神话，将被排除在外。[113]人类学家发现了一

---

〔111〕 参见 J. L. Fischer 的发现，关于同源的故事如何在不同的社会中演变为不同的结构，载 A. F. C. Wallace，ed.，*Men and Cultures*（Philadelphia 1960）442-46。

〔112〕 Boas（1916）880；Propp（1946）43；Dundes（1964）110：“在形态学的意义上，神话和民间故事完全是一回事。”

〔113〕 Kirk（1970）9-12，参见第一章注释〔3〕，Fontenrose（1966）54f.。将神话定义为“讲述众神事迹的传统故事”，并将传说定义为“讲述英雄事迹的传统故事”，不过，这个定义有点自我循环，因为有些英雄之所以被当成英雄，正是因为他们出现在神话之中，比如阿伽门农（J. M. Cook，Geras A. Keramopoullou［Athens 1954］，112-18；J. N. Coldstream，*JHS* 96［1976］8-17），而且，至少在比如厄瑞克透斯（Erechtheus）和赫拉克勒斯（Heracles）这两个例子中，神与英雄之间的边界并非泾渭分明。

个切实可行的神话定义，将之定义为关于起源以及“遂古之初”（*in illo tempore*）所发生。[114]但是，希腊人自己却认为希腊神话中的很多故事发生于历史时期，即特洛伊战争时期和几代人之前。各种文化都有自己的故事分类方式，其中往往有一类被称为“神话”，[115]但没有哪种分类方式是放之四海而皆准的，更没有哪种分类方式可以适用于希腊的材料。

神话的特性似乎既不在于结构，也不在于内容，而在于它被赋予的功能，由此引出我的最后一个论点：**神话是间接地、局部地指涉某些对共同体具有重要价值的事情的传统故事。**[116]神话是一些实用性的传统故事，其重要性和严肃

23

〔114〕 W. R. Bascom *JAF* 78（1965）4：神话是一些发生于遥远的过去、被认为是真事的散文叙事。在某种程度上追随这一观点的有 R. Pettazzoni, *SMSR* 21（1947-8）104-16～*Paideuma* 4（1950）1-10～*Essays on the History of Religions*（Leiden 1954）11-21，以及 M. Eliade，*Cosmos and History*：*The Myth of the Eternal Return*（New York 1959）；并参见 Eliade，（1963）5：“神话讲述发生于原初的时间的……神圣历史。”Baumann（1959）3：“关于万物之初的生动叙事”；Fontenrose（1966）54。

〔115〕 Boas（1916）565；Malinowski（1926）101-6；Baumann（1959）15f.；Eliade（1963）8-10；Kirk（1970）20.

〔116〕 Barthes（1957）称神话为“第二语义系统”，参见 J. Rudhardt *Studia Philosophica* 26（1966）208-37，将神话视为一个“能指 / 所指”系统。Boas（1916）881 在讨论“神话学问题”时即已经“将单个的故事与自然现象相联系，对其含义进行解释”。关于神话与共同体的关系，见 Dundes（1964）111；Luthi（1976）13f.，他们追随 E. Meletinsky 的观点。—Herskovits（1958）81 的神话定义“对人类与宇宙之间的关系给予象征性表达的叙事”，与上述定义可以并行不悖，尽管这个定义有将玄学奥义赋予神话的倾向，将神话视为“宇宙和人类生活深层意义的展现”（A. W. Watts, *Myth and Ritual in Christianity*［London 1953］7；P. Wheelwright in Sebeok［1955］154）。参见第一章注释〔22〕。

性主要源于这种实用性。其指称功能是间接的，因为故事的意义不是源于指称，这一点与寓言形成明显的对比，寓言是为了实用的目的而编造的；[117]其指称功能是部分的，因为故事和现实永远不会通过这种实用性而达成完全的同构。此外，错综复杂的现实往往通过故事才得到最初的、基本的言语表达，故事是言说现实问题多面体的基本手段，就好比说，讲一个故事看来是一种最基本的交流方式。语言是线性的，因此，线性叙事是由语言预先设定的图绘现实的方式。

运用传统故事表达的与共同体价值相关的现象，首先见于社会生活中。家庭、部落、城市的建立和授权借由神话得到解释与合法性——即马林诺夫斯基所谓的“特许状神话”（charter myth），[118]或者是关于宗教仪式，尤其是权威的、严肃的仪式的知识，[119]以及与仪式相关的诸神的知识，通过这种故事的途径得以表达和传承；此外，神话还涉及与自然、季节、食物供应活动相关的希望和恐惧，涉及因疾病而引起的绝望经验。当然，人类社会一些非常普遍的问题，诸如婚姻的规范和乱伦，乃至自然和宇宙的组织等等，也可能变成实用故事的主题。无论在古代还是在现代，倾向于将

---

〔117〕 关于寓言，参见 K. Meuli, *Herkunft und Wesen der Fabel*（Basel 1954）= Meuli（1975）731-56；Lüthi（1976）14。

〔118〕 Malinowski（1926）101；“beglaubigende Aussage,” Baumann（1959）1；“a rationale for institutions and customs,” Fontenrose（1955）58；参见 Kirk（1972）97-101。

〔119〕 关于神话与仪式的关系，参见第二章。

关于起源和宇宙创生的神话单独对待，[120]纯粹是基于哲学的兴趣，诸如此类的神话在其故事场景里通常都会实实在在地涉及某座城市或某个部落的创建。

神话和童话一个明确的且众所周知的划分标准是看其中是否出现专名。专名不需要有“含义”，但它们有指称。[121]从故事结构的观点看，童话里的人物往往是无名氏，或者可以给他冠上诸如汉斯、杰克、伊万之类有名无实的空头名字；“名声远播的”独目巨人“波吕斐摩斯”（Polyphemus）也是一个空头名字，是在口头传统中偶然捏造的；[122]德尔菲的龙和母龙也可能是无名氏[123]——但“德尔菲”这个地名给出了指称，同样有所指的还有“阿波罗”：在集体仪式中诸神和英雄是现实在场的权力，超乎任何故事之外。在伊萨卡岛，就连奥德修斯这样的英雄人物 24

---

〔120〕见注释〔114〕；这方面的史料，见 Damascius，*De principiis* 123-25，I 318-24 Ruelle；S. Sauneron et al.，eds.，*La Naissance du monde*（Paris 1959）～*Quellen des Alten Orients*，I：*Die Schöpfungsmythen*（Einsiedeln 1964）；A. W. Watts，ed.，*Patterns of Myth*，I：C. H. Long，*Alpha: The Myths of Creation*（New York 1963）。关于创世神话和哲学宇宙论，见 F. M. Cornford，*Principium Sapientiae*（Cambridge 1952）；W. K. C. Guthrie，*In the Beginning*（London 1957）；U. Hölscher，*Anfängliches Fragen*（Göttingen 1968）。

〔121〕J. S. Mill，*A System of Logic*，II sec. 5，in *Collected Works* VII（Toronto 1973）33；Fodor（1977）15.

〔122〕波吕斐摩斯的名字显然要归功于这个故事的家喻户晓，L. Radermacher，*Weinen und Lachen*（Vienna 1947）12. *Od.* 1，70 *polýphemon* 既可以作为专名，又可以作为形容词：“the cyclops，godlike Polyphemus”或“the Cyclops，godlike，much renowned”。

〔123〕如献给阿波罗的赞美诗所示，参见 Fontenrose（1959）。

也被当成神崇拜。[124]名字只有部分的指称功能，空头名字比比可见：例如，在安提俄珀神话中，邪恶的国王被实至名归地命名为吕科斯（Lykos），也就是“狼”的意思，然而，安提俄珀的儿子却是底比斯圣军骑兵的原型，安菲翁（Amphion）的坟墓则是一个举行秘密祭仪的地方。[125]通过这种方式，希腊神话与家庭、部族、城市、地方、仪式、节日、神灵和英雄发生关联：关于海伦被诱拐、后来又被兄弟们救回来的故事，本来可能仅仅是一个普通的故事类型，但是，凭借迈锡尼的阿伽门农、斯巴达的墨涅拉俄斯，以及阿哥斯人、达奈人或亚该亚人与非希腊族的特洛伊人之间在达达尼尔海峡彼岸的战斗，这个故事变成了神话，借助这一神话，希腊人第一次获得了其相对于野蛮人的自我意识。“普罗米修斯”是一个神话人物，因为火和技术对于人类的现实处境具有普遍的重要性，此外，还因为这个神话明确地指涉了希腊的献祭活动。神话省略了指涉，即变成民间故事。我们可以说明，在奥维德的《变形记》中，神话是多么接近于童话，尽管其中将高超的诗艺与对人类可能性以及人与自然的融合这种高度一般性的指涉结合了起来，但奥维德与品达之间的差异仍然一目了然，在品达的诗歌中，神话依然凭借

---

〔124〕关于伊萨卡岛的奥德修斯洞穴，见 J. N. Coldstream，*JHS* 96（1976）16f.；对其后代的祭献，见 Arist. fr. 507。

〔125〕关于安提俄珀，见第一章注释〔42〕；关于骑兵（*hipparchoi*），Plut. *Gen. Socr.* 578b；Burkert（1972）210；关于安菲翁之墓，见 Paus. 9，17，4；*AAA* 5（1972）16-22。

其对于现实的系谱学、地理学、经验和评价的指涉及关联而保持固有的活力。顺便一提，在希腊人看来，没有理由将神话与英雄传说区分开来，〔126〕这一区分主要归功于基督教传统，基督教垄断了宗教事务，它对圣徒传说网开一面，而将英雄传奇丢到一边。

因此，神话思维并非神话与生俱来的发明，我们完全可以抛开那种多愁善感的黄金时代观念，据说，在那个时代里，野蛮人个顶个都有一个诗人的心，一开口说的都是神话，而不是大白话。〔127〕在我看来，所谓神话时代，指的是这样一个时期，那时候，为了把现象诉诸言语，赋予其连贯性和意义，说话时援用传统故事是唯一的或主要的公共交流方法。这样一种方法是人神同形的，或曰拟生物的，但却完全不是幼稚的，在皮亚杰的意义上，〔128〕可以说，这种方法是游戏性的，却不是随心所欲的，它将现实转化为活动，而不是将活动转化为现实。〔129〕作为操作性概念的神话思维，既

---

〔126〕 神话、萨迦（saga）、传说（legend）和童话（fairy-tale）之间的区别，并无一致意见，尤其是由于现代欧洲语言对这些术语的用法五花八门。参见 Kirk（1970）31-41；（1974）30-37；Lüthi（1976）7-17 及其 *Volksmärchen und Volkssage*（Bern 1975^3）对其风格方面的区分标准做了精辟的论述。

〔127〕 Kirk（1970）280f. 持论审慎，但还是大胆地将一个真正的“神话阶段”指派给新石器时代（240）。

〔128〕 J. Piaget，*La Formation du symbole chez l'enfant*（Neuchâtel 1959）～*Nachabmung: Spiel und Traum*（Stuttgart 1975）（*Ges. Werke V*）pt. 2.

〔129〕 正如列维-斯特劳斯所说，引进了“零打碎敲”（bricolage）这个术语（*La Pensée sauvage* [Paris 1962] 26-33～*The Savage Mind* [Chicago 1966] 16-22）。

不是内含于类型内部的成分，也不是非此即彼的二元论，而是行动或行动序列。逻辑，从亚里士多德逻辑到集合与分类的逻辑，都是基于名词性短语：*S* 是 *P*，苏格拉底特别强调

25 *ti estin* 这一短语，[130] 即"这是什么？"。毋庸置疑，这摧毁了盛行于古风时代、直到智者出现之前的古典时代还遗风未绝的神话思维。

神话思维从来就不是无意识地重复一些奇谈怪论，而完全有可能是一种独具机杼、行之有效的心智活动。首先，神话思维为孤立的事实提供了整合的可能，谱系就是一个最简单的例子：海伦有三个儿子，多洛斯（Dorus）、苏托斯（Xuthus）、埃俄洛斯（Aeolus）；苏托斯有两个儿子，伊翁（Ion）和阿开俄斯（Achaeus）。[131] 这意味着：希腊诸部族知道他们是一体的。多利安人（Dorian）、伊奥利亚人（Aeolian）、爱奥尼亚人（Ionian）、亚该亚人（Aechaean），他们都是希腊人，同属海伦之后（Hellenes），尽管其中爱奥尼亚人和亚该亚人之间的关系更密切一些，另外需指出的是，这已经借由对希腊方言的研究得以证实。[132] 有鉴于此，"苏托斯"肯定是被作为空头名字引入故事的，旨在解释亚族的产生。在这些故事中，"历史真实"的问题显然是绝对

---

〔130〕关于这一苏格拉底问题，见 R. Robinson，*Plato's Earlier Dialectic*（Oxford 1953²）49-60。

〔131〕Hes. fr. 9.

〔132〕E. Risch，"Die Gliederung der griechischen Dialekte in neuer Sicht，" *MH* 12（1955）61-76，esp. 70.

无关宏旨的，就算这些故事是真实的，也丝毫不会增加这些故事的影响力。[133]这些故事凭借其应用，创造了一个协调系统，既可以适应于现在，又可以适应于未来。事实上，神话的预设结构，对应对层出不穷、吉凶未卜的新事实，是一件得心应手的工具。希腊人在海外殖民的过程中，每当遇到跟他们一样具有高度文化水准的对手，对方有力地抵抗了自己的统治，希腊人就会将他们变成某种“特洛伊人”，或者是特洛伊人的同盟，或者是特洛伊人的后代：在《伊利亚特》中，弗里几亚人，更有名的是利西亚人，都为特洛伊城而战。色雷斯人在最后关头，即第十卷“多隆之诗”（Doloneia）中才出场。随着希腊人向西方的进发，包括来自西西里岛的埃来密人、来自帕塔维乌姆的威尼斯人、伊特鲁里亚人、罗马人等，都被赋予了特洛伊人的血统。[134]神话中的战争预示了对抗，并阐明了意义，为之赋予某种高贵的敌意。

由此可见，神话可以对决断、动机，当然还有宣传，起到预设作用。历史先知提撒美诺斯（Tisamenus）在与斯巴达的交易中重复了其神话祖先墨兰波斯（Melampus）的

---

〔133〕1762年，腓特烈大帝在战争中深陷绝境时因为俄国女沙皇伊丽莎白的去世而得救，希特勒认为富兰克林·D. 罗斯福总统在1945年4月12日去世也会有相同的效果，因此继续开战：这一真实的历史事件已经预设了神话的功能，即所谓“自欺的伟大工具”，这个术语出自M. Freilich（*Current Anthropology* 16［1975］210）。

〔134〕参见A. Alföldi，*Die troianischen Urahnen der Römer*（Basel 1957）；G. K. Galinsky，*Aeneas, Sicily, and Rome*（Princeton 1969）。

所作所为；[135]雅典人在公元480年将他们的妇女和孩子带到特罗曾（Troezen），因为他们还记着忒修斯曾在此避难，[136]而这也许会让他们心中重新燃起希望，因为忒修斯就是从特洛伊凯旋返回雅典的。恺撒，作为新罗慕路斯，跟那位罗马创建者一样也是在元老院中被谋杀，[137]布鲁图斯注定要杀死这位暴君，因为他顶着神话中那位解放者的名字。按照神话指定的方式生活，可能变成一个悲剧性的负担。[138]

例子已经举得够多了，足以证明神话思维是一种有意识生活的主要力量。这并不意味着，我们忘记了在如此这般的构成神话生命力的对神话进行运用和重新解释的操作之下，讲故事，尤其是讲“童话”还有单纯的娱乐消遣功能。听故事，就是在所谓“空挡状态”之下训练基本的行动程序，这种行动程序同时也是精神体验的进程，因此，把亚里士多德关于悲剧说过的话翻译为现代术语，就等于说通过听故事可以排遣抑郁与焦虑。通过讲故事，某些经验、态度、期待被预先成形、加工提炼并得以社会化，它们并不包括很多“信息”，即有用的资讯，但它们会巩固和确证那些预先

26

〔135〕 Hdt. 9，33-36.

〔136〕 地米斯托克利法令（Themistocles' Decree），见 R. Meiggs，D. Lewis，*A Selection of Greek Historical Inscriptions*（Oxford 1969），no. 23。对于我们的语境而言，这一文献的真实性问题并非十分重要。

〔137〕 W. Burkert，“Caesar und Romulus-Quirinus，” *Historia* 11（1962）356-76.

〔138〕 参见 E. Hornung，*Geschichte als Fest: Zwei Vorträge zum Geschichtsbild der früben Menschheit*（Darmstadt 1966）。

存在的模式。左派社会学家对“童话”持有怀疑态度，这是可以理解的，[139]然而，单纯讲故事的乐趣——希腊人经常暗示这一点[140]——本身就体现了一种基本的生物学价值，就像“甜味”体现了营养物中碳水化合物的基本价值一样。这种价值可能跟一只股票的存在相似，它使那些无法用计算机模板代替的经验得以诉诸言语。[141]

7. 历史之维

我们将神话定义为“实用故事”，这个说法仍然需要做一点修正或者澄清。不应该认为这个定义预设了两个界限分明的时期，一个是“纯粹”的讲故事的时代，一个是神话的时代，[142]甚至无须预设两种区别分明的运作方式。实际上，神话表达比起任何完整的故事使用的运作方式可能既简单又初级，“一个男人生了三个儿子”，或“一条狗生出了一个奇怪的东西”并不能形成一个故事，尽管可以作为故事的开头，但上面谈到的那些关于海伦后代的神话是完整的，这些神话涉及诸多希腊部落，正如俄瑞斯忒斯（Orestheus）

---

〔139〕 对此问题的持平之论见 Lüthi（1975）170-76；Barthes（1957）257：“le mythe est à droite”。

〔140〕 Thuc. 1，22，4；Plat. *Prot.* 320c；Isocr. 3，48；4，158；12，1.

〔141〕 Frankfort（1946）15：神话意象“代表了经验赖以成为意识的形式”；Maranda（1972）12f.：“神话呈现了结构性的、主导性的文化特性，共享语义系统，这一系统使一个文化区域的成员得以相互理解，应付未知世界。”

〔142〕 参见 Kirk（1970）280-82。

的狗生出葡萄树的神话是完整的，[143]这个神话涉及天狼星亦即大犬座与葡萄栽培季节之间的关系。这一指涉关系从俄瑞斯忒斯的世系名字中就可以一目了然：俄瑞斯忒斯（Orestheus）—菲提俄斯（Phytios）—俄伊纽斯（Oineus），分别意指："山"—"生长"—"葡萄酒"，神话说俄伊纽斯的子孙定居在埃托利亚（Aetolia），更是将这一点一语道破。

在有些情况下，故事中的要素与其应用场合似乎是完全水乳交融，难以分别，这很容易让人误以为神话就是直接由此而来的。然而，语言，更不用说神话，并非源于事实本身，更多情况下，事实与其言语表达之间的紧张关系和不一致一目了然。故事常常以对立和对称的方式实现具体化；它需要有独特的、令人信服的人物、动机、故事进程，以便达到效果；相反，现实中只存在简单的事实，僵硬，而且往往令人讨厌。故事灵活多变，可以自我调节，为了让故事适应具体的场合，可以有多种多样的再阐释和再加工的可能性。不过，故事也可能再次摆脱现实的约束，按照其自身无所指涉的逻辑开始一场无拘无束的幻想之旅。

27

对于神话而言，具体化和运用场合持续不断的改变，在历史上肯定曾经屡屡发生。一个结构完善的故事，被用来阐明某种复杂的现象或情境，在某种特定的文化环境中，可能会成为固定的言语表达方式。它可能由此获得某些独具特色的细节，导致其结构的膨胀和改变，它可能获得神圣的地

[143] Hecataeus *FGrHist* 1 F 15；Paus. 10，38，1；Kerényi（1976）74-77.

位，因而不能随便改动；但是，一旦在一个新的环境中被讲述，它将会再次具体化，而其在此前语境中获得的某些因素会得以保留，此后，故事又会以其新的形式被运用于新的语境，这样的过程会一次又一次地不断重复。

这是神话的历史维度，正如语言也具有同样的历史维度。如果我们想要理解任何一则神话的所有环节，就必须面对这一事实：它蕴含了历史的、多个层面的语境和具体化的印迹。为了构造一个囊括一切的结构模式，不得不对此视而不见，但是流传的效果就摆在那里，无法视而不见。传统即历史，传统故事不可能被排除在历史之外。在现代语言学乃至民俗学中，共时态的、结构的研究方法已经流行了一段时间，历史学派好像已经变得不合时宜。事实上，我们几乎不会同意那种一度出现的论调，即民俗学是“一门关于起源的……历史科学”：[144]“起源”的概念是一种神话思维，它试图用起源或创世的故事将变动不居的现实恒定化。痴迷于神话的“起源”问题，注定会走向语源学的观点，认为一个神话应该具有一种“真正”的最初的含义，而这种观点最

〔144〕 A. H. Krappe *JAF* 59（1956）501；相反的观点，见 Dundes（1964）112：“新的民俗科学”必须包括“共识性 / 结构的”分析。这是普罗普第二部著作的典型特点，见 Propp（1949），该书研究“神奇故事的历史根源”，目前尚无英语和德语译本。参见 E. E. Evans-Pritchard, *Anthropology and History*（Manchester 1961）；J. M. Lewis，ed.，*History and Social Anthropology*（London 1968）；W. Müller-Seidel，ed.，*Historizität in Sprach-und Literaturwissenschaft*（Munich 1974）。列维－斯特劳斯（1958）1-27 旨在综合历史学和结构主义：“朝向同一方向、沿着同一条道路的同一场旅行。”（24）

后肯定会以一场恶性的回溯而终结。尽管如此，放弃绝对意义上的“起源”概念，并不意味着拒绝思考传统的动力学机制。在此，较之“语源学”更切中肯綮的是隐喻的类比。[145]实际上，隐喻，基于部分的相似性，用熟悉的词语涵括陌生之物，乃是语言的一种基本招数，[146]在此意义上，可以将神话定义为故事层面上的隐喻。隐喻会导致词汇范围的拓展，通过某种程度的概括保持信号系统的限定性，通过类比提供一个语境，同时始终保持对如下事实的意识：隐喻所提供的指涉关系是扭曲的、初步的、尝试性的、片面的。同样的话几乎也可以适用于神话。尽管一个词语的隐喻最终总会失去其特异性，变成单纯的通行的名称，例如，人们很难从一颗爆炸的手榴弹（grenade）联想到珀耳塞福涅吃过的那种水果（石榴），但是，在故事的层面上，神话却会一直保持着与现实之间的相异性。这一点对隐喻和神话两者都适用：为了理解一个真正的隐喻，必须了解一个词的原初含

28

〔145〕“神话无非就是极端的隐喻”，Munz（1973）54。又见 S. J. Reno，“Myth in Profile，” *Temenos* 9（1973）38-54，谈到“故事的隐喻”（39），但更倾向于“漫画式的类比”（49f.）。

〔146〕现代的研究试图推翻古代的隐喻定义，即视之为“缩减的比喻”（Cic. *or.* 94；Quint，*inst.* 9，2，46；M. McCall，*Ancient Rhetorical Theories of Simile and Comparison* [Cambridge，Mass. 1969]）。综合性的研究可参见 Ricoeur（1975），他在句子的层面上思考隐喻，视之为对现实进行重新描述的启发模式，他受到 M. Black，*Models and Metaphors*（Ithaca 1962）25-47，41 的影响，后者认为“隐喻构建视角”。关于“基本义”（semes）的实现和抑制，见 G. Lüdi，*Die Metapher als Funktion der Aktualisierung*（Bern 1973）；参见 W. A. Shibles，*Metaphor: An Annotated Bibliography*（Whitewater 1971）。

义，否则，你将无法理解这个词在新用法中的意思；为了理解一个神话，也需要同样的历史层面的知识。存在着两个不同的层面，一般性的故事和故事特别的用法，两者都服从于历史的力量。[147]

或者会有人反对说，这种解释神话的方式尽管在理论上看起来很有道理，在实践上却看不出有什么前途，考虑到在传统的漫长进程中所发生的那些难以计数的变化，要想把它说清楚，相当于一个人妄想凭借从河床上挑拣出来的沙砾重建“原始的”岩石，最终无非是摆弄鹅卵石消遣而已，不会有任何结果。为了得到更大的报偿，结构主义确实提出了很多更为精巧的规则。但是，我们有理由不必如此悲观。神话并非只是一些奇形怪状的鹅卵石，它们是世代流传的有意义的结构，意义肯定优先于无意义。如果我们不是一开始就对故事之所是闭上双眼，就能够看到其绵延不绝的流变轨迹。此外，故事中存在着一些明确的时代印迹，某些特征跟特定的文化时期密不可分，例如动物的重要地位、收集被屠杀的牺牲者的骸骨这种仪式模式。这些特征源于旧石器时代的狩猎活动，[148]在新石器革命之后，动物对于人类的重要性急剧衰退。有时候，故事会保存一些具体的细节，比如物

〔147〕 Munz（1973）试图采取另一条途径建立“神话的历史连续性”（ix），从最基层的自然界一步步发展到位于顶峰的形而上学概念，象征性越来越强。这种做法与其说是历史学的，不如说是思辨的。

〔148〕 Meuli（1946）237-39；Burkert（1972）21f.，63 f.；狄奥尼索斯神话，同上书，140，257；珀罗普斯神话，同上书，114-17；相关童话，见 the Brothers Grimm，*Kinder-und Hausmärchen* no. 47。

件和工具，其时代性一目了然，尽管在故事的流传过程中，“生活的必需品”（requisites）会发生变化。[149]此外，还有人物的名字，[150]尽管这一条标准看起来可靠性最差：难道可以根据希腊神话的人名追溯其来历吗？[151]毋庸置疑，克洛诺斯这个名字，与库马尔比没有丝毫相似点。不过，仍存在某些迹象，如果足够审慎，可以被用作探究一则神话来龙去脉的历史线索。

29

8. 连续的文化地层与史前的开端

下面将举两个经历多重应用语境和具体化、涉及多重历史维度的例子，请让我以一系列关于改变性别的故事开始。在结构主义者看来，这些故事提供了一个二元对立被想象的“中介项”化解的典型实例。[152]但是，我仍想强调，神话，作为故事，并不是概念的图解，它叙述了一连串的行

〔149〕关于“Requisitverschiebung”和“Requisiterstarrung”，见 H. Bausinger, *Wirkendes Wort* 10（1960）279-86；Schmidt（1963）52f.；L. Röhrich, in Bausinger（1969）121；Lüthi（1976）83-86。参见第一章注释〔172〕。

〔150〕拉德洛夫（Radloff）记录的一个来自哈萨克斯坦的故事中，提到“Schyngys”的名字，指的是成吉思汗，见 I. Trencsényi Waldapfel, *Untersuchungen zur Religionsgeschichte*（Amsterdam 1966）202-7；在弗雷泽的转述中，这个名字被遗漏了，*GB* X 74。— “齐格飞”（Siegfried）或西格德（Sigurd）的名字可能指罗马人所说的阿米尼乌斯（Arminius，日耳曼部族首领），见 Höfler（1961）。

〔151〕M. C. Astour 在其令人着迷的 *Hellenosemitica*（Leiden 1965）一书中过于倚重专名的“词源学”了。

〔152〕Brisson（1976）；关于这一主题的一般性论述，可参见 Baumann（1955）；M. Delcourt, *Hermaphrodite*（Paris 1958）。

动，在其中，甚至连“男性”“女性”也不是定性，而是代表主动和被动的经验。乍看起来，对人类基本状态的一般性指涉是不言而喻的，每个人都不可避免地不是男人就是女人，但是，事情并非这么简单。为了表示服从地位和支配地位，改变性别角色而非性别的行为深深地植根于类人猿史前史中，[153]就此而论，变形就不仅仅是一个幻想，事实上，它在青春期成年礼中就以某种仪式的形式得以展现。既然成年礼的作用是造就充分发育的成年男性，那么，与之相反的状态，失败者，就顺理成章地被视为“女人”。在希腊语中，*pais* 一词，既相对于 *anér*，又相对于 *gyné*，就是兼指男性和女性。在同性恋意识形态中，*pais* 肯定扮演着女性的角色。在克里特岛，成年礼仪式一直持续到古典时期，有一则关于这一风俗的记载提到，一个男人在得到作为男性气质象征的武器之前，诱骗并强奸了一位 *pais*。[154]在克里特岛的佩斯托斯（Phaistos）发生的另一个与此相呼应的神话中，一个女孩被勒托（Leto）奇迹般地变成了成年男子，即琉喀波斯（Leucippus）。[155]这个故事显然伴随着仪式，勒托的节日被称为“脱衣节”（*Ekdysia*），克里特岛的年轻人自称为“脱

---

〔153〕 W. Wickler in Morris（1967）108-10；I. Eibl-Eibesfeldt，*Grundriss der vergleichenden Verhaltensforschung*（Munich 1972^{3}=1974^{4}）493f.；Fehling（1974）18-27；参见第二章注释〔41〕、〔42〕。

〔154〕 Ephorus *FGrHist* 70 F 149；H. Jeanmaire，*Couroi et Courètes*（Paris 1939）450-55；Burkert（1977）391f.；参见 Baumann（1955）57f.。

〔155〕 Nicander in Anton. Lib. 17；参见“Iphis” Ov. *Met.* 9，666-797。

衣者”，[156]与之相反，小孩子则不被允许参加体育活动。有一个开纽斯（Caeneus）的故事在古风时期和古典时期的艺术作品中很受欢迎，这个故事虽已与相关的仪式脱节，但其与仪式的关系依然清晰可辨：一个女孩被波塞冬强暴后，变成了男人，不仅全副武装，而且刀枪不入。这个例子中的具体化为这位非同一般的勇士设置了一个其应得的结局：被半人半马怪垂直砸进土里，[157]半人半马怪作为生活在森林里的野人一直与成年礼的语境密不可分。同一神话的一些较“弱化”的异文则提到一个男扮女装的男子：例如回到雅典的忒修斯，在斯库罗斯岛跟吕科墨得斯的女儿们混在一起的阿喀琉斯。在雅典，与神话相关的仪式得以维持：在阿波罗海豚的圣所，被人嗤笑为“姑娘”的忒修斯脱去女儿装，当众表演了“举起公牛”活动；[158]另一方面，遥远的斯库罗斯岛，更为阿喀琉斯神话的具体化提供了一个水到渠成的背景，[159]兼具英雄主义和滑稽风趣的情调：高潮时刻总是出现于乔装改扮的姑娘证明自己是如假包换的男儿身之时。

同一类型故事的另一种不同指涉则关乎某些处于特殊情境中的通灵祭司和先知，有证据证明此类人物存在于美索不达米亚和整个安纳托利亚地区，古典时代的作家将他们视

〔156〕 *IC* I ix 1 C99（Dreros）；I xix 1，18（Mallia）.

〔157〕 Acusilaus *FGrHist* 2 F 22；Schefold（1964）pl. 27c；K. Schauenburg *AA* 1962，745-65；Brommer（1973）499-501.

〔158〕 Paus. 1，19，1；“举起公牛”，*IG* II-III^2 1006，9，etc.，Burkert（1977）394f.。

〔159〕 *PR* II 1106-10.

为女性并且称之为“缺乏男人气概”，以此区别和对比正常的男人。[160]神话用变形的方式为此种现象提供了解释：盲人先知提瑞西阿斯（Tiresias）看到正在交媾的蛇，变成了女人，后来在又一次看到交媾的蛇以后，重新变回了男人。[161]在这个例子中，成人礼的因素在故事里是否有所体现，难以骤断，这个故事的扩充版本甚至根本没有提到提瑞西阿斯是如何获得其预言天赋的。尽管如此，交媾的蛇的符号，很容易让人联想到著名的“赫耳墨斯之杖”，毋庸置疑地指向东方传统。[162]（见图1、2）或许，希腊人是在早期东方化时期接触此类先知人物的，[163]提瑞西阿斯这位声名最为显赫的史诗般的先知的名字因此得以进入希腊故事。然而，在希腊文学中，这一人物似乎业已与实际生活脱离，具体化为一个滑稽角色：宙斯和赫拉为男人和女人谁更能享受性高潮的乐趣而吵架，他们找来提瑞西阿斯来当公证人，因为男人和女人的体验他都有，结果，他以9比1的分数判决女方胜出，奇怪的是，这个结果却惹恼了天后，她戳瞎了先知的眼睛以示惩罚。这一见于古老的史诗残卷梅兰珀狄亚（*Melampodeia*，

---

〔160〕 参见第五章注释〔49〕、〔162〕；一般性论述，见 Baumann（1955）14-44。

〔161〕 Hes. Fr. 275；Apollod. 3［71］6,7；I. Löffler, *Die Melampodie*（Meisenheim 1963）18f.，43f.；Brisson（1976）收集了所有材料并做了讨论。

〔162〕 H. Frankfort *Iraq* 1（1934）10-13；E. D. van Buren，“Entwined Serpents，” *AfO* 10（1935-36）53-65，以及 *Symbols of the Gods in Mesopotamian Art*（Rome 1945）40ff.。关于希腊艺术中的东方风格，见图2。

〔163〕 关于西里西亚人摩普索斯（Mopsus）与东方剖肝占卜术，见 Burkert（1977）183，185。

图1　相互缠绕的蛇，东方式。古迪亚的浮雕酒杯，约公元前2200年，藏于卢浮宫。（H. Gressmann, *Altorientalische Bilder zum Alten Testament*［Berlin 1927[2]］fig. 367）参见第一章注释〔162〕

图2　相互缠绕的蛇，希腊式。雕刻于青铜头盔上，发现于克里特，公元前7世纪，现藏纽约，诺伯特·舒密尔（Norbert Schimmel）收藏品。（D. G. Mitten，S. F. Oeringer，*Master Bronzes from the Classical World*［Fogg Art Museum 1968］47 no. 27；drawing by Suzanne Chapman）参见第一章注释〔162〕

或归之于赫西俄德）中的笑话，就其关涉人类普遍面临的难题（在故事中被转化为至高神夫妻的私房事）而言，尤其具有神话性。尽管这个故事并没有给这个难题提供任何答案，却不妨碍它成为没完没了的两性之战中的一个响亮的片段。

另一个例子在希腊神话中属于最著名的故事之一，即奥德修斯和独目巨人的故事。〔164〕柯克用列维－斯特劳斯的理论对这个故事进行了解释，谈到关于独目巨人的描写里的文明与野蛮的关系，他毫不意外地发现了“自然与文化之间以一种有序地混淆的方式系统地对抗”。〔165〕如此说来，荷马史诗里最值得关注的是那一段一般性描述的诗句（《奥德修斯》第九卷，106-12）：独目巨人的生活方式令人回忆起幸福群岛（Isles of the Blest）的美好生活，那里还不知道宗教和法律为何物。但是，让独目巨人波吕斐摩斯〔166〕出名的，并非这一段描述。请记住这一段故事，我自己就很容易忘掉这些诗句。真正难忘的是行动，与食人魔的狭路相逢，那种 31

〔164〕 *Od.* 9，106-555；Aarne-Thompson（1964）no. 1137；同类型故事最全面的收集，见 O. Hackman，*Die Polyphemsage in der Volksüberlieferung*（Helsingfors 1904）；另外，又见 J. G. Frazer，*Apollodorus, "The Library,"* II（London 1921）404-55；Meuli（1921）65-80；Cook II（1924）988-1003；Germain（1954）55-78；Page（1955）3-16；L. Röhrich *Fabula* 5（1962）48-71 和（1967）213-50，447-60；P. Faure *BAGB*（1967）348-407，（1970）119-32；Glenn（1971）；L. Vajda *Ethnologische Zeitschrift Zürich* 1（1975）245-57；Calame（1977）；Fehling（1977）89-100。

〔165〕 Kirk（1970）162-71；引文见 162，168。

〔166〕 见第一章注释〔122〕。

令人惊悚的时刻以及九死一生地逃出生天。野性的模棱两可的意味在这里只是一个具体化的副产品，吃人狂魔的场面需要有宁静的田园风光作为背景相衬托。从普罗普式的结构主义观点看，这个故事大致对应于功能11—22，只有一点例外，羊群失而复得这一目标不是兴趣的中心所在，而其中最激动人心的特点并不见于普罗普的序列。这个故事主要包含如下一系列行动：来到一个以前从没见过的奇怪的地方；遇到一个没安好心的陌生人；发现自己突然被困在一个洞穴里；可怕的吃人场面；想办法逃命；制作武器；起一个意思模棱两可的名字；灌醉对手；他企图得到帮助却可笑地失败；等待他打开洞口；躲在羊群下逃出洞穴；吹牛、追杀、九死一生、咒骂。我们可以用一种更系统性的眼光，注意到食人狂魔因变成瞎子而被打败这一核心情节，这一情节发生于囚禁与逃跑的二元对立框架中，也会注意到被打残的敌人企图报仇雪恨这一延伸情节，所有这些都被涵括在“寻求”（quest）这一更大的框架中，至于用假名字欺骗对手的游戏，则是一个行之有效却并非必需的后期润色加工。[167] 迄今为止，与独目巨人故事相似的故事已经收集了200多个，这些故事在行动序列方面的相似性一目了然，尽管并非所有相似的故事都具备所有“母题素”。这个故事的那种如同身临其境般惊心动魄的效果当然源于我们在想象中化身为奥德修斯——尽管对一位彻头彻尾的结构主义者而言，肯定应该将

〔167〕 Calame（1977）64f.，67f.

这种激动人心的情感束之高阁、置而不论。

如果不考虑对于希腊人而言奥德修斯还是一位来自伊萨卡岛和塞法罗尼亚岛的国王，一位参与过特洛伊战争的大英雄——在历史上，伊萨卡岛和塞法罗尼亚岛曾把奥德修斯作为神崇拜，〔168〕那里甚至还有某种暧昧的针对独目巨人的祭仪，〔169〕那么，奥德修斯大战独目巨人的故事可以说是一个纯正的民间故事。当争霸母题超越“寻求”型故事的行动框架，故事的主要行动就变成了对权力的角逐。故事里发生了两次逆转：优胜者变成绝望的下等人，下等人变成凯旋的优胜者。〔170〕最后的优胜者借四种“编码”得以展示：持有武器的人类对失去武器的野人，沉着冷静对糊涂醉鬼，明眼对瞎子，能言善辩的语言高手对傻瓜。就此而论，这个神话蕴含着聪明才智对野蛮暴力的胜利，这一胜利被置于囚禁与逃跑这一基本经验中，不过，还不仅如此。甚至在我还是小孩子的时候，我就对奥德修斯把那头好公羊杀了献祭给其救命恩人这件事愤愤不平，但是，如果在“寻求”型故事的总体框架中看这个故事，这一寻求行动最终要获取的目标恰恰就是羊群，羊是可以食用的动物，而最终的逻辑结果就是圣餐，亦即献祭。我们发现争霸神话引出对食物的寻求，这让

---

〔168〕 见第一章注释〔124〕。

〔169〕 Paus. 2，2，1（Corinth）；纳福普利亚（Nauplia）的洞穴，见 Strab. 8，p. 369；米利都附近的一座巨石堆积建筑，见 *Milet* I（Berlin 1906）no. 150=*SIG* 633，82。

〔170〕 参见第一章注释〔99〕。

披着羊皮逃出洞穴这一怪异的情节变得可以理解，在很多类似的故事中，逃跑时都是披着羊皮，这种伪装术可能是故事最初版本中就有的情节。[171]为了获取可食用的动物，人类不得不把自己变成动物的样子。被吃，或者不被吃掉而是去吃，这是生命历程中基本的一体两面。人类吃动物，消费动物，打破了生命的平衡，为了恢复平衡，神话中引进了一个代理人，他吃人，保护羊群。吃人怪魔，作为动物的保护者，[172]是结构的逻辑自身的需要，而非出自孩提时代的恐惧想象。

不过，历史在《奥德赛》文本中留下了明显可见的印记——奥德修斯制作的武器，他用火制作了一根长矛。其实，这件武器完全多余，奥德修斯身上本来就带着剑，他一度曾经想过用佩剑杀死正在睡大觉的食人怪魔，他显然可以轻而易举地用剑刺瞎怪物的眼睛，但故事却偏偏另辟蹊径。用历史的眼光看，尖端用火烧烤变硬的木矛，是人类最初的武器。[173]在整个早期旧石器时代，这是唯一一种有效的狩

34

〔171〕 Germain（1954）74f.；Page（1955）13；Röhrich（1967）454f.；Glenn（1971）167-69；Burkert（1972）148f.

〔172〕 见第四章注释〔82〕。高加索山和喀喇昆仑山都有关于只有一只眼的动物主人的记载，见 K. Jettmar *Tribus* 9（1960）126。

〔173〕 Müller-Karpe（1966）147f.；K. P. Oakley in C. Singer et al., eds., *A History of Technology* I（Oxford 1954）30；Burkert，*Technikgeschichte* 34（1967）282-85——瑞士记载的一个屠龙故事中，胜利者将一棵冷杉树制作为武器，见 Cysat，*Collectanea Chronica und Denkwürdige Sachen pro Chronica Lucernensi et Helvetiae*，I，ed. J. Schmid（Lucerne 1969）566f.。

猎武器。考古发现证明，人类甚至用这种武器猎杀大象。事情的真相很简单，这种武器的发明，让人类变成最具破坏力的食肉动物。因此，我们发现，人类第一件武器的发明和火的使用在独目巨人的故事中处于核心地位。该故事的异文中有一些则提到继此之后的另一次人类技术革命，即金属冶炼技术：吃人怪物被烧熔的金属烫瞎，这一母题甚至以比喻的伪装形式出现于《奥德赛》中。[174]

那么，这是否意味着独目巨人故事是产生于旧石器时代呢？仅凭木制长矛这一个证据不能证明这一点，但是，联系到“动物的主人”母题、食用和献祭的问题，将这一故事追溯到旧石器时代看来是很有可能的，尽管我们没法搞清楚这一故事传统以及与之相关的仪式传统分别是从何时开始出现的，或者两者是同时出现的。请注意，在故事中，矛是现场制作的，亦即“发明”的，而非从外面搞来的。直到赫西俄德的时代甚至更晚，木制长矛还在使用。[175]更重要的是，木制长矛一直被用于仪式中，尤其是在罗马。罗马的随军祭司将一支烧制的木制长矛投掷到敌人的地盘，即宣布开战：

---

〔174〕 *Od.* 9，391-94. 在赫西俄德的《神谱》中，独目巨人是铁匠，见 Hesiod，*Theog*. 139-46。很多类似于独目巨人的故事中，食人巨魔的眼睛是被一滴炽热的铁水弄瞎的，见 Glenn（1971）164-66。Page（1955）10f. 在荷马文本的一个版本里发现了这方面的线索，认为这是“原初”版本的遗迹。在这一假设下，就难以解释为什么会有木制的长矛出现在这故事里了：它只是一件罕见的“代用品”（Glenn 166）。

〔175〕 Schol. Hom. *Il*. 13，564；Hdt. 7，71，74；Scylax 112；Strab. 17，p. 822；Diod. 3，25，2；Verg. *Aen*. 7，524；Tac. *Ann*. 2，14，3，4，51，1；Curt. 3，2，16.

最古老的武器被用来作为战争开始的标志。相同的风俗直到欧洲中世纪还有流传。〔176〕在欧洲，直到现代时期，钻木取火还是一种辟除厄运的巫术手段。〔177〕独目巨人神话跟诸如此类的历史问题之间是否存在关联，也许永远无法得出结论，因为除了荷马史诗之外，我们没有更早的文献史料。〔178〕由这个故事联想到成人礼〔179〕或铁匠巫术〔180〕也是可能的，但

---

〔176〕 Liv. 1，32，12；*hastam ferratam aut sanguineam praeustam*，被 Madwig 转写为 *ferratam aut praeustam sanguineam*；参见 Wissowa（1913）554；相反的观点见 J. Bayet *MEFR* 52（1935）29-76＝*Croyances et rites dans la Rome antique*（Paris 1971）9-43，参见 Latte（1959）122。——在凯尔特和日耳曼风俗中，“烧焦树干”召集军队的做法，见 J. Grimm，*Deutsche Rechtsaltertümer*，I（Leipzig 1899^4）226-28。

〔177〕 Mannhardt（1875）518-21；H. v. Wlislocki，*Aus dem Volksleben der Magyaren*（Munich 1893）64；关于独目巨人和钻木取火，见 Cook，I（1914）309-28；*GB* II 207-26。

〔178〕 一件独一无二的、发现于伊拉克卡法杰（Khafaje）的公元前 2 千纪的苏美尔泥板上，显示一个被神刺伤的只在前额长着一只眼的女性太阳恶魔，见 H. Frankfort，*Archiv für Orientforschung* 11（1934-36）265，12（1937-39）128-35；*The Art and Architecture of the Ancient Orient*（Harmondsworth 1954）57，pl. 58；S. Lloyd，*The Art of the Ancient Near East*（New York 1961）139；*EAA* I 953。关于这个独目怪（Polyphema），没有其他任何已知资料，K. Oberhuber “Der Kyklop Polyphem in altorientalischer Sicht，” in *Antiquitates Indogermanicae*（Innsbruck 1974）147-53，此文试图在“Polyphemos”（独目巨人）和“Gilgameš”（吉尔伽美什）之间建立语源学联系，实属空想。

〔179〕 食人巨魔神话被追溯到青春期入社仪式，这种观点始于 P. Saintyves，*Les Contes de Perrault et les récits parallèles*（Paris 1923）；另参见 Propp（1949）362；Germain（1954）78-86。

〔180〕 关于奥德修斯和卡比鲁伊（Kabiroi），参见 Burkert（1972）148-50；关于“Schmiedekönigtum”，参见 Alföldi（1974）181-219 搜集的材料。

是这种关联没法得到证实。[181]

尽管如此，历史的视野在为我们保存了这个惊心动魄故事的同时，还让我们对人类的生存处境有了更多的了解，直到今天，人类也并没有彻底摆脱这种处境。凭借使用暴力手段和技术，人类一次又一次地摆脱死亡的命运，得以幸存，但是，因为对大自然的恣意侵犯而带来的濒临灭绝的危险并未消失，[182] 自然与文化的敌意并不仅仅是一个逻辑游戏，它关乎生死。

---

〔181〕 “Kyklops” 这个名字应当是一个重要的线索，但这个名字常有各种不同的解释。古人将其词源追溯到 “wheel-eye”（此说始于 Hes. Theog. 145）并无多大说服力。R. Schmitt（*Dichtung and Dichtersprache in indogermanischer Zeit*［Wiesbaden 1967］168，参见 E. Risch *Gnomon* 41［1969］323）提出其词源可能是 “wheel-thief”（*kyklo-klops*），H. Thieme *ZVS* 69（1951）177f. 则认为其词源为 “*gu̯u-klops*”，意为 “cattle-thief”，此说与 “动物主人” 类型比较契合，参见第四章第3节。——“矛和弄瞎眼” 的母题当然可以从性的方面解释（参见 G. Devereux，“The Self-Blinding of Oidipous，” *JHS* 93［1973］36-49，44：“阉割和瞎眼是等价的”），但是，此说更近乎是一个神话，几乎适用于各种千差万别的情况。独目巨人还被跟邪眼联系起来（Eitrem *PW* XI 2345）——而阳具则被用来对抗邪眼（Herter *PW* XIX 1734f.）。实际上，由虎视眈眈的眼睛导致的焦虑，有着生物学和前人类的基础，参见第三章注释〔76〕。

〔182〕 独目巨人的咒骂不仅是史诗中一个将这一插曲与奥德修斯征程的其他部分联系起来的权宜之计（Calame［1977］67，29），因为奥德修斯与波塞冬、海洋和马有着更为亲密的关系，参见 Burkert（1972）148-52；又见 C. S. Brown，“Odysseus and Polyphemus：The Name and the Curse，” *Comparative Literature* 18（1966）193-202；Glenn（1971）174-77。

第二章　仪式的延续性

35　1. 生物学方法

斯多葛学派将人类定义为天生拥有语言的动物，现代人类学并没有比这个观点走得更远。为了研究神话，我曾试图搞清楚“种名”（*differentia specifica*）的意思，现在，当我们把目光转向仪式，我或许应该要求大家怀有一种谦卑的态度，因为我们即将研究的是生物（*zôon*）更为低下的方面，生物仍然属于生命（*zoé*），它对于理解古代宗教乃至宗教本身是至关重要的。事实上，自从希腊人发现了 *lógos* 更摩登的变体，宗教就变成了一个真正的问题。

“仪式”一词可能会引起较“神话”一词更加自相矛盾的联想。仪式是某种陈旧的、强制性的、荒唐的东西，就算没有害处，也是繁文缛节、铺张浪费的，而在另一方面，仪式又是某种神圣、神秘的东西。古典学术界对于仪式概念的看法也同样充满了自相矛盾。“仪式”对古典学研究的影响始于 1890 年，那一年，在 12 个月内先后有三本著作问世，标志着“剑桥学派”人类学的正式亮相，这三部著作是罗伯逊·史密斯（Robertson Smith）的《闪族的宗教》（*Religion of the Semites*）[1]、简·哈里森（Jane Harrison）的《古代雅典的神话和遗迹》（*Mythology and Monuments of Ancient Athens*）[2]以及詹姆斯·乔治·弗雷泽的《金枝》的第一版，这是此书的简版。[3]其中最具原创性的思想者当数罗伯逊·史密斯，他对于埃米尔·涂尔干和西格蒙德·弗洛伊德的影响就是明证。简·哈里森的著作在英语世界广受欢迎，此外还有追随其左右的吉尔伯特·默里

---

〔1〕 W. Robertson Smith（1846—1894），*Lectures on the Religion of the Semites*（London 1889，1894^2）～*Die Religion der Semiten*（Tübingen 1899）；参见 S. Freud，*Totem und Tabu*（Vienna 1913）＝*Gesammelte Werke*，IX（London 1973^5）～*Standard Edition* XIII（London 1955）；E. Durkheim，*Les Formes élémentaires de la vie religieuse*（Paris 1912）～*The Elementary Forms of Religious Life*（London and New York 1915）。现可参见 T. O. Beidelman，*W. Robertson Smith and the Sociological Study of Religion*（Chicago 1974）；Sharpe（1975）77-82。

〔2〕 J. E. Harrison（1850—1928），*Mythology and Monuments of Ancient Athens*（London 1890）；她的真正成就来自 *Prolegomena to the Study of Greek Religion*（Cambridge 1903，1908^2，1922^3），此书影响了尼尔森（Nilsson）和多伊纳（Deubner），以及 *Themis*（Cambridge 1912，1927），尽管此书在理论上更为成熟，且被认为是她的"核心著作"（Arion 4［1965］399），却一直不太受关注，尼尔森不喜欢此书，Nilsson（1950）548-50，（1955）11，64。——参见 J. E. Harrison，"Reminiscences of a Student's Life，" *Arion* 4（1965）312-46；R. Ackermann，"Jane Ellen Harrison：The Early Work，" *GRBS* 13（1972）209-30。

〔3〕 J. G. Frazer（1854—1941），*The Golden Bough: A Study in Comparative Religion* I-II（London 1890；3d ed. 副题为："A Study in Magic and Religion，" 1911-36）；*The New Golden Bough: A New Abridgement,* ed.，Th. H. Gaster（New York 1959）。比较 J. B. Vickery，*The Literary Impact of the Golden Bough*（Princeton 1973）；E. R. Leach，*Encounter* 25（November 1965）24-36；Evans-Pritchard（1965）27-29；Sharpe（1975）87-94。

（Gilbert Murray）[4]、弗朗西斯·麦克唐纳·康福德（Francis MacDonald Cornford）[5]等杰出学者，尤其是各种精简版本《金枝》风行一时，在此背景下，《金枝》第三版就像一座丰碑，剑桥学派风靡一时，其影响远远超出人类学界，甚至连诗歌和文学批评都笼罩在它巨大的光环之下。在弗雷泽之前，德国学者威廉·曼哈特（Wilhelm Mannhardt）[6]已经对那些似乎与古代仪式相关联的欧洲民间故事进行了基础性的收集和研究工作，赫尔曼·乌西诺（Hermann Usener）[7]与其女婿阿尔布雷希特·迪特里希（Albrecht Dieterich）[8]在德

36

---

〔4〕 默里因其悲剧源于仪式的理论而广为人知，同时也广受争议，见 Harrison（1927）341-63；参见 *Euripides and His Age*（New York 1913；Oxford 1946^2；平装本 1965）28-32；*Aeschylus: The Creator of Tragedy*（Oxford 1940）145-60；详细的批评见 A. W. Pickard-Cambridge，*Dithyramb, Tragedy, and Comedy*（Oxford 1927）185-206；对默里学说的重申，见 T. B. L. Webster 修订再版的 Pickard-Cambridge（1962）126-29，以及 *BICS* 5（1958）43-48。

〔5〕 他揭示了宇宙起源论的仪式背景，见 *From Religion to Philosophy*（New York 1912）；*Principium Sapientiae*（Cambridge 1952）。

〔6〕 W. Mannhardt（1831—1880），*Roggenwolf und Roggenbund*（Danzig 1865，1866^2）；*Die Korndämonen*（Berlin 1868）；尤其是 Mannhardt（1875）和（1884）。参见弗雷泽 *The Golden Bough* 序言，I xii："我从曼哈特晚期的著作中获益匪浅，没有它们，我的书可能很难写出来。"

〔7〕 乌西诺（1834—1905）被称为"现代宗教学的英雄"，见 *ARW* 8（1905）x；参见 Usener（1913），特别是 93-143 页："Italische Mythen"（＝*RhM* 30[1875]182-229），其中提到"Jahresgott"的概念，以及 422-67 页："Heilige Handlung"（＝*ARW* 7［1904］281-339）。其生平讣闻，见 Dieterich（1911）354-62＝*ARW* 8（1905）i-xi。

〔8〕 A. 迪特里希（1866—1908）与曼哈特非常亲近，见"Sommertag" *ARW* 8 Beiheft（1905）82-117＝（1911）324-52；*Mutter Erde*（Leipzig 1905，1925^3）；他在 1904 年成为 *Archiv für Religionswissenschaft* 的主编，其纲领性主编序言，见 *ARW* 7（1904）1-5。

国宗教学领域提出了相似的方法，后者是路德维希·多伊纳（Ludwig Deubner）的老师，并深深地影响了马丁·佩尔松·尼尔森（Martiin Persson Nilsson），[9] 如此一来，在多伊纳和尼尔森编写的那本学者必备的手册当中，希腊宗教被归结为仪式，根据假设的原始信仰，尤其是对植物和丰产的关切对其进行解释，神话则被丢在了一边。到 20 世纪 30 年代，在英吉利海峡彼岸，“神话与仪式”的口号再一次被 S. H. 胡克（S. H. Hooke）叫响，他将这种方法应用于对《旧约》和古代近东史料的研究。[10] 在这一神话仪式学派的复兴运动中，我们看到洛德·拉格伦（Lord Raglan）、S. E. 海曼（S. E. Hyman）和西奥多·H. 伽斯特（Theodor H. Gaster）等名字。[11] 第二次世界大战以后，对这一学说的反动越来越强烈，在历经批评，尤其是约瑟夫·方腾洛斯（Joseph Fontenrose）和 G. S. 柯克[12] 的批

---

〔9〕 参见 Nilsson（1955）10 论迪特里希：“转变是彻底的：仪式代替神话成为主角。……从那时起，研究的方法和方向没有发生根本性的变化。”关于 L. Deubner，见 K. Latte *Philologus* 97（1948）403-5。

〔10〕 S. H. Hooke，*Myth and Ritual*（Oxford 1933）；*Myth, Ritual, and Kingship*（Oxford 1958）.

〔11〕 Raglan（1936）；参见 Sebeok（1955）122-35；S. E. Hyman in Sebeok，136-53；Gaster(1961)。对其学说的公允评述，见 C. Kluckhohn，“Myths and Rituals: A General Theory，” *HThR* 35（1942）45-79，转载于 J. B. Vickery，ed.，*Myth and Literature*（Lincoln 1969）33-44。

〔12〕 Fontenrose（1966）；Kirk（1970）8-31；以及 H. J. Rose，*Mnemosyne,* n. s. 3（1950）281-87；M. P. Nilsson，*Cults, Myths, Oracles, and Politics in Ancient Greece*（New York 1951）10-12；W. R. Bascom *JAF* 70（1957）103-14；A. N. Marlow，*Bull. of the J. Rylands Library* 43（1960-61）373-402。不过，直到 1972 年，利奇（E. R. Leach）还写道，“神话是仪式表演的特许状”（La Fontaine［1972］240）。另可参见 Burkert（1972）39-45。

评之后，看来是时候对之重新审视一番了。

就我所见，在“神话和仪式”的论争中，“什么是仪式”这一基本问题并没有得到应有的关注。[13] 所有人都同意仪式是某种人们所行之事，简·哈里森借用普鲁塔克和保萨尼亚斯的用语称之为 *drómena*（所行之事）。[14] 然而，是像曼哈特和哈里森那样，认为仪式是关于丰产和植物精灵观念的基本的乃至原始的表现，还是像弗洛伊德那样，将仪式视为植根于无意识焦虑的本能冲动的表现，[15] 或者，拒斥诸如此类的解释，坚持像休伯特－莫斯（Hubert-Mauss）和范热内普（van Gennep）所成功示范的那样对仪式结构进行描

---

〔13〕 Fontenrose（1966）或 Kirk（1970）并未讨论这一问题。Goody，“Religion and Ritual：The Definitional Problem，” *British Journal of Sociology* 12（1961）143-64，将仪式定义为“一种标准化行为（习俗）范式，其中，手段与目的之间的关系并非内在的，也就是说，既不是荒谬的，也不是非理性的”，此说的出发点是一个并未证明的假设：行为应该在其手段和目的之间有明确的、理性的关系，从而忽视了行为的交流功能。——近期关于仪式研究的重要成果见 M. Douglas，*Natural Symbols*（New York 1970）～*Ritual: Tabu und Körpersymbolik*（Frankfurt 1974）；V. Turner，*The Ritual Process*（Chicago 1969）。Cazeneuve（1971）的内容主要是步 L. 列维－布留尔心理学思辨的后尘，对仪式的社会功能和交流功能均未涉及，书名有点名不副实。还可以参见 E. R. Leach 为 *International Encyclopaedia of the Social Sciences* XIII（1968）所写词条（520-26），以及 La Fontaine（1972）；J. D. Shaughnessy，ed.，*The Roots of Ritual*（Grand Rapids 1973）。

〔14〕 Plut. *Is.* 352c；378a/b；*q. Gr.* 293d；Solon9，1；fr. 157，1；Paus. 2，14，1；2，37，6；3，22，2；5，10，1；9，27，2；9，30，12；10，31，11； Harrison（1922）567-70；（1927）30-49：N. M. H. van der Burg，“Aporreta-Dromena-Orgia”（Diss. Amsterdam 1939）；H. Schreckenberg，*Drama*（Würzburg 1960）122-27.

〔15〕 参见第二章注释〔80〕。

述，[16]区别是很大的。除此之外，在动物行为学领域还有一种完全不同的通往“仪式”的路径，这种方法从朱利安·赫胥黎（Sir Julian Huxley）算起，到康拉德·洛伦兹（Konrad Lorenz），[17]也已经有 60 多年的历史了。低等生物而非超越领域对“仪式”这一术语的篡夺给从事人类学和宗教学研究的“仪式主义者”带来挑战：我们正在研究的是否仅仅是一个使人误入歧途的含混之域，抑或生物学的概念也可能对人文科学研究有所助益?

生物学有一种长处，它基于认真的观察可以对“仪式”做出轮廓清晰的界定：就动物而言，仪式是“一种行为模式”，它“获得了一种全新的功能，即交流功能，……其原本的功能可能会有所表现，但通常都会减弱”。[18]洛伦兹所举的标准的例子是一对灰雁的庆祝仪式，包括攻击一个并不存在的入侵者，通过表示胜利的引吭高歌，这对灰雁相互确认了彼此的友情和团结。换句话说，仪式是一种重新定向于

37

〔16〕 H. Hubert, M. Mauss, “Essai sur la nature et la fonction du sacrifice,” *Année sociologique* 2（1897/98）29-138～*Sacrifice, Its Nature and Function*（Chicago 1964）；A. van Gennep, *Les Rites de passage*（Paris 1909）～*The Rites of Passage*（London 1960）～他被邓迪斯正确地称为“结构主义者”，见 Dundes（1976）85。

〔17〕 Julian Huxley *Proc. Zool. Soc.*, 1914, 511-15；A. Portmann, “Riten der Tiere,” *Eranos-Jahrbuch* 19（1950）357-401；Lorenz（1963）尤其是 72f.；“A Discussion on Ritualization of Behaviour in Animals and Man,” *Philos. Trans. of the Roy. Soc. London*, 251（1966）247-526；Weidkuhn（1965）；W. Wickler, *Stammesgeschichte und Ritualisierung*（Munich 1970）；Eibl-Eibesfeldt（1970）；Burkert（1972）31-38。

〔18〕 Lorenz（1963）72.

展现（demonstration）的行动。

这跟包括宗教仪式在内的人类仪式有什么关系呢？洛伦兹强调两者之间具有“相似的功能”，在德语原文里，这几乎就等于说两者具有“相同的功能”。[19]其他人的说法则较为审慎。生物学家对于牵涉形而上学问题都颇为踌躇，[20]社会学家则认为拥有研究人性的特权，对于任何生物学方法都持鄙夷态度。[21]不管是生物学家，还是社会学家，似乎都忽视了一个事实，即基督教神学和形而上学根本就不是宗教和宗教仪式唯一的、更不是最早的形式（尽管现在英语中的 ritual 一词仍然可以用来指罗马天主教或英国圣公会的教堂礼拜），其他高级宗教和非常晚近才发展起来的宗教系统，如佛教、犹太教、伊斯兰教也同样不是。那些植根于仪式传统的古风犹存的宗教形态正从今天的这个世界迅速消失。关于它们的研究，包括对从史前到古代直到 20 世纪早期的民俗的研究，的确应该成为历史学研究的当务之急。值得注意的是，从事这些领域研究的卡尔·梅里得出的仪式“习俗”（custom）的概念与生物学关于仪式的定义如出一辙：仪

---

〔19〕 Lorenz（1963）English edition 55-German edition 90.

〔20〕 参见 R. A. Hinde，*Biological Bases of Human Social Behaviour*（New York 1974）73-75；138：关于宗教仪式：涉及抽象和形而上学观念。

〔21〕 对 K. Lorenz 的反对意见，见 M. F. Ashley Montagu，ed.，*Man and Aggression*（New York 1968）；A. Plack，*Die Gesellschaft and das Böse*（Munich 1969^4）；J. Rattner，*Aggression und menschliche Natur*（Olten-Freiburg i. Br. 1970）；G. Roth，ed.，*Kritik der Verhaltensforschung: Konrad Lorenz und seine Schule*（Munich 1974）。

式是一种人为夸大了的、旨在展现（demonstration）的自发反应。[22]

人们很容易认为人类行为是社会化学习的结果，而动物行为是与生俱来的。毕竟，蜗牛和猿还有很多不同的地方呢。在高等动物中，存在大量的学习性行为，尤其是灵长类动物，另一方面，人类也有很多行为模式是与生俱来的，哭泣、微笑和大笑即属于此类与生俱来的仪式行为。[23]展现仪式是与生俱来的行为和学习性行为的复杂混合体，以问候仪式为例，黑猩猩也会相互拥抱、拍肩膀、吻手。[24]值得重视的是，许多人类仪式是以否定的方式学习的：学会仪式意味着了解那些与之相关的事情是被禁止的（例如，禁止在教堂里大笑）。仪式行为的千篇一律意味着对人类自由和个性的限制，在此意义上，仪式就是倒退，退回到人类特性的层面之下，人类在某种程度上使自己重新适应动物行为。仪式取代了本能，自从亨利·柏格森[25]以来，这一观点就被不断重复。 *38*

诉诸某些"高级的"、形而上学的实体，某种力量、精神

---

〔22〕 "Entstehung und Sinn der Trauersitten," *SAVk* 43（1946）91-109＝Meuli（1975）333-51，出版于1933年，参见Meuli（1975）1192中的F. Jung论文，Meuli本人看到了与动物行为学（Verhaltensforschung）的一致性，见Meuli（1975）1097f.。

〔23〕 见Eibl-Eibesfeldt（1970）22-24；Lorenz（1963）171f.，284f.。

〔24〕 Lawick-Goodall（1971）figs. 68-70；Eibl-Eibesfeldt（1973）184-89.

〔25〕 H. Bergson，*Les Deux Sources de la morale et de la religion*（Paris 1930 1932$^{5-9}$），第127页："宗教是大自然对智识的破坏力量的一种防御性反应。"参见同书第128—135页论"customs"和"taboo"。

或神，将宗教仪式与微笑、吻手等世俗的和动物性的行为区分开来，并不困难。[26]不过，真正的、具体的仪式环节很难由形而上学观念推导出来，这一点也是众所周知的，甚至连洗礼和圣餐这些基督教的核心仪式也不是建立在形而上学的基础上，它们的权威性来自故事，这些故事说明其最初的创始人如何操办这些在当时早已经存在的仪式。对于那些更令人费解的仪式，学者通常会托词说，导致这些仪式产生的真正的观念已经被人遗忘或遭到误解。实际上，正如塞涅卡所指出的，在古代宗教中，“大多数人都知其所为而不知其所以为”。[27]世上为什么会存在如此这般的仪式，而不仅仅是纯粹的沉思，甚至就连这一个问题都无法从形而上学得到解决。此路不通，则不如反其道而行之，或者更有前途：让我们看一下，形而上学观念在多大程度上是从仪式中衍生出来的。

在某种意义上，可以说自从曼哈特、乌西诺、施密特和简·哈里森开始，就已经在做这方面的研究了，但其观点却难以真正做到自圆其说：神话被追溯到仪式，但仪式却被认为依赖更为原始的观念，而神话又被认为源于这种观念，由某种原始的心智造就的更原始的神话。于是，荷马和赫西俄德讲述的故事被夏天和冬天的故事取代，或曰季节神死亡的故事，最后归结为波利尼西亚人或澳大利亚人的马纳（mana）和图腾（totem）之类一半是神话、一半是现代人构

---

〔26〕 见 Hinde，n 20。

〔27〕 Seneca fr. 43 Hase＝Aug. *civ.* 6，11.

建的“观念”。[28]甚至连人类学家也觉得很难摆脱这种思路，因为他们发现“如果不是对其所要达成的目的预先有一定的想法的话，任何仪式的发起都是不可想象的”。[29]

由此不可避免地导致 E. E. 埃文斯－普理查德刻薄地称为“如果我是一匹马”的争论：[30]为了理解，我设想自己置身于所谓的原始情境，并想象在这种情境中我会如何做、如何感受、如何思考以及如何说话——如果我是一匹马，我会做这个或那个。显而易见，这一观点的前提就是荒谬的，由此得不出任何可以信赖的结果。然而，很多所谓原始心智或原始观念的论述都是用这种方式得出的。 *39*

结构主义再一次及时出手，避免了这种越陷越深的无限逆推和随心所欲的“起源”构建。结构主义对“所做之事”提供了一个审慎、详尽、明晰的描述，而没有贸然假设任何“起源意义”，所有根据所谓起源意义所做的解释都被鄙视为“二手的杜撰”。[31]然而，结构主义描述最后得到的似乎只是一个空洞的形式，仪式的实质内容被蒸发殆尽：仪

---

〔28〕 参见 Evans-Pritchard（1965）12-33，110；C. Lévi-Strauss，*Le Totémisme aujourd' hui*（Paris 1962）～*Totemism*（Harmondsworth 1969）～*Das Ende des Totemismus*（Frankfurt 1965）。

〔29〕 Herskovits（1958）107. 参见 Nilsson（1906）v 关于“异教习俗”（Kultbräuche）：作为“被抛弃的旧日宗教思维方式之体现”；（1955）2 关于“信仰”（Glaubenssätze）：从其中“宗教活动得以萌发”。

〔30〕 E. E. Evans-Pritchard，*Theories of Primitive Religion*（Oxford 1965）43，47，其方法论至今仍很有启发性。

〔31〕 M. Del Ninno，*Un rito e i suoi segni*：*La corsa dei ceri a Gubbio*（Urbino 1976）17.

仅说明仪式包括 A 开头、B 中断、C 结尾，很难让人满意，即使最后证明 C 是 A 的翻转。[32]

动物行为学的方法更具实质内容。动物行为学带着“如何发生”和“为了什么”两个问题进行观察，[33]它既关心历史，也关心功能，因此，它无须“假设我是一匹马”的方法就能回答这些问题。为了解释人类的仪式行为，我们可以尝试性地采纳生物学的视角，看一下通过探究一种行为模式实用的、非仪式化的功能，能在多大程度上理解其形态及其试图传达的信息。以此方式，我们无须以任何重构的“观念”为前提，无须假设首先存在一种有意识的，甚至是达于言语的观念，其次才是某种仪式行为。[34]不过，为此我们必须承认在这一发展过程中存在一个历史序列，一种历史连续性。如果这种方法最终证明，在某些情况下，仪式比人类更古老，这乍听起来或许让人感到奇怪，但对这种方法而言这并非什么丢脸的事情。

2. 赫耳墨斯方形界碑、祭酒和树枝

让我们从希腊宗教中一个令人震惊但也令人难忘的例

---

〔32〕 这一批评甚至适用于 Hubert-Mauss 和 van Gennep（参见注释〔16〕），实际上，已有人对他们提出了这一批评，对 Del Ninno（参见注释〔31〕）而言，这一点更是显而易见：过程无非就是出发点和终点之间的中介。

〔33〕 Lorenz（1963）82，并参见同书第 10 页。

〔34〕 动机只是行为的前因，在此意义上，将动机归于个人，这只是一种社会规范，并不是必然真理。见 A. Blum，P. McHugh，“The Social Ascription of Motives,” *American Sociological Review* 36（1971）98-109；E. Veron，*Communications* 20（1973）272-75；见注释〔31〕。

子开始——赫耳墨斯方形界碑（herm）。[35]两千多年的风风雨雨已经让那些幸存至今的方形界碑变得面目全非，并且抹去了上面那些原本会令今天的公众看了脸红的痕迹，不过，任何人只要见过希腊瓶画，都知道古典时代赫耳墨斯方形界碑的样子：在一座四棱形石柱上雕着一个十分庄严的、常常是长着胡须的头像，在石柱的某个地方还会雕出一根醒目而逼真的勃起的阴茎。不仅如此，希腊人甚至不是将之作为一个物件，因此不是称之为"一座界碑"（a herm），而是称之为赫耳墨斯（*Hermes*），将之看作一位神。希腊神话学对于 *40* 这位奥林匹斯之神的裸露癖甚少提及，只有赫西俄德和卡利马库斯（Callimachus）笔下出现过，并暗示它与萨莫色雷斯岛（Samothrace）的野蛮人有关。[36]现代宗教史研究用一个方便的术语给此物以及其他一些类似之物命名，从巴比伦阳具形界碑石到庞贝城建筑门廊前的阳具："辟邪物"，阳具有辟邪之用，[37]此外还有明显的增殖功能。就希腊的赫耳墨

---

〔35〕 L. Curtius，"Die antike Herme"（Diss. Munich 1903）；Eitrem *PW* VIII 696-709；R. Lullies，*Die Typen der griechischen Herme*（Königsberg 1931）；H. Goldman *AJA* 46（1942）58-68；Metzger（1965）77-91：H. Herter *RhM* 119（1976）193-208。P. Devambez *RA* 1968，139-54：认为界碑、石雕阳具原是"辟邪物"，而赫耳墨斯的头部是后来人为加上去的，然而，在传世的铭文中，都是将其整个儿称为"*aglaòs Hermês*"（见注释〔5〕)。

〔36〕 Hdt. 2，51；Callim. fr. 199. 参见 Cic. *n. d.* 3，56；the Gnostic in Hippol. Ref. 5，8，10。

〔37〕 新术语"apotropaic"-"apotropäisch"似乎是迪特里希学派发明的，Rohde（1898）273，1 尚未见这一术语，Harrison（1922）8-11 也未见这一术语，她在书中提供了关于 apotropé/apotrópaioi theoi 的古代史（转下页）

斯石柱而言，到底哪种功能更为普遍，或许会有争论，事实上，并没有很多证据证明石柱具有增殖功能：这些石柱并非竖立在牛棚或羊栏里，也不是竖立在农田里，更不是在卧室中压箱底。[38]它们竖立在房子前面、集市上、十字路口和边界上。第一块方形石柱是在公元前530年由僭主皮西斯特拉妥（Pisistratus）的儿子希帕克斯（Hipparchus）竖立的，用作某种里程碑。[39]那么，就只剩下“辟邪”功能了，但是，它想“辟”的对象是谁呢？为什么用这种办法辟之呢？普鲁塔克认为，石柱的造型十分下流，很吸引眼球，因此能够避免“邪眼”，实则，希腊人通常只是觉得它们“好笑”而已。[40]

事实上，在了解动物行为学的发现之前，[41]我也没法给

（接上页）料，并翻译为“憎恶”（aversion）。——关于辟邪的“阳具”，见 Herter *PW* XIX 1683，1723-48；关于巴比伦的 Kudurrus，见 E. X. Steinmetzer，*Die babylonischen Kudurru*（Paderborn 1922）。——Meuli 在 1961 写道：“‘apotropäisch’也是那些大获成功的行话之一，借助于它，似乎所有问题都迎刃而解。”（Meuli［1975］1036）

〔38〕 Apollodorus *FGrHist* 244 F 129 谈到 herms 形状的床柱，他认为它们最初是用来抵御噩梦的，然而，这一说法是基于对 *hermîn (a)* 一词的曲解，故其可靠性被大打折扣。见 *Od.* 23，198。

〔39〕 Plat. *Hipparch.* 228d-229c；Philochorus *FGrHist* 328 F 22；一个现存的实例，见 J. Kirchner，S. Dow *MDAI (Athen)* 62（1937）1-3 修正了 *IG* I^2 837。——关于边界上的 herms，见 Paus. 2，38，7；8，34，6；Polyaen. 6，24；*Anth. Pal.* 9，316。

〔40〕 Plut. *q. conv.* 682a；*geloia* Pollux 7，108；参见 Aristoph. *Nub.* 539；Plat. *Leg.* 816d，935bd。不过，大笑有时候与冒犯联系起来，见 Lorenz（1963）171f.。

〔41〕 W. Wickler，“Ursprung und biologische Bedeutung des Genitalpräsentierens männlicher Primaten，” *Zeitschrift für Tierpsychologie* 23（1966）422-37，又载于 D. Morris, ed., *Primate Ethology*（London 1967）69-147；（转下页）

这种石柱找到一种真正的解释。动物行为学发现，有些种类的群居生活的猴子，猴群中的雄性扮演守卫角色，它们会站立在猴群外圈，面朝外，炫耀性地让阴茎勃起竖立。这种“动物仪式”的意思一目了然：其目的旨在交流，阴茎基本的性交功能则被暂时悬置，每一个试图接近的外来者都会注意到，这个猴群中没有孤儿寡母，她们都得到爷们儿充分细心的呵护。

对于人类而言，在历史时期，在高度文明化的地区，这种仪式仍以人工制品而非实际行动的方式流传，[42]其象征性和信号功能，仍能被那些称之为“辟邪”的人们所领会。人们或有意识、或无意识地知晓这种展示行为的意义：传达性能力信息的双重含义。了解了这一点，方形石柱的位置，不管是在房子的入口，还是在十字路口，抑或在两国交界，就很容易理解。希帕克斯立的石柱，设立于村庄与集市道路的中途，上面还镌刻着道德格言，仍是作为其僭主父亲的国土边界。西门（Cimon）在色雷斯的埃昂（Eion）一战获胜，在雅典集市竖立了三根这种石柱，上面刻着格言，“赫

（接上页）I. Eibl-Eibesfeldt，W. Wickler，“Die ethologische Deutung einiger Wächterfiguren auf Bali，” *Zeitschrift für Tierpsychologie* 25（1968）719-26；“Männliche und weibliche Schutzamulette im modernen Japan，” *Homo* 21（1970）175-88；Eibl-Eibesfeldt（1970）40-44；（1973）245-70；Burkert（1972）70；Fehling（1974）7-18。

〔42〕 不过，请参见 Fehling（1974）18-25 论“Strafvergewaltigung”，关于口头攻击和炫耀性展示，见 A. Dundes，J. W. Leach，B. Oezkök，“The Strategy of Turkish Boys' Verbal Dueling Rhymes，” *JAF* 83（1970）325-49。

41 耳墨斯柱廊”的地名即由此而来。在一幅当时的潘神画家绘制的画中，这三个物件好像正在享受其下流动作的样子。[43]数十年之后，大概因为这种造型毕竟引起了人们的不适感，于是，方形石柱上的下流造型逐渐消失。不过，在西门的时代，这种石柱仍被视为重要的纪念建筑，它们吸引人们的目光，被用来纪念那场胜利。

属于赫耳墨斯的不仅是那个阳物标志，还有石堆，事实上，“赫耳墨斯”这个名字就源于石堆：*hérma* 即指一块竖立的石头，*Hermás* 和 *Hermáon* 亦然。[44]这一关联可由阳具和石头两者的信号功能得到恰如其分的解释：堆起石头是最简单的做标志的手段。在阿尔卑斯山脉，几乎每一座山峰的山巅都有一堆石头，每一个登山者都情不自禁地要为那堆石头添砖加瓦、继长增高，同样，希腊的漫游者也习惯于给赫耳墨斯加上一块石头。[45]这是一座矗立的石碑，告诉任何一位过路人这里是一个重要的地点，在他以前已经有人来过这里。跟随色诺芬远征的一万名希腊人，在第一次目睹了大

---

〔43〕 Plut. *Cimon* 7；红彩双耳瓶残片，Paris，Louvre fr. 312，J. de la Genière *REA* 62（1960）249-53；ARV^2 555，92；E. B. Harrison，*The Athenian Agora* XI（Princeton 1965）110 f. pl. 40；65a；Simon（1969）fig. 295.

〔44〕 K. O. Müller, *Handbuch der Archäologie der Kunst*（Breslau 1848，［1878^3］）sec. 379，1；*PR* I 385，5；Nilsson（1955）503f.；Burkert（1977）243f.；H. Herter，“Hermes，” *RhM* 119（1976）193-241，尤见 197。

〔45〕 Anticlides *FGrHist* 140 F 19；*Anth. Pal.* 6，253，6；Cornut. 16 p. 24 Lang；E. Zwierlein-Diehl，*Die antiken Gemmen des Kunsthistorischen Museums in Wien*，I（Munich 1973）no. 126 pl. 23.

海的地方不由分说地动手堆起一座巨大的石堆，色诺芬并没有发出对任何神灵或保护神的呼唤，而战士们却自动地将牛皮、棍棒、盾牌堆成仿佛要献祭的样子。[46]这些“献祭品”也是展示性的，而整座纪念碑则旨在标志由九死一生的过往通向光明前途的转折时刻。力量既不在于阳具，亦非在于石头，它们只是符号，用来传达某种权势信息。用神话的术语讲，赫耳墨斯只不过是宙斯的信使。

竖立标识还有另一种形式：祼祭（libation）。[47]祼祭，仪式性地倾倒某种液体，在整个近东和地中海地区的宗教中无处不见，甚至有人推测，“神”（god）这个词本身就是源于灌祭活动。[48]通常，人们都理所当然地认为，祼就是某种“献祭”行为，向神明或灵力献上礼物。[49]然而，这种看法却存在着严重的问题。若说祼是“奉献”，那也是一种很古怪的奉献方式，你将葡萄酒浇到地上，酒渗进土里，住在天上的众神怎么得到它？迈锡尼人和希腊人试图避免这种

---

〔46〕 Xen. *Anab.* 4，7，25f.；参见 K. Löffel，“Beiträge zur Geschichte von montjoie”（Diss. Tübingen 1934）；另见 *GB* IX 9-17，21。

〔47〕 关于祼祭，似乎并无现代的、综合性的研究，见 J. v. Fritze，“De libatione veterum Graecorum”（Diss. Berlin 1893）；Hanell Art. “Trankopfer” *PW* VI A 2131-37；参见 Burkert（1977）121-25。苏美尔谢神泥版上描绘了最古老的宗教环境中的祼祭场景，见 J. Boese，*Altmesopotamische Weihplatten*（Berlin 1971）pl. 18（N 8-9），pl. 21（U 4），pl. 31（T 10）。

〔48〕 C. Watkins in *Antiquitates Indogermanicae*（Innsbruck 1974）102，5；希腊语中 chéein、choaí 与印度－伊朗语中表示教士的词语 Hotar/zaotar 之间的联系，至少表明在印－欧传统中祼祭的重要性。

〔49〕 “Trankopfer”，见注释〔47〕。

质疑，他们将酒浇到一个碗里，然后把碗放进神的手里，或者把酒浇到祭坛上的火里，但是，这些做法都是次生的，赫梯文献尤其能证明这一点。[50]希腊神像手捧盛着祭酒的碗，显得好像正在给自己倒酒，又给解释带来新的问题。[51]有一篇已发现的赫梯文本包含着一长串关于裸祭的文字："为了炉灶，为了盾牌，为了窗户，为了窗栓，为了窗边"等等，从头至尾并未提及神或精灵。这段文字将神殿外围的关键性部位一一标识出来，用仪式加以封禁，旨在防御比如雷电之类的东西。[52]除此之外，还要灌奠油膏，[53]油膏通常并不作为神明的饮料，实际上，油膏浇在一块特别的石头上：在皮洛斯（Pylos）的神殿前面有涅斯托尔之石，他曾在献祭的时候坐在上面；在德尔菲祭坛附近有一块"翁法勒石"（*omphalós*），在十字路口有用油膏涂抹的油光光的石头。[54]

42

---

〔50〕发现于马拉蒂亚（Malatya）的阿库加尔（Akurgal）时期浮雕，见 Hirmer（1961）pl. 104*c*，当着神在场，将奠酒浇到地上，又见 pls. 104*ab* 和 105*a*，在神的面前将奠酒浇到容器里。

〔51〕E. Simon，*Opfernde Götter*（Berlin 1953）；A. Peschlow-Bindokat *JdI* 87（1972）89-92.

〔52〕*ANET* 359；E. Neu，*Ein althethitisches Gewitterritual*（Wiesbaden 1970）17，19，21，25，3.

〔53〕C. Mayer，*Das Oel im Kultus der Griechen*（Würzburg 1917）；Ziehen *PW* XVI 2484f.；参见 *LSS* 2 B 4，10 A 2，124，10。

〔54〕*Od*. 3，406-11；Theophr. *Char.* 16，5 cf. Luc. *Alex*. 30；*Deor. Conc.* 12；Arnob. 1，39；在圣石上涂肉膏，见 Plut. *quaest. Gr*. 294bc；一件迈锡尼玻璃盘上的祭酒罐和石冢，见 *JHS* 21（1901）117，Nilsson（1955）pl. 22，5；发现于斯巴达的一件浮雕，刻画了阿耳忒弥斯正在将奠酒浇到阿波罗雕像上，见 *MDAI*（*Athen*）12（1887）pl. 12；Lippold（1960）198，11；W. H. Roscher，*Omphalos*（Leipzig 1913）pl. 7，4 cf pl 7，1。

用来祼祭的石头在赫梯仪式中的地位尤其突出。在其他文明中，石头用黄油或油脂涂抹。[55]或许会有人认为用油膏祼祭是一种受膏仪式，原始人将那块受膏的石头想象成一位神。但是，在希腊，根本不对人格化的诸神举行受膏礼。古代文献的记载非常含混：雅各晚上睡在沙漠里，梦到有一架一直通到天上的梯子，天使们顺着梯子上上下下，到了早晨，他在那里竖立起一块石头，把油膏浇在它上面，并且说：这是上帝的房子，即礼拜堂。[56]上帝是住在天上，还是住在石头里，抑或是与石头同一的——雅各没有必要必须在这种非此即彼的神学观点中选择其一，他所做的只是竖起一块石头，一块即将变成永久性仪式中心的碑志。石头上的油渍在经历很长一段时间的风吹雨淋之后仍然可见，这是事实。在希腊，灌祭仪式在针对死者的祭仪中尤为常见，这或许会被解释为担心死者“害渴”，[57]尽管希腊人更愿意说这是一场“沐浴”。[58]葬礼用的细颈瓶上对在墓地举行的祼油仪式有着生动的写照，不过，对这种仪式并无明确的解释。不管怎样解释，祼祭的确在坟墓留下了记号，借助这些记号，别人会知道一座坟墓是仍被死者的亲人们记在心上，还是已经被遗弃

---

〔55〕 参见 Nilsson（1950）130 论瑞典民间习俗。

〔56〕 Gen. 28：10-22；35：14；V. Maag，“Zum Hieros Logos von Beth-El,” *Asiatische Studien* 5（1951）122-33.

〔57〕 W. Deonna，“La Soif des morts,” *RHR* 119（1939）53-77.

〔58〕 Soph. *El.* 84；434；Clidemus *FGrHist* 323 F 14；P. Wolters *JdI* 14（1899）125-35；Kurtz, Boardman（1971）149-61. 在有效的输水管道发明以前，取水是一种最基本的、重要的“服务”活动。

了。墓地祭祀是一个信号，它传达了死者的后人仍然活着并且家族繁荣的信息。

祼祭仪式有着漫长的发展史，在青铜时代以前就已经存在，在长期发展过程中，几种不同的活动可能合并为一。给予某种东西，以后不再收回，当然不可低估这种因素的意义，但是，留下记号、确立中心和边界所体现的交流功能，43 尤其是在以油膏浇奠石头的情形中，更不应被视而不见。而且，一旦我们借助动物学视野，就不能忽视如下事实：通过浇灌液体标志领地，在哺乳动物尤其是食肉动物中是一种常见的“仪式”行为，我们都知道狗遇到石头、树干就撒尿的行为。把祼祭仪式与狗撒尿联系起来，乍看起来似乎只是一个粗鲁的笑话——其实，这种说法也偶尔见于古代文献。[59] 按照这一思路，你会发现，甚至在高度发达的20世纪文明的一些民间风俗中也有类似的行为，例如，发生在战争前线或国土边境的一些“仪式行为”就像极了狗撒尿。[60] 如果我们指出，在哺乳动物中，这种行为不仅发生于“陌生的物件”上，也发生于“熟悉的、引人注目的物件上”，如果这种行为被解释为源于“对未知之物的本能反应”，其作用是

〔59〕 Babrius 48；cf. Nilsson（1955）505.

〔60〕 我曾听说，在奥地利有些地方的乡村（小奥地利），按照惯例，土地所有者要在新竖立的土地界碑上撒一泡尿。俄国人在1945年越过德国边境，L. Kopelew，*Aufbewahren für alle Zeit*（Hamburg 1976）89：“我们预先就已经约定，在穿越德国边境时以何种恰当的方式‘纪念’这一次穿越……”参见 Fehling（1974）32。

“维持动物对其环境的熟悉性”，[61]那么，从赫梯的哈图萨到希腊的德尔菲的裸祭仪式与这种动物行为之间的相似性就会更加一目了然。实际上，不同种类的哺乳动物都进化有特定的腺体，专门用来察觉气味记号，文化的发展则把类似的功能赋予了人类的厨房用具。

另一个不那么令人感到脸红的仪式是在游行时手持树枝。这在希腊宗教中极为常见，在厄琉西斯（Eleusis）祭仪的会徒游行中我们就见过它，[62]在酒神狂欢节的游行中尤其引人注目，酒神的权杖就是仿效它的风格，[63]这种习俗在各种祭祀仪式中几乎无处不在。通常，崇拜者走到祭坛或神像面前，手持一根或一束树枝做祈祷，[64]波斯祭司（magi）也

---

〔61〕 D. Kleiman，“Scent Marking in the Canidae，” *Symp. Zool. Soc.* 18（1966）167-77. 关于灵长类，参见 Wickler in Morris（1967）113-16；I. Eibl-Eibesfeldt，*Zeitschrift für Tierpsychologie* 25（1968）725。

〔62〕 Hsch. *bákchos*；Schol. Aristoph. *Eq.* 408；Serv. *Aen.* 6，136；H. G. Pringsheim，*Archäologische Beiträge zur Geschichte des Eleusinischen Kultes*（Munich 1905）16-19；J. D. Beazley *Num. Chron.* VI 1（1941）1-7.

〔63〕 关于其形式和演变，参见 *EAA* IV 1002-13。

〔64〕 这些树枝被称为 *thallós*，见 Dionysius Thrax in Clem. *Strom.* 5，45，4-6；参见 Eur. *Ion* 422f.；Polyaen. 1，27，2；泛雅典娜节上的 *thallophóroi*，见 Philochorus *FGrHist* 328 F 9；复仇三女神奠酒礼上的橄榄枝，见 Soph. *Oed. Col.* 483f.；达夫涅福里亚节（Daphnephoria）上处女们手持的树枝，见 Phot. *Bibl.* 321 b 30，并参见第四章注释〔75〕。下面是几件随手列举的文物：黑色人像广口陶罐，Naples H. 3358，*ABV* 338，3，刻有铭文“Mysta”，Harrison（1922）157，Metzger（1965）pl. IX 3，参见 pls. VIf.；黑色人物双耳瓶，Berlin F 1686，*ABV* 296，4；西西里钱币上一位左手拿树枝、右手正在斟酒的神，Franke-Hirmer（1972）pl. 9，no. 27；pl. 66，no. 186；pl. 67，nos. 187-88；pl. 68 no. 190；pl. 71，no. 202；献纳人物浮雕 C. Vermeule，N. Neuerburg，*Catalogue of* （转下页）

这样做。[65]巴比伦先知在献祭时通常会挥舞一根香柏棒。[66]挥舞树枝的实用功能是显而易见的：这是增加臂膀力量并延长打击半径最简单的工具，它可以被用来攻击对方，或至少让对方无法靠近，我们知道，酒神的疯狂女祭司即用酒神杖驱赶贪婪的萨提尔。在罗马，朱庇特祭司（flamen Dialis）在前去献祭时挥舞树枝让人群闪开。[67]由此可见，手持树枝是常见而明确的地位和权力的标志。值得注意的是，雄性黑猩猩为了炫耀其威风，常常会挥舞树枝，甚至从树上折下树枝，一边跺脚咆哮一边挥舞前行。[68]酒神节上的游行队伍穿过城市，一边跳舞、唱歌，一边挥舞树枝，不也是一种展示酒神权能的示威仪式吗？

不过，这还不是挥舞树枝的全部故事。为了达成和平或祈求对方谅解，一个人可以郑重其事地手持一根树枝前

（接上页）*the Ancient Art in the J. Paul Getty Museum*（Malibu 1973）no 26，inv. no. 71 AA 439；" Cameo Morgan，" *EAA* VI 389；另见 H. Seyrig *BCH* 51（1927）202-10。——犹太人在住棚节（feast of tabernacles）期间手持树枝，见 Lev. 23：40，在希腊语中称为"thyrsoi"，见 2 Macc. 10：6，7；Joseph. *ant.* 13，372；Plut. *q. conv*，671 e；Mannhardt（1875）282f.。基督教传统中，持"棕榈叶"的习俗源远流长，其证据见 Matt. 21：8，Mannhardt（1875）281-93。

〔65〕 发现于 Daskyleion 的 5 世纪谢神浮雕像，见 Th. Macvidy *BCH* 37（1913）348-52，pl. VIII；Cumont（1931）pl. V，5；Nilsson（1961）pl. 15，2；Strab. 15 p. 733。

〔66〕 H. Zimmern，*Beiträge zur Kenntnis der Babylonischen Religion*（Leipzig 1901）89，101，117ff.（*is erinu*）. ——较晚年代的挥舞桃金娘树枝的魔法师，见 *Papyri Graecae Magicae* no. 1，72，280f.；336f.。

〔67〕 Festus 64 M. "*commoetacula*" .

〔68〕 Lawick-Goodall（1971）29，48f.，99f.，217.

往，此人被称为和平祈求者（*hikétes*），他的树枝被称为求和橄榄枝（*hiketeria*）。[69] 它是从橄榄树上折下来的，还要在上面挂一些羊毛。希腊悲剧很喜欢使用这件道具，其实它在现实生活中也扮演着重要的角色。塞尔维乌斯（Servius）在评论维吉尔时解释了其中的象征意义：[70] 橄榄油和羊毛，两者皆柔软而温和，因此意味着和平。然而，为什么非要用嫩枝不可呢？人们或许会说树枝作为地位的象征，危急时刻可以供求和者做最起码的护身之用，然而，求和者手持 *hiketeria* 是为了将它献给接待他的主人。如果我们指出在动物行为学中也存在类似的媾和仪式，或许会被再次认为是胡说八道，动物在媾和时也会向对方献上树枝、毛绒之类的东西，这些东西可用来筑巢，对鸟类而言尤其如此。[71] 其实，人类文明史上为了追求安逸、舒适，有一种尽管原始却很重要的构造，即用树枝搭建床铺，希腊人称之为树叶床（*stibas*），用新鲜柔软的枝条制成的床垫或坐垫较之硬邦邦的地面更舒适，这一发明显然早于座椅和床的发明。有 *44*

---

〔69〕 Plut. *Thes*. 18；参见 Aesch. *Cho*. 1035；Soph. *Oed. Tyr*. 3，143；Eur. *Heracl*. 124；*Suppl*. 36，258f.；*LSCG* 123，6；一种奇怪的禁忌，见 Andoc. 1，113-6。表现欧里庇得斯《赫拉克勒斯的后代》（*Heraclidae*）中场景的瓶画，见 A. D. Trendall，T. B. L. Webster，*Illustrations of Greek Drama*（London 1971）III 3，20；P. Cornelius Sulla 的硬币：Bocchus 跪在 Sulla 面前，手握一根树枝，见 Kent，Overbeck，Stylow（1973）pl. 17 no. 68；参见 pl. 114 no. 506：Gallia 跪在皇帝面前。——澳大利亚的类似习俗，见 Weidkuhn（1965）24。在基督教传统中，鸽子衔着橄榄枝作为和平的象征源于 Gen. 8：11。

〔70〕 Serv. *Aen*. 8，128，from Varro.

〔71〕 Eibl-Eibesfeldt（1970）126-29.

大量的证据表明希腊人在参加祭拜祭仪时不得不制作树叶床，好在献祭节期间休息时用，树叶床多在露天，偶或在简陋的窝棚里，没有房屋和家具。这方面的例子来自立法女神节（Thesmophoria）、雅辛托斯节（Hyacinthia）、萨摩斯岛（Samos）的赫拉节和酒神节。[72] 神在得到邀请时，人们也会为他专门制作树叶床，这一点在印度－伊朗宗教中尤为常见，伊朗拜火教祭司会手持一束树枝走到祭坛前，并“在散开的树枝前面”进行仪式操演，[73] 我们更熟悉的则是印度人献祭时用树枝和草做成的祭床。[74] 索福克勒斯在悲剧《俄狄浦斯在克洛诺斯》（*Oedipus at Colonus*）中描写了一个类似的仪式，其目的是平息复仇女神欧墨尼得斯（Eumenides）的愤怒：献祭者必须随身带来 27 根橄榄树枝，他必须用头顶着缀有羊毛的祼祭用的木碗，随后将奠酒倾于地，将带来的树枝放置在祼酒之处，默默地祈祷。[75]

---

〔72〕 C. Boetticher, *Der Baumkultus der Hellenen*（Berlin 1856）329-37; F. Poland *PW* III A 2482-84; J. M. Verpoorten, “La Stibas ou l’image de la brousse dans la société grecque,” *RHR* 162（1962）147-60. Thesmophoria: Steph. Byz. *Miletos*; Ael. *nat. an.* 9, 26; Galen XI 808 Kühn; Plin. n. h. 24, 59; Hyacinthia: Ath. 138f.; Samos: Nicaenetus in Ath. 673c: Dionysia: Philostr. *vit. soph.* 2, 3 p. 236，参见 *LSCG* 51（Iobacchi）48f. etc.; Thalysia, Theocr. 7, 67f., 131-34。

〔73〕 关于 *baresman*，见 G. Widengren, *Die Religionen Irans*（Stuttgart 1965）29; P. Thieme *ZDMG* 107（1957）71-75。

〔74〕 关于 *barhis*，见 Gonda（1960）141。在《梨俱吠陀》中，它被比作“鸟巢”，见 *Rig-Veda* 6, 15, 16（该条参考文献承蒙 F. Staal 告知）。

〔75〕 Soph. *Oed. Col.* 466-92. 参见 Paus. 5, 15, 10：伊利斯人（Eleans）在焚烧祭品后，会把橄榄枝放到祭坛上。

让我们总结一下。我们看到出于实用目的的制作树叶床的活动，它比青铜时代的王座（*thronos*）更古老，一直保存在希腊祭仪中；我们还看到，此种活动转变为交流行为，一边是为神准备树叶床，一边是用于求和的树枝所具有的象征意义；安居于树叶床之上者坦然憩居，放弃了所有的不安情绪和攻击行为，因此，求和者献上树枝的行为意味着：主人，让我们为您铺设床铺，请您安居憩息。坐下或者躺下休息，也是一种具有休战意味的古老仪式，这种现象极为常见，但却罕见有人讨论。触碰对方的膝盖，准确地说是膝盖的凹陷处，这是人的身体上最具威胁性的部位，[76]这种动作也意味着：请安坐，请放松。（见图 3、4）

45

3. 仪式中的演示性和虚拟因素

不过，我们还是不要被一般性的问题所诱惑，且回到原来的话题。我认为，上面举的几个例子足以说明，用生物学的观点观察人类仪式是有意义的，对于宗教仪式也同样有

---

〔76〕 *Gounázesthai* 以及与之相似的词语很容易被误解为因为屈从而下跪，两者或者有相通之处，但这里的关键是要触碰对方膝盖的凹陷处："I reach to your knees"，（*Il.* 18，457；*Od* 7，147），"he came against his knees"，（*Il.* 20，463）；*LSJ.* s. v. *góny* 和 *gounázesthai*。这种身体姿态很容易让人联想到 Blakas 收藏品中一件宝石饰物的图案，即 the Blakas collection no. 444（Brit. Mus.），见 G. M. A. Richter，*The Engraved Gems of the Greeks, Etruscans and Romans* II（London 1971）no. 298（参见 299），也不难让人联想到《时代》杂志上的一幅拍摄于孟加拉国的照片，见 *Time*，Jan. 3，1972，p. 33 left，图片说明："两个乞求怜悯的囚犯，不久即被处决"（见本书插图 3、4）。

图3　多隆（Dolon）乞求饶命。宝石饰物，大不列颠博物馆，编号444。（G. M. A. Richter，*the Engraved Gems of the Greeks, Etruscans and Romans* II ［London 1971］no. 298. Reproduced by courtesy of the Trustees of the British Museum）参见第二章注释〔76〕

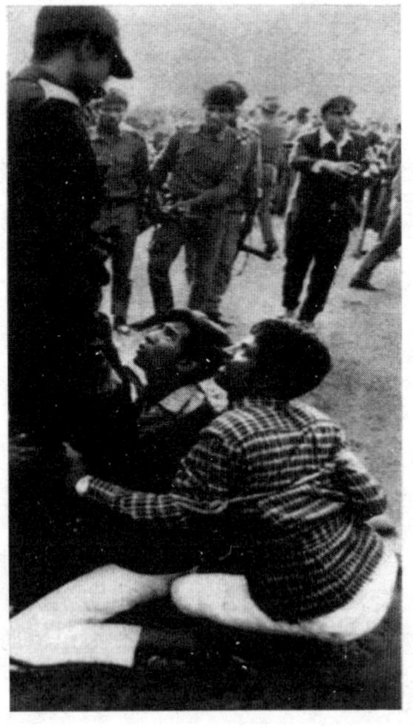

图4　孟加拉国的囚犯为他们的树叶而向军官恳求。新闻照片。（*London Daily Express*，December 20，1971；*Time*，January 3，1972，p. 33）参见第二章注释〔76〕

效，可以将仪式解释为一种重新定向于演示的行动模式，其行动或者没有改变，或者发生了改变，或者转变为纯粹的象征行动，甚至会转变为某种制作物。我们将符号理解为从原初的实用性行为演变而来，即使强调的重点发生了变化，但犹保存其原初的意义。

这样说并不意味着所有的仪式或者大多数仪式都可以直接追溯到动物阶段。连续的未经中断的传统是无法证实的，不过，的确有经验观察表明，仪式，包括仪式的某些细节，有着出乎人们意料的延续性，可以穿越千百年而得以延续，但是，任何传统都有可能瓦解。即使献祭仪式的某些环节可以追溯到早期旧石器时代，〔77〕在人类与其最近的亲戚黑猩猩之间依然间隔数百万年的进化历程。在我们举过的例子中，有些仪式可以假定存在着从猿到人的连续性，例如持树枝的例子，另外一些例子，则不可能存在这种连续性。为划定边界而展现阳具的行为，不见于类人猿中，类人猿生活在树上，但它们与父系亲属一起拥有共同的领地。动物行为学并不一定非得假设动物与人的行为之间存在着遗传上的传承性，相同的交流功能会从相似的行为模式树中一次又一次地发展形成，动物行为学所提供的并非同源论，而是一种类比，它仅具有启发价值，而不具有证据价值，它为我们敞开了一种理解的途径，而不是强迫我们接受。

正是借助于这种类比，仪式，包括宗教仪式一个长期

〔77〕 参见第二章注释〔120〕。

被忽视甚或被有意掩盖的特点才得以进入我们的视野，这就是仪式的展现或演示因素。有一个长期存在的教义，即一个 46 真正有信仰的人，不在意外表，不在意别人会怎么说，他自己独自面对上帝，然而，另一方面，“宣传”（propaganda）这个词恰恰是天主教会发明的，这其实并不矛盾。每一个信徒都会跟其他信徒经常接触，他会轻蔑地或者痛苦地意识到自己与非信徒之间的差异。即使沙漠中的隐居者也会受到仰慕者的拜访，并经由这种形式的接触对外界产生影响。所有 48 仪式行为都同样具有交流功能，正是这一点构建了群体的同一性。既然人类具有自我意识，仪式的自我展示甚至具有自我安慰的效果。

在当下这个语言学时代，仪式或许会被视为某种语言。已经有人试图用语法学、句法学和语义学的术语分析仪式。[78] 在推进仪式与语言的类比之前，首先应该注意到的是仪式与言语化的语言之间在“能指”和“所指”关系方面的根本差异：具有符号功能的仪式行为模式并非像语言的能指和所指关系那样是“任意的”，而是直接源于某种实用功能，这种功能可能仍继续为仪式行为所具有，因此，仪式行为所传达的信息与行为本身密不可分地捆绑在一起。甚至存在一些普遍可理解的、与生俱来的行为模式，例如恐吓和顺服、高兴与悲伤的表达方式。仪式总是一个接一个地连接在一

---

〔78〕 C. Calame，“Essai d' analyse sémantique de rituels grecs，”*EL* III 6(1973) 53-82，试图参照 Greimas（1966）的“sémèmes”和“sèmes”将仪式分解为“ritèmes”和“traits-rituel”。

起，或一个嵌套于另一个，就此而言，不妨说存在一种“仪式语法”。[79]然而，说到单个的仪式，并不存在一个蕴含于多种多样、变动不居的“句子”之中的“深层的结构”，而只存在一个恒定不变的、必须从开头进行到结束的进程。因此，一个冗长、复杂的行为模式可能仅仅包含单一的信息，符号往往远远比它所要传达的信息复杂，不过，这个信息可能非常重要，因此值得用如此复杂的符号进行表达。

仪式传播的信息似乎主要关乎群体的团结和对他者的拒斥，在此意义上，不难理解为什么仪式，尤其是宗教仪式，应该“有利于群体”。对虔敬共同体的生存延续而言，宗教似乎拥有巨大的价值，这一点早就有人讲过。[80]不过，达尔文主义的现代发展已经对“集体选择”的概念提出强烈质疑，宣称就生物学而言并不存在什么“集体选择”，而只有“自私基因”的选择。[81]尽管如此，人们还是一直同意，对于人类文明而言，进化历程进入了一个与动物迥然不同的新阶段，文化传承接替了基因遗传的作用，实则，只要变革仍是发生于受生物学条件限制的人类这个物种身上，即使人猿相揖别，进化的连续性仍然存在。

如果说文化大体上可算作一个复杂的符号系统，由晚近出现的、可言说的语言所主导，那么，共同体的存在、生

---

〔79〕 F. Staal，“Ritual Syntax，”载 *Studies D. H. H. Ingalls*（待印）。

〔80〕 Gruppe（1921）243，书中参考了 E. Durkheim，J. E. Harrison，F. M. Cornford。

〔81〕 Dawkins（1977）.

生死死的个体之间的文化连续性就离不开能够跨越代际鸿沟

49 的传承手段，这早已是一种老生常谈。一个具有高度稳定性的系统显然不能仅仅依赖偶然性的模仿，[82]而应以各种各样的教育方式将游戏规则持续不断地灌输给年轻一代，为年轻人提供进入演示性彩排的机会，借以维系共同体的绵绵不绝。而这似乎正是仪式的用武之地，也是仪式在土著社会具有至高无上地位的原因所在，因为参与到步调一致的游戏之中，就维系了社会的稳定性。自从涂尔干以来，仪式的这种教化功能就一直深受关注。[83]不过，仪式的这种功能却受到空间的严重限制，只有那些在其一生中至少曾有一次亲身参与其中的人们才会受其影响。正因此故，人类社会在很久以前就分裂为各种相互敌对的、为获取生存资源而竞争的群体。在生存竞争中，群体远远比任何个体更成功，它们不断相残相杀，把冤家对头赶走，这种事情几乎从不间断，构成了通常所谓的“历史”，对于这一事实，好像从来没有人质疑过，科学家们心安理得地，或假装心安理得地漠然置之。在过去的一万年中，人类并未取得任何能够与生物平衡相接近的成就，不过，那些在一定时期内获得相对稳定性的系统，即某种所谓“文明”，之所以能够取得成功，能够维系

---

〔82〕 Dawkins 考虑到的唯一一种传承方式是“广义的模仿”，见 Dawkins（1977）208-10。

〔83〕 Durkheim（1912）610：“周期性地保持和巩固构成其统一性和个性的集体感情和思想”（sc. de la société）。类似的生物行为有点像“夸耀行为”，这一术语的出处见 V. C. Wynne-Edwards，*Animal Dispersion in Relation to Social Behaviour*（Edinburgh 1962）；Dawkins（1977）123。

其同一性，主要归功于借由仪式而得以强化的群体的团结。一个系统的运作，究竟是靠社会契约、靠社会成员的真诚的“共谋”，还是靠某种偶然达成的、相当于某种“进化稳定策略”（evolutionarily stable strategy）[84] 的规则，这是另一个问题。归根到底，仪式是文化传承过程中的最强劲因素。

心理学家确实谈到过个体的、私人的仪式，[85] 即强迫症行为模式，动物行为学也在动物中发现了类似的个体“迷信”的实例，主要是由某些恐惧经历诱发而成。[86] 似乎存在一种心理学机制，通过被称为创伤性重复的行为模式克服因创伤事件而引发的焦虑。[87] 同样也存在着重复成功行为模式的倾向，作为缓解焦虑的策略。尽管如此，还是应该将这种作为个体特异品质的、私人仪式的概念，与本来意义上的仪式，即社会化和交流性的仪式区分开来。这两类仪式概念中都存在行为的重复，但是，见于后者的高度社会化的功能是前者所缺乏的。很有可能，一次性的恐惧事件会激发一系列的逃避行为，当且仅当这种逃避行为被其他社会成员所模仿，并传给很少或根本不可能分享同样经验的下一代，这 *50*

---

〔84〕 关于这些概念，见 Dawkins（1977）74-93，其中参考了 J. Maynard Smith，*The Theory of Evolution*（Harmondsworth 1975³）；“Evolution and the Theory of Games，” *American Scientist* 64（1976）41-55。

〔85〕 S. Freud，“Zwangshandlungen und Religionsübungen，” *Zeitschrift für Religionspsychologie* 1（1907）4＝*Ges. Werke* VII 127～“Obsessive Acts and Ritual Practices，” Standard Edition IX 115.

〔86〕 参见 Lorenz（1963）66f. 关于一只鸭子的论述。

〔87〕 S. Freud，“Jenseits des Lustprinzips，” *Ges. Werke* 13，1-69～“Beyond the Pleasure Principle，” Standard Edition 18（1955）.——Cazeneuve（1971）124f.

种行为才演变为一般意义上的“仪式”，要做到这一点，离不开伴随着模仿行为的演示行动。总之，这种个人特有的心理倾向尽管有助于我们理解仪式的动力机制乃至于个性的起源，却不足以推翻我们关于仪式的基本界定。

不过，这倒将我们的注意力引向了如下事实，即很多人类仪式都与焦虑有关，有人或许会忍不住据此对宗教仪式进行界定。在很多语言中，“宗教”一词都隐含着“恐惧”的意思，包括希腊的 *eusébeis*，[88]而 *religio* 则表示“惯例、遵守”的意思。[89]“敬畏”被称为“基本的宗教情感”，[90]任何对于宗教仪式的疏漏或变改都必然会激发严重的焦虑，与此同时，很多宗教仪式似乎就是有预谋、有计划地制造敬畏气氛，[91]为此，必须充分调动黑暗、火焰、鲜血、死亡等各种因素。由此所引发的，是将焦虑和关注点从现实转向一个象征性领域，如此一来可以将焦虑控制在特定的限度之内。[92]世界上给人类尤其是原始人带来恐惧

---

〔88〕 Frisk II（1970）686f.，参见 Aesch. *Pers*. 694。

〔89〕 W. F. Otto，*ARW* 12（1909）533-54；14（1911）406-22＝*Aufsätze zur Römischen Religionsgeschichte*（Meisenheim 1975）92-107；114-29；W. Warde Fowler，*Transactions of the 3rd International Congress for the History of Religion*，II（Oxford 1908）169ff.

〔90〕 R. R. Marett，*The Threshold of Religion*（London 1909，1914²）13.

〔91〕 参见 A. R. Radcliffe-Brown，*Structure and Function in Primitive Society*（London 1952）148-52。

〔92〕 B. Gladigow 写道：“宗教通过将恐惧类型化和具体化，提供一定的行为模式逐一克服这些恐惧。”见 *Religion und Moral*（Düsseldorf 1976）116。

的事情太多了，诸如饥饿、猛兽、敌人、疾病等，[93]预见和期待吉凶未卜的未来，是人类所独有的能力，这种能力注定会给人带来前所未有的焦虑。如果焦虑导致抑郁和绝望，显然会使人陷入绝境。宗教仪式通过制造焦虑而对焦虑进行控制，它按部就班地重复既定的行动模式，这种行为模式保证了行动的结果不会是到头一场空，而是如愿以偿，以此展示一种教人如何克服焦虑的行动范式。在耶稣受难日之后，随之而来的肯定是复活节，前一个日子越是黯淡，后一个日子就越是辉煌。在为了弥补犯罪的后果而举行的赎罪仪式上，通过确立一系列人为造作的禁忌，甚至连因犯罪而引起的污染和愧疚感都可以得到控制。由于焦虑会促使一个群体的成员抱团取暖，因此，通过经历、演示焦虑的克服过程，群体的团结将会大大增进。

如果我们能够用这种方式说明仪式，甚至是宗教仪式的发展和功能，而无须诉诸“观念”或“信仰”，仍有一个基本的事实无法否认，即所有宗教，甚至最原始的人群的宗教，都离不开语言，因此，一个令人满意的宗教定义，以及宗教仪式的定义，就不能不涉及语言，语言指出了某种超越于人类的实体，诸如力、圣灵、神、精神、上帝等。然而，这并不意味着我们可以撇开生物学的视野，即使对于“象征

51

〔93〕 一位爱斯基摩人萨满告诉Knut Rasmussen（Rasmussen［1926］245）说：“我们害怕我们在自己周围看到的东西，我们害怕从祖先的故事、神话里听到的东西：正是因为这样，我们才遵守我们的风俗，坚守我们的禁忌。”

主义”的问题，这种视野仍能派上用场。

我们将仪式定义为某种被重新定向于交流功能的行动，由此而论，甚至在动物的仪式行为中也存在着某种“虚拟”（as-if）因素。康拉德·洛伦兹谈到的那两只灰雁，像它们把对手赶跑之后那样发出胜利的欢叫声，它们是在发起一场针对并不存在的入侵者的虚拟攻击。[94]在阿卡狄亚的菲加利亚（Phigalia），德墨忒耳的祭司戴着这位女神的面具，手中挥舞一根棍棒，击打“那些来自地下的东西”。[95]在赴麦加朝圣期间，虔诚的穆斯林都必须向两座古老的石头堆投掷六块石头，据说是为了打击恶魔。[96]如果看到黄鼠狼横道而过，迷信的人会捡起三块石头扔出去，并非为了打击真正的动物，[97]而是为了赶走黄鼠狼带来的霉运。印加人一年一度地全副武装，大声喊叫，为的是把“所有的厄运”从四面八方赶出去。[98]在欧洲的民间风俗中，年轻人在每年冬天或春天的某几天会集合起来，走遍整个社区，边走边啪啪地挥舞鞭子，或者绕着所有的牲口栏和水井摇动铃铛，在瑞士中部的一些小城镇和村庄里至今还保留着这种风俗的遗风。[99]民俗

---

〔94〕“一位真正的、显而易见的敌人”，见 Lorenz（1963）176。

〔95〕Paus. 8，15，3；Stiglitz（1967）134-43.

〔96〕*Encyclopédie de l'Islam* III（1965）37f.

〔97〕Theophr. *Char.* 16，3.

〔98〕Chr. de Molina in C. R. Markham，ed.，*Narratives of the Rites and Laws of the Yncas*（London 1873）20-24.

〔99〕Mannhardt（1875）540-48；Usener（1913）109f.；F. de. Cesco，K. Kitamura，*Schweizer Feste und Bräuche*（Bern 1977）10-17，38f.

学家或许会告诉他们自认为的这种风俗的“本义”，泰勒会说，这样做是为了用响声赶走妖巫或邪恶的精灵，曼哈特则会说，这是为了吵醒还在沉睡的植物。古人把挥舞鞭子驱赶野狼的人称为 *lykóorgoi*、*luperci*（牧羊神）[100]，说明这本是一种具有实用功能的、非仪式性的行为，然而，这种仪式本身并不需要有狼在场，就像它不需要有对于任何类型的精神实体的信仰一样。早在几个世纪以前，人类就早已不相信世间有邪灵存在了，但他们出于传统的惯习或仅仅为了取乐，依然继续举行这种仪式，但这并不意味着它仅仅是一种内容空洞的形式，它跟以前一样有其交流功能，这种交流功能无

〔100〕 *luperci*（牧羊神）（Serv. *Aen.* 8，343；参见 Ov. *fast.* 2，278）一词的古代词源常被学者作为问题提出，他们认为 *luperci* 原本应该就是“*wolves*”（狼），尽管它们除了披一张山羊皮之外，浑身赤裸无毛。参见 J. Gruber *Glotta* 39（1961）273-76（*lupos sequi*）；E. Gjerstad，*Legends and Facts of Early Rome*（Lund 1962）9-11，甚至否定这个词与 *lupus*（狼）有任何联系。更多的文献，参见 G. Binder，*Die Aussetzung des Königskindes*（Meisenheim 1964）96-115；Alföldi（1974）86-106；A. W. J. Holleman，*Pope Gelasius I and the Lupercalia*（Amsterdam 1974）。Wissowa（1912）209，Latte（1959）86 赞同该词源于 *lupos arcere* 的说法；Latte 's（86）的说法“保护帕拉丁人免受狼的侵害是十分必要的，真正的狼，而非象征性的狼”，似乎是基于如下假设，即罗马的仪式肯定是在当地、在王权领地内形成的。——*lykóorgos* 一词应该具有相同的意思（尽管它使用了一个不同的印欧语词根）；莱克格斯（Lycurgus）追逐酒神女祭司的传说中，莱克格斯的行为像一个猎食动物；斯巴达有 *Lykurgídes* 节，见 Plut. *Lyc.* 31，可与阿哥斯（Argos）的 *arneídes* 节相比较，在此期间进入市场的狗会被杀死（Ael. *nat. an.* 12，34；Ath. 99e；Burkert［1972］124）。在此我们无法讨论斯巴达立法者莱克格斯究竟是神还是历史人物的问题，参见 Laqueur *PW* s. v.。

关信仰。对于参加仪式的年轻人而言，重要的事情是加入伙伴的队伍，让其他人看到、听到他们的力量。[101]在更深的意义上，这种威风八面的展示活动有助于克服个体内在的焦虑和紧张，康拉德·洛伦兹指出，我们在恐惧或狂喜之际感受到的那种纵贯后背的震颤感实为在猿类身上就已存在的神经和肌肉运动的遗迹，每当这个时候，猿类背上和手臂上的毛发就会竖立起来。[102]诸如此类的本能反应和仪式行为虚拟了一个并不存在的对手，以便让旨在显示威风和攻击性的展示活动看起来更煞有其事。语言，尤其是神话，为这种与之同行的想象性行为进行了命名。不过，即使在对超人类力量的人格化方面已经登峰造极的希腊神话中，诸如此类的驱邪仪式所针对的究竟是什么东西，也仍然是暗昧不明的。

52

4. 奉献初果

较之驱逐仪式更重要的是献祭仪式。按照希腊以及整个近东和地中海地区严肃而坦率的信仰，献祭是一种与神做交易的方式。[103]不过，至少存在两种主要的“献祭”形式，不能混为一谈：一种是奉献食物，尤其是第一茬果实，

---

〔101〕 参见儿童读物 *Schellen-Ursli*，作者是 S. Chönz（Zürich 1962）～*A Bell for Ursli*（Oxford 1962）。

〔102〕 Lorenz（1963）259-61.

〔103〕 “牺牲是奉献给众神的。” Plat. *Euthyphr.* 14c；关于巴比伦的史料，见 Meissner（1925）II 81-83。

aparchaí、*primitiae*，所谓“初享”；[104]另一种是献祭动物。希腊人认为向神奉献首茬果实是最简单、最基本的未受腐蚀的虔敬方式，[105]伟大而虔诚的人类学家威廉·施密特神父（Father Wilhelm Schmidt）在其里程碑式的著作《上帝观念的起源》（*Der Ursprung der Gottesidee*）中试图证明初享的奉献是最古老、最基本的宗教行为，它暗示在人性的开端就已有对慈善的、父亲般的上帝的信仰。[106]然而，对相关仪式的观察却与这种一厢情愿的推论不相符合。姑且认为奉献初果的习俗在原始宗教中是普遍存在的，然而，当我们发现奉献的对象和方式却完全无关紧要时，仍难免意外。在希腊，初果可能献给众神中的任何一位，一般情况下，这类奉献物会放置在某种神圣的场所，任其腐烂，或被动物吃掉，或被过路人或流浪汉吃掉，或者会被毁掉，通常会被丢进泉源、池塘、河流或大海中，可以证明这种措施早在晚期旧石

---

〔104〕关于献祭的一般性论述，见 W. R. Smith *ERE* XI（1920）1-39；E. O. James，*Sacrifice and Sacrament*（London 1962）；A. Loisy，*Essai historique sur le sacrifice*（Paris 1920）；F. Heiler，*Erscheinungsformen und Wesen der Religion*（Stuttgart 1961）204-25；古代文化中的献祭，见 Ziehen *PW* XVIII 579-627；Nilsson（1955）132-57；Meuli（1946）；Burkert（1972）；（1977）101-29；“Opfertypen und antike Gesellschaftsstruktur,” 载 G. Stephenson，ed.，*Der Religionswandel unserer Zeit im Spiegel der Religionswissenschaft*（Darmstadt 1976）168-87。

〔105〕Theophrastus in Porph. *Abst.* 2，5；20；27 cf. Plat. *Leg.* 782c；Arist. EN 1160 a 25-7 和 Eumaeus in *Od.* 14，414-53.

〔106〕P. W. Schmidt，*Der Ursprung der Gottesidee* I-XII（Munich 1908-55）；A. Vorbichler，*Das Opfer auf den uns heute noch erreichbaren ältesten Stufen der Menschheitsgeschichte*（Mödling 1956）.

器时代就已经存在了，[107]又或者，以一种更为令人印象深刻的方式，用火焚化。在美索不达米亚或埃及，这些祭品被送给神庙，其实就是送给祭司，这是一个重要的变化，标志着等级社会和高级文化的开端。可见，献祭与对神的信仰之间并不存在直接关联，献给奥林匹亚诸神的葡萄酒就被倾倒在地上。[108]重要的是，“奉献之物”肯定不会超出一个普通人力所能及的范围。

按照我们上述关于仪式的定义，即仪式是重新定向于交流的行动，这种现象该如何解释呢？献祭仪式所涉及的行动就是简单的“给予”，这是人类的基本行为之一，尽管很难说是与生俱来的：每一个小孩在很小时就必须学习这种行为。最初步的“给予”就是分享食物，这种行为不见于猿类动物中，在黑猩猩的“食肉节”上也看不见这种行为，[109]这种行为一定是在最原始的人类社会中就已经进化出来，当时男性通常专门负责外出狩猎，而女性则留在住地照料火种和

53

〔107〕 J. Maringer, *Vorgeschichtliche Religion* (Einsiedeln 1956) 138-42; Müller-Karpe 1 (1966) 224f.; A. Closs, “Das Versenkungsopfer,” *Wiener Beiträge zur Kulturgeschichte und Linguistik* 9 (1952) 66-107. J. Driehaus, “Urgeschichtliche Opferfunde aus dem Mittelund Niederrhein,” in H. Jankuhn, ed., *Vorgeschichtliche Heiligtümer und Opferplätze* (Göttingen 1970) 40-54; H. Zimmermann, “Urgeschichtliche Opferfunde aus Flüssen, Mooren, Quellen und Brunnen Süddeutschlands,” *Neue Ausgrabungen und Forschungen in Niedersachsen* 6 (1970).

〔108〕 参见第二章注释〔40〕。

〔109〕 P. J. Wilson, “The Promising Primate,” *Man* n. s. 10 (1975) 5-20；这种行为似乎属于“灵长类动物中的原人行为”，比如黑猩猩，相关研究见 A. Kortlandt, M. Kooij *Proc. Zool. Soc. London* 10 (1963) 61-88。

孩子。人类的“给予”行为较之偶尔的分享行为更为常见，这涉及时间之维：人类给予别人某种东西，期待在可预见的将来能从对方那里得到某种东西作为回报，或者是为了报答过去某个时候别人的给予。在前现代、前资本主义社会，围绕着给予和报答，发展形成了一个非常重要和复杂的交流系统，将人类几乎所有关系都转变为礼物的交换。[110]因此，给予相当于一种“怨恨者策略”（用社会生物学的术语说），它会导致“进化上的稳定性”[111]，给予无疑是一种最行之有效的组织社会合作、应对未来挑战的方法。

献祭就是一种焦虑语境下的仪式化的给予。在获取食物的行动中，存在着一种典型的成功焦虑，就动物而言，只要一个动物猎取了猎物，马上就会看到其他同伴都会向它涌来，[112]它可能会遭受陌生动物的攻击、追逐，此时，放弃猎物就是避祸消灾的最好办法。社会等级制度的确立可以避免恶斗，等级制却并非一成不变的。然而在人类社会，公开展示放弃或给予行为，会为物品的持有者保证一定的安全空间，防止因贪婪而引起的冲突。这就是“初果奉献仪式”所传达出来的信息：我自己，[113]以及任何人类竞争者，都没有资格得到首茬果实或首胎牛犊，或者当年最美丽的处女。

---

〔110〕 M. Mauss, “Essai sur le don,” *Année sociologique* II 1（1923-24）30-186＝*Sociologie et anthropologie*（Paris 1966^3）143-279.

〔111〕 Dawkins（1977）199-201.

〔112〕 参见第一章注释〔86〕、〔87〕。

〔113〕 在吠陀的献祭仪式中，常见的表达方式是：这是阿耆尼（火神）的，不是我的。

亚历山大大帝率领军队穿越格德罗西亚沙漠（Gedrosian）时，将盛满头盔的水倒进沙漠，就是本能地按此方式行事，他的这一举止恢复了士兵的团结，重燃了他们的希望。大卫在处于类似的境地时，也“当耶和华的面”将水倾倒于地。[114]这样一来，放弃就变成了献祭。这种做法的社会功能是显而易见的，即避免内部的恶斗。由于武器的发明，人类这个物种的杀伤力已经变得非常危险。社会秩序依靠“放弃”来维系，了解这一点，对于为什么偏偏是族长（*pater familias*）、[115]酋长、国王等最热衷于展示初享礼也就不会感到奇怪了。当语言被牵连进来，它将对此种人物予以标识并名之为超越人类的层面之上、毋庸置疑的 *princeps*，即“优先获取者”。于是，焦虑被转移了：不要太忧虑得到，也不要太忧虑失去，而要想着给予，你终将得到回报。

54

当放弃行为转变为有意识的给予，与此同时，人类对于未来的忧虑将同时被唤醒并得以抚慰。总有理由对将至之未来忧心忡忡，下一次狩猎是否会满载而归，地里的庄稼是否会大获丰收，一切都在未定之中。在成功之时展望未来，将给予行为重新定向，将赠予行为公开展示，如此一来，对未来的忧虑将转换为期待，就好像存在着一位严格遵守给予和回报规则的合伙人：他是“动物之长”，或“植物之神”，或“生命之主”。给予和回报的规则一旦确立，违反或怀疑

〔114〕 Arrian *Anab.* 6，26；2 Sam. 23：16f.；这种做法似乎是贝都因人的一种常规实践，见 W. Baumgartner *SAVk* 41（1944）3f.。

〔115〕 根据 Cato *agr.* 143，只有族长才有献祭的资格。

这种互惠交换的循环规则都将是十足冒险的行为。相反，语言将会说出“我给予，你也会给予”（*do ut des*）或“我放弃，我给予，你也会给予”（*quod dedisti, do ut des*）的契约。“像我给予那样给予”，这是古代祈祷者的祈祷词。[116]更加高级的道德一直试图战胜或升华这种虔敬行为中赤裸裸的自私自利，却从未取得很大进展。对“互利互惠”的期待无非是一种旨在获取自身利益的策略。[117]不管怎么说，相信存在着某种普遍、恒久的担保者，不妨将此种观念称为“宗教”，哪怕是在“宗教”一词更深刻的意义上。

5. 动物献祭的进化

另一种献祭仪式形式，即动物献祭，以及紧随其后的大吃大喝，主要是一种仪式性屠宰，卡尔·梅里已经指出这一点。与之相应的最早的实用性行为是为了获取食物而进行的狩猎和屠宰。[118]作为类人猿的后代，人类开始从事狩猎，这在人类进化史上肯定是关键性的一步，它意味着人类要学

---

〔116〕 G. van der Leeuw，“Die do-ut-des-Formel in der Opfertheorie，” *ARW* 20（1921-22）241-53；Burkert（1977）126-29.

〔117〕 Dawkins（1977）197-202.

〔118〕 Meuli（1946）是这方面的基础研究，Meuli 采纳了 U. Harva，*Die religiösen Vorstellungen der altaischen Völker*（Helsinki 1938）418-48；参见 Burkert（1972）；H. Straube，*Die Tierverkleidungen der afrikanischen Naturvölker*（Wiesbaden 1955）200-204；其他一些关于献祭的理论在解释何以必须杀动物献祭的问题上遇到困难，参见 Cazeneuve（1971）298；“奉献生命的初果”（Salustios 16，1）只是一个牵强附会的隐喻，因为献祭不是“给予”生命而是毁灭生命。

会使用武器和火，采取直立行走的姿态以适应奔跑，还意味着男女的分工，男性成为家庭顶梁柱。[119]这些义务都是前所未有的，而武器的使用从一开始就给人类这个种族带来了自我毁灭的危险。正是通过仪式的制约才克服了这些问题，仪式凭借它特有的方式得以延续，与此同时，原始狩猎者的文明也得以幸存。可以说，动物献祭仪式自始至终都伴随着狩猎活动所特有的流血和杀戮，在狩猎之前或之后，通过向作为牺牲的猎物表达敬畏之情，献祭仪式成为某种意义上的净化和赎罪活动。这种仪式的一个典型特征是收集牺牲的骨头，尤其是腿骨，将它们安放在一个神圣的场所，并且将动物的头骨插在树上或木桩上，这一做法在旧石器时代就已存在，[120]后来成为希腊献祭实践的核心内容：在祭坛上焚烧腿骨（*meria kaiein*），将公牛的头骨（*boukrania*）竖立起来作为圣所或祭坛的标志。如果要用语言对这种做法做出解释，则肯定会说这样做是将动物“归还”原来拥有它的某位超自然的主人，从而引出动物是如何从收集起来的骨头中死而复

55

[119] D. Morris, *The Naked Ape*（New York 1967）; R. Ardrey, *The Hunting Hypothesis*（New York 1976）.

[120] E. Bächler 的发现，见 *Das alpine Paläolithicum der Schweiz*（Basel 1940），Meuli（1946）237f. 引为根据，遭到强烈质疑，见 F. E. Koby *L'Anthropologie* 55（1951）304-8; H. G. Bandi in *Helvetia antique*, *Festschrift E. Vogt*（Zürich 1966）1-8。中石器时代和新石器时代的考古发现提供了更多的信息，参见 Müller-Karpe I（1966）226; J. Maringer, “Die Opfer der paläolithischen Menschen,” in *Anthropica: Gedenkschrift P. W. Schmidt*（St. Augustin 1968）249-71，Eliade（1976）23-27。

生的神话。[121]有时候还会把兽皮重新填充起来，看起来就好像动物确实复活了一样，这种做法也可以追溯到旧石器时代。[122]凭借这些途径，在唤醒因杀生而带来的焦虑的同时，也安抚了这种焦虑，这种办法，这种仪式化的限制，已证明较之对自然的理性主义开发更具可持续性。

大约在一万年以前，随着农业的出现，狩猎失去了其提供食物的基本功能，但是，狩猎仪式已经变得非常重要，因此无法放弃。那些充分利用仪式传统的社会功能和心理功能，成功地将狩猎仪式加以转换、重新定向，从而使整个活动都变成一场仪式的群体，免于分崩离析而得以延续。实用意义衰退的同时是象征价值的上升。在距今 6000 年以前的土耳其加泰土丘（Çatal Hüyük）的新石器时代古城址中，[123]狩猎野生动物是以仪式的形式在宗教语境中进行的。出土绘画资料显示，人们披着豹皮簇拥在公牛周围，这显然是一群模仿肉食动物的祭司或参加成人礼的成员。遗址出土一尊雕像，两只猎豹守护在王座上的大母神两旁，[124]猎获的野牛的

---

〔121〕 Meuli（1946）249f.；259f. 从骨头里再生的故事，见于珀罗普斯神话、《埃达》（G. Neckel，F. Niedner，*Die jüngere Edda*，Jena 1925［＝1966］91f.），或童话中，见 Grimm no. 47，参见第一章注释〔148〕。

〔122〕 发现于蒙特斯潘（Montespan）洞穴中的泥塑熊，上面蒙着带有头盖骨的熊皮，参见 Meuli（1946）241；Leroi-Gourhan（1965）313，figs. 646-47；Müller-Karpe I（1966）205，pl. 107，1。希腊的例子来自雅典宰牲节，见 Porph. *Abst.* 2,29f.；Meuli（1946）276；Burkert（1972）159；狩猎者和游牧者中的类似事例，见 Meuli（1946）229，241f.。

〔123〕 Mellaart（1967）140-55；200-208. 见第五章注释〔152〕。

〔124〕 Mellaart（1967）234，pls. 67-68；IX；见第五章注释〔153〕。

角被竖立于圣所，那里的墙壁上有一个巨大的泥塑裸体女神像，她正张开双腿，分娩动物。这一神圣场所借将狩猎残余物转化为他用而得以标识：将它们物归原主，将牛角竖立起来，作为其获得新生的见证，而新生只能通过再度出生得以完成。因此，死亡并非最终的威胁，死者的骸骨被埋葬在这一圣所，就埋在靠近女神的地方，在牛角下面。循序渐进的狩猎仪式，为了维系生命而故意制造死亡，伴随着由象征性复活而激发并安抚的对于杀戮的所有焦虑，有助于克服对于死亡的真正焦虑。

在新石器时期的农耕地区，野生的兽群已经绝迹，因此，仪式中只能用驯养的动物代替猎物，[125]这一改变导致动物献祭仪式的全面进化。伴随着杀戮活动的净化和赎罪仪式可以不加改变地得以延续，它们可能作为“神圣化”仪式和“去神圣化”仪式在去往和离开圣地中心的路上举行。有时候，会宣称牺牲之物是“野生”的动物，借以人为地重现狩猎的情境，例如，用一头从来没有犁过地的阉牛作为牺牲，或者将一头公牛先放生再捉回来。[126]人们仍按照自己的意愿处置和操弄驯养的动物，这样一来，整个活动就变成一种庄严的、郑重其事的仪典，人们希望作为牺牲的动物能自己

56

---

〔125〕 动物的驯养，尤其是牛的驯养，最初旨在提供献祭用动物，提出这一学说的论文（E. Hahn，*Die Entstebung der Pflugkultur*［Heidelberg 1909］；E. Isaac，“On the Domestication of Cattle，” *Science* 137［1962］195-204）未免有点夸大其词，但这一学说解释了在早期农业社会中动物献祭的极端重要性。

〔126〕 证据见 Burkert（1972）23f.。

走到祭坛上，就好像它是出于自愿的一样。[127]既然家养动物是人类财产的一部分，那么，现在献祭就意味着放弃私有财产的一部分作为公共消费之用，到了这一步，动物献祭即变成“赠予”，与其他类型的赠予相结合，例如食物的赠予、祼祭等。所有这一切通常都伴随着那个令人敬畏的中心活动，屠宰牺牲。

仪式化更进一步，就是用其他种类的食物代替动物：面包代替肉，酒代替血。[128]这种做法最晚可以追溯到青铜时代。象征价值进一步上升，在老式的赎罪仪式中表达的负罪感现在被越发极端地表述为杀死并吃掉一位神的神话，基督教仪式体现了其最晚近、最登峰造极的形态。

我不想过多讨论细节，简单地做一个总结足矣：在动物献祭仪式中我们发现了一个始于旧石器时代的、基本的人类行动模式，为获取食物而狩猎，逐渐地从最初的实用性活动进化为象征性活动，却在一些引人注目的环节保持了最初的特征，同时也保持了其原有的信息和功能。它通过某种对负罪感的共同承担，通过对杀戮和流血的创伤性重复，确立了群体内部的合作和团结，它以可见的展现方式公开宣示并

---

〔127〕 证据见 Burkert *GRBS* 7（1966）107，143；参见 Aesch. *Ag.* 1297。

〔128〕 “掰碎面包”是一种最常见的赫梯仪式，参见 *ANET* 347-51，360f.；1. Cor. 11：24 中“获取—祈祷—毁坏”的系列行为对应于动物献祭，用宰杀牺牲代替了弄碎面包。参见 Burkert（1972）55f.；关于狄俄尼索斯的“受难”和葡萄酒，见 Timotheus *PMG* 780，Diod. 3，62，7 etc.；Burkert（1972）249；R. Eisler，*Orphisch-dionysische Mysteriengedanken*（Leipzig 1925）。

告诉人们：生命是可贵的，但并非自主的，为了其自身的延续，它必须接受死亡。

6. 神话与仪式

作为结论，让我们回到“神话与仪式”的问题。这一番讨论好像足以说明，这两者关系十分密切，但并非谁也离不开谁。有些神话，不仅包括传统故事，还包括一些具有社会功能和现实关联的实用神话，[129]它们的讲述和复述都与仪式无关。有些所谓“许可证神话”尤其如此，在希腊，没有任何必要举行海伦或伊翁的祭仪，只要说出一个关于海伦族（Hellenes，希腊人）或伊翁族（Iones，爱奥尼亚人）的祖先的神话就足矣。另一方面，在希腊或别的地方，也存在着很多没有相应神话的仪式。[130]尽管如此，既然神话和仪式两者都是交流的手段，都旨在促进相互理解、增进彼此团结，两者之间的关系就还不仅限于某些功能上的相似性。神话意味着讲述一个指称被悬置的、由人类某些基本的行动模式构成的故事，仪式则是被重新定向于展示的行动程式，可见，两者都依赖于行动程序，都超然于实用主义现实之外，

57

〔129〕见第一章注释〔117〕。

〔130〕希腊的辟邪仪式似乎几乎没有相关神话（见第二章第2节），关于古代埃及的情况，见 E. Otto，“Das Verhältnis von Rite und Mythus im Aegyptischen”，*SB* Heidelberg（1958）1，尤其见 9 on “mythenfreie Ritualtexte”。

都旨在交流。故事结构似是由一系列祈使句构成，[131]而祈使也被称为仪式的稳定构型（stabilizing form）。[132]仪式较之神话更古老，动物就已经有了仪式，但是，这并不意味着神话一定是源于仪式：故事是人类行动直接的、基本的言语化形式。“少女悲剧”型故事固然可以被视为成人礼仪式的反映，但是，这个故事也可以被视为是对月经、破处、怀孕、分娩等一系列生理危机环节的强化演示。[133]屠龙神话并没有与之相应的仪式模式，这方面的证据微乎其微，龙只是为争霸故事中的角色提供了一个理想的具体化形式而已。[134]“神奇逃生”型的母题[135]也无法在仪式中得到印证，但它却是民间故事中最为常见的母题，也可能直接植根于生物学进程。故事是植根于言语化的行动，不管是通过仪式还是别的途径。

尽管如此，神话和仪式仍能形成一种互利互惠的同盟关系，一种真正的共生关系，就像地衣植物是由藻类植物和真菌植物两者共生形成的一样：藻类和真菌是各自单独繁殖的，但是，它们却几乎形成一种新的植物品种，为整座森林带来令人难忘的特点，如今，由于空气污染，它们正面临着灭绝的危险。用直接而非比喻的话说：在人类社会中，仪式

---

〔131〕 参见第一章注释〔88〕。

〔132〕 A. Gehlen，*Urmensch und Spätkultur*（Frankfurt 1956，1975^3）158-62.

〔133〕 见第一章注释〔89〕。

〔134〕 见第一章注释〔103〕。

〔135〕 见第一章注释〔87〕。

的缺陷在于其对行动的重新定向，在于其中的虚拟因素，乍看起来并没有什么意义，令人莫名其妙，而故事则可以为之提供一个令人信服的语境，填补其中的意义空白。传统故事的缺陷在于它缺乏严肃性和稳定性，而仪式恰可以为它提供一个坚实的基础：仪式的功能就在于控制焦虑，这保证了仪式拥有与生俱来的严肃性，仪式活动必须循规蹈矩，违背者将得到明确的惩罚，这保证了仪式的稳定性。

58 在此，以年轻女孩投海或被神诱拐的故事为例，也许既动人又不显得啰唆。将牺牲之物沉入水中这种古老的献祭仪式乍看起来既严苛又令人费解，正是神话与仪式的结合，神话复述仪式，将重复进行的强制行为变成了自愿的令人敬仰的献神，琉喀忒亚（Leucothea）〔136〕在极度悲痛之际赴身大海变成水神，珀耳塞福涅经由科瑞涅泉（Cyane spring）变成了阴间世界的女王，〔137〕或者阿密摩涅（Amymone）因被一位水神追求而变成泉水。〔138〕

---

〔136〕 伊诺－琉喀忒亚（Ino-Leucothea）神话，见 Apollod. 3，28；Eur. *Med.* 1284-89；Schol. Pind. III p. 192，8；194，22 Drachmann；在拉科尼亚（Laconia）的埃皮达鲁斯·里莫拉（Epidaurus Limera），将大麦饼浸泡到“伊诺的池塘”中的习俗，见 Paus. 3，23，8；对比罗马的克提乌斯湖（Lacus Curtius）神话，见 Varro *l. l.* 5，148，Livy 7，6，以及年度的 *stipes*，Suet. *Aug.* 57，1；参见 Poucet（1967）241-56。

〔137〕 流传于锡拉库扎（Syracuse）附近科瑞涅泉的珀耳塞福涅神话，见 Diod 5，4，；Cic. *Verr.* 4，107；Ov. *Met.* 5，414-24；公牛沉水祭，见 Diod. 5，4，2。参见第六章注释〔100〕。

〔138〕 波塞冬－阿密摩涅（Poseidon-Amymone）神话见 Aesch. fr. 128-33 Mette；Metzger（1951）301-6；K. Schauenburg *AEA* 10（1961）77-79；勒尔纳（Lerna）的阿密摩涅泉，见 Strab. 8 p. 371；Paus. 2，37，1；5，17，11；勒尔纳的沉水祭，见 Plut. *Is.* 364f. ＝Sokrates *FGrHist* 310 F 2。

正是通过这种方式，神话与仪式的复合体，尽管并非牢不可破，但成为一种形构古代文化的重要力量，并且深植于人类传统中那些最深层的价值，这些价值，直到今天，犹是我们的人生经验赖以长流不息的不竭源泉。

第三章　替罪羊的转变

59　1. 厄里特赖、赫梯和死士

公元前161年，罗马和帕提亚之间再次爆发战争，卢修斯·韦鲁斯（Lucius Verus）皇帝（他是另一位更著名的罗马皇帝马库斯·奥里利乌斯［Marcus Aurelius］的过继兄弟）率领军队远征东方，与敌作战，当时许多自称为智者的知识分子被突如其来的爱国主义狂热所席卷，纷纷以纸上谈兵的方式向皇帝献计献策。[1]其中有一位并不出名的波利埃努斯（Polyaenus）献给皇帝一部共八卷的用兵之道合集。[2]对于一场唯一的重要后果就是将灾难性的鼠疫从东方带回罗马帝国的战争而言，这部纸上谈兵之作或许既谈不上有什么好处，也没有什么坏处。相对众多早已荡然无存的更重要的文献，这部书侥幸存世，书中的某些章节包含了一些从未见于其他文献记载的古代历史的详情。

---

〔1〕　对此事件满含讥讽的记述，见 Lucian，*Hist. conscr.* 2；14-26。

〔2〕　F. Lammert *PW* XXI 1432-36；F. Schindler，“Die Ueberlieferung der Strategemate des Polyainos，” *SB* Vienna 284（1973）.

书中的一个段落记载了位于小亚细亚的爱奥尼亚人城市厄里特赖（Erythrae）的建城故事，这一事件可以确定大约在公元前1000年。这一文本提到，可以认为“克里特人”在爱奥尼亚人占有这个地方以前曾居住于此，这很容易让人将他们与小亚细亚地区青铜时代的米诺斯–迈锡尼文化影响的印记联系起来，[3]尽管书中提到的名字可能只是代表“卡里亚人”（Carian）。波利埃努斯写道：“当爱奥尼亚人来亚洲殖民，来自科德洛斯（Codrus）家族的克诺普斯（Cnopus）跟原本占有厄里特赖的那些人爆发了战争。”——“厄里特赖人”即克里特人。“神给他一个预言，说他将会从塞萨利（Thessaly）得到恩诺狄亚女神（Enodia）的女祭司当他的将军，因此，他派出一位使节前往塞萨利，告诉他们这一预言，他们把女神的女祭司克律萨墨（Chrysame）派来见他。她是一位药剂师，她从牛群中捉来最高大、最漂亮的公牛，把牛角裹上金箔，给牛身披上饰带和缝着黄金的紫色衣裳，给牛的饲料里掺进一种会让人发疯的药，让牛吃下。牛吃了药之后就发了疯，每一个吃了它的肉的人也会发疯。当时，敌人已经在对面安营扎寨，女祭司建立了一个祭坛，举行献祭，这一切都被敌人看得清清楚楚。女祭司下令把牛牵来，但是，那头牛因吃了药而发疯，它疯狂地挣扎，挣脱束缚，一边吼叫一边 60

---

〔3〕 F. Cassola, *La Ionia nel mondo Micenco*（Naples 1957）; M. Sakellariou, *La migration grecque en lonie*（Athens 1958）; G. L. Huxley, *The Early Ionians*（London 1966）; Snodgrass（1971）301f., 373-77; J. M. Cook in *CAH* II 2（1975）773-804.

朝敌人的那边跑去。敌人看到一头裹着金角、身披饰带的公牛逃脱被献祭的命运向自己的营地跑来，满心以为这是一个好兆头，预示了将有好运降临。他们捉住公牛，杀了来献神，然后迫不及待地分吃了牛肉，人人有份，就像参加祭神圣餐的人那样。于是，整支军队立刻陷入一种癫狂错乱的状态，他们手舞足蹈、到处乱跑，最后都离开阵地，开始跳舞。克律萨墨看到这一幕，让克诺普斯命令军队立刻披挂上阵，率领他们冲向毫无抵抗能力的敌营。就这样，克诺普斯把敌人全部杀掉，变成了厄里特赖这座巨大而繁荣的城市的统治者。”〔4〕

不管是历史学家，还是语言学家，大概都不会为这个明显是瞎编的故事花费心思，在保利－维索瓦（Pauly-Wissowa）百科全书的厄里特赖条目中甚至根本就没有提到这个故事，不管是克律萨墨还是克诺普斯，在这部百科全书中都没有条目。〔5〕来自塞萨利的女巫和她的致幻药的情节看

〔4〕 Polyaen. 8，43. 关于塞萨利的恩诺狄亚，参见 *IG* IX 2，358，421，575，576，578，1286；L. Robert *Hellenika* 11-12（1960）588-95；K. Kilian，*Fibeln in Thessalien*（Munich 1974）（sanctuary of Pherai）；S. G. Miller，*California Studies in Classical Antiquity* 7（1975）251。——*Chrysame* 这个名字发音非常怪异，是否是对 *Chrysálle* 一词的误拼？比较 *chrysallís*。

〔5〕 同样对此保持沉默的还有 B. Schmid，“Studien zu griechischen Ktisissagen”（Diss. Freiburg 1947）；L. Gierth，“Griechische Gründungsgeschichten als Zeugnisse historischen Denkens vor dem Einsetzen der Geschichtsschreibung”（Diss. Freiburg 1971）。厄里特赖的希庇亚斯（Hippias）曾提到过厄里特赖的克诺普斯，见 *FGrHist* 421 F 1，Strabo 14 p. 633，Steph. Byz. s. v. Erythrai。另一位克诺普斯，是阿波罗跟一位与贝奥提亚（Boeotia）一条河水的名称和一座城市的名称同名的女子所生，见 Schol. Nicandr. *Ther.* 889，*PW* XI 921。

来是直接借自阿普列乌斯（Apuleius）的一个传奇插曲，后者是一位与波利埃努斯同时代的、风趣的作家。甚至连宗教学专家对于恩诺狄亚女神的女祭司所操演的这套仪式都不屑一顾。关于这个仪式的类型，书中已经说得很明白：挑选一个牺牲者；给它打扮一番；把它赶到敌人那边，让敌方杀掉它；这将确保己方的成功。我们有充分的理由更认真地对待这个仪式，事实上，赫梯文本中亦有同样的仪式，形式几乎如出一辙，[6] 这些文本比爱奥尼亚人厄里特赖城的建立日期要早好几个世纪，此外，梵文文本中也有关于此类仪式的记载。[7] 赫梯文本中写到，在发生瘟疫的情形下，基于"这是由敌方的神引起的"的假设，"……他们赶来一只公羊，他们用蓝色羊毛、红色羊毛、黄色羊毛、白色羊毛织成一个王冠，把王冠给公羊戴上，他们把公羊赶到路上，领着它走向敌方，在这样做的时候，他们说出下面一番话"——接着是一长段祈祷词，旨在安抚"敌方土地上造成这场瘟疫的不管哪位神"，最后，"他们驱赶那只戴着王冠的公羊走向敌方"。[8] *61*

---

〔6〕 J. Friedrich，"Aus dem hethitischen Schrifttum，" *Der alte Orient* 25，2（Leipzig 1925）10-13；V. Gebhard *ARW* 29（1931）243；M. Vieyra，"Rites de purification hittites，" *RHR* 119（1939）121-53，尤其是 122f.，145f.；*ANET* 347；H. M. Kümmel *ZAW* 80（1968）310f.。对所有相关文本最新最全面的研究，可参看 Gurney，*Some Aspects of Hittite Religion*（Oxford 1977）47-52，与弗雷泽的解释相比，并没有什么新的进展（参见第三章注释〔36〕）。

〔7〕 Kausika Sutra 14，22f.；W. Caland，"Altindisches Zauberritual，" *Verh. Ak. v. Wet. Amsterdam* II 3，2（1901）29；H. Oldenberg，*Die Religion des Veda*（Stuttgart-Berlin 1923$^{3-4}$）496f.；*GB* IX 192f.

〔8〕 *ANET* 347～Friedrich（见注释〔6〕）10。

赫梯文本尤其让人注意克律萨墨用来精心装饰公牛的饰物：其中有饰带，通常是白色羊毛，也有紫色的衣服和黄金。赫梯文本则提到四种颜色的羊毛。另一个赫梯文本，是另外一位贤者对一场类似的针对瘟疫举行的仪式所做的规定，他们为每一位指挥官挑选了一只公羊，用同样的方法把羊打扮一番，另外为国王挑选了一位女人，用金环和宝石作为她的装饰，驱赶女人和羊走上通往敌方的道路，“跟这座军营里的人、牛、羊、马、骡、驴在一起的不管是哪位恶魔，看啊！这公羊和女人已经把它从军营中带走，接受这羊和女人的那国将会把这场邪恶的瘟疫接过去”。祈祷者虔诚地说道。〔9〕

不过，赫梯仪式和塞萨利女巫在厄里特赖所行之事之间还是有差别的：前者是一只或多只公羊，还有一个女子，后者则只有一头公牛；前者是瘟疫，后者是战争。但是，瘟疫显然也跟战争中的敌人一样被视为敌对的力量，因为它可以明确地追溯到敌方土地上某位神的怒火，而敌人将会接过厄运并因此灭亡，就像克诺普斯的敌人一样。印度的类似仪式中即出现了战争的情境：祭司建议把一只羊赶到敌方营地，敌方会因此大受惊吓，并将产生“焦虑”和“迷惑”。〔10〕总之，我们从三种尽管不同但却存在历史关联的文明中看到

---

〔9〕 Friedrich（见注释〔6〕）12。

〔10〕 Caland 认为这一做法太过奇怪，故试图将“羊”解释为“箭”的隐喻。见注释〔7〕。——Aeneas Tacticus 27，14 建议把挂着铃铛的牛和其他动物用葡萄酒灌醉，趁黑夜驱赶到敌方阵营里以制造恐慌，这个建议似乎是把仪式和战术糅合到了一起。另见 Polyb，3. 93～Livy 2，16。

一种可资比较的威胁和焦虑的情境，我们看到相同的行动模式，即挑选、装饰和驱逐，而这一行动模式传达的信息也是相同的：转嫁厄运，通过加害于敌方而拯救己方。

在波利埃努斯的故事中保存了关于青铜时代仪式的记忆，认识到这一点或许会引起历史学家的兴趣。波利埃努斯无疑使用了一些很好的而且相当古老的史料，其中有些来自厄里特赖本地的历史学家。[11]当然，我们无法肯定在爱奥尼亚人征服厄里特赖时确实举行过这样一种仪式，但这并不重要，重要的是这一记载证明确实存在着诸如此类的仪式，人们相信它是有效的，并且在口头流传的故事中保存了这样的记忆。一旦认识到这一点，我们就会立刻发现这一仪式在另一个更为著名的故事中也有反映，即特洛伊木马故事，它发生在青铜时代晚期的背景下，其中，也有一个神圣的动物将厄运转嫁到接受它的敌人的头上——木马。特洛伊人误以为木马是一件献给雅典娜的美丽的 *agalma*（还愿物），[12]因此，他们开始喝酒、庆祝，一直狂欢到深夜，这 62

〔11〕 可能是厄里特赖的希庇亚斯曾谈到过克诺普斯，阿忒那奥斯（Athenaeus）曾读过他的书，见 *FGrHist* 421 F 1；参见 Jacoby，*Kommentar* n. 11。关于波利埃努斯文献的基础研究，见 J. Melber *NJb* Supp. 14（1885）417-685，未涉及 8，43。

〔12〕 Stesichorus *SLG* 88 col. 2，10；关于特洛伊木马，参见 Burkert（1972），178-80；J. N. Bremmer *Museum Africum* 1（1972）4-7。希腊有一个传统的说法，认为特洛伊的陷落是发生于收获节（Thargelia，见第三章第 3 节）：Damastes *FGrHist* 5 F 7；Hellanicus *FGrHist* 4 F 152 a；*PR* II 1289。——最早的带轮子的木马图像，见 Schefold（1964）pl. 6a，年代约为公元前 700 年。

是特洛伊毁灭前的最后一夜。在史诗传统中，原本的“矛枪马”（*dourios hippos*）已经变成了里面藏有真正战士的“木马”。这明显是理性化的结果，如此一来让特洛伊人显得比克诺普斯的敌人还愚蠢。克律萨墨下的迷魂药是另一种理性化手段，旨在让这种仪式的作用在教育水平有限的雅典公众看起来能够讲得通。赫梯的仪式则依赖于祈祷发挥作用。

希腊还有第三个类似的故事，同样指向旧石器时代末期的历史背景，这个故事与克诺普斯的父亲、雅典国王科德洛斯有关。这个故事在公元前5世纪就见于记载，在公元前4世纪大为流行，[13]它揭示了这一奇怪的仪式之下所蕴含的深层的人性之维。当多利安人入侵阿提卡，大概是在公元前12世纪末叶，科德洛斯王自愿打扮成奴隶的样子，走出城门，混进多利安人的军队向敌人的军营走去，最后，在一场混乱的肉搏战中被杀死。此前有一个神谕说，如果多利安人杀死了科德洛斯王，他们就无法攻占雅典，因此，当多利

---

〔13〕 J. Toepffer，*Attische Genealogie*（Berlin 1889）228-40；Scherling *PW* XI 984-94. Paus. 10，10，1 提到马拉松比赛结束后要竖立一尊雕像；一幅大约公元前470—公元前460年的瓶画，将科德洛斯描绘成战士，见 Bologna PU 273＝ARV^2 1268，1；对这个说法的印证见 Pherecydes *FGrHist* 3 F 154；Hellanicus 323a F 23；Lycurg. *Leocr.* 84f.；因此，如 Toepffer 230 所指出的，亚里士多德不可能不知道这个说法，他只是忽视了它，参见 *Polit.* 1310 b 37，参见 *PW* XI 985，正如斯特拉波也忽视了这个说法一样，见 Strab. 9 p. 393a（Toepffer 230；PW 988-89）。《雅典政制》（*Athenaion Politeia*）中雅典君主制终结于科德洛斯的儿子（3，3），而帕罗斯碑（Marmor Parium）所记则一直延续到执政官表的开始（*FGrHist* 239 A 32）。关于墨顿提代（Medontidai），见 Toepffer 232f.；*PW* XI 987f.。

安人得知他们杀死了科德洛斯王，就只好撤出战斗。如此一来，阿提卡得以继续成为希腊大陆的非多利安人统治的中心，而没有像贝奥提亚（Boeotia）和迈加拉（Megara）那样被多利安化。就我们的观点而言，这个神话是否一定出现于雅典的费勒西德斯（Pherecydes）这位最早的见证者之前并不重要，甚至它是否包含了真正的雅典传统也不重要，无论如何，按照我们的定义，这是一个“神话”，一个由一系列行动构成的故事，被应用于具有普遍意义的事实：故事中有一个墨顿提代（Medontidai）家族，自称是雅典国王的后代；故事中还提到如下事实，雅典跟斯巴达不同，并不是君主制，跟相邻的诸国相反，雅典并没有受到多利安人的渗透；甚至还提到雅典曾经有一处科德洛斯的圣所。[14]这个故事旨在说明君主制的终结，以及由于最后一位雅典国王为了城邦利益自愿成为牺牲品而导致的多利安人的退却：君主转变成为牺牲，据此可以将这个故事称为希腊城邦的奠基神话。不过，值得注意的是，这个故事本身也始终贯穿着我们在其他传说以及赫梯仪式中看到的那种奇怪的反转机制。

让我们总结一下，科德洛斯高尚的献身、塞萨利女巫的毒计以及上述几个仪式之间的共同点在于：它们都具有共同的纾解焦虑的情境，共同的行动序列，都具有清除焦虑的效应，或者，从交流的角度说，都传达了清除焦虑的信息。*63* 涉及的行动有：挑选牺牲者；对它加冕；驱逐牺牲者，让它

〔14〕 *IG* I²94＝*SIG* 93＝*LSCG* 14，418-17 B. C.；参见 *IG* II-III² 4258。

被某种敌对力量所接受并毁灭敌对力量。"加冕"环节是自相背反的：给动物或"女子"妆饰打扮，或为国王穿上奴隶的服装，都是为了标志牺牲者身份的转变，从一种原本泯然于众生的"正常"状态转变成一种卓尔不群的、被孤立开来的牺牲者的地位。至于这种仪式的清除效果为什么会如此行之有效，则依然令人费解，希腊故事提供了几种不同的理性化解释，即毒药和特洛伊木马，而科德洛斯的故事只是简单地提到一个令人费解的神谕。

把目光投向罗马，我们发现罗马的"死士"（*devotio*）仪式不妨被视为克诺普斯动物献祭仪式与科德洛斯英雄献祭仪式两者的结合。[15]公元前340年，德西乌斯·穆斯（Decius Mus）的自我牺牲壮举本身似乎已经变成了某种意义上的英雄神话，模糊了这一事件的正常进行步骤，李维（Livy）在其著作中对此步骤即有记载：执政官可以挑选一位具有公民身份或经合法程序选拔的士兵；这位士兵必须照章陈述死士自白词，陈述的时候不带武器，脚踩在一支长矛上，脑袋用布蒙起来，用手触及下巴。这一姿态显然正好与士兵正常该

---

〔15〕 Wissowa（1913）384f. 以及 *PW* V 277-80；L. Deubner *ARW* 8 Beiheft（1905）66-81；Latte（1960）125f.，204；H. S. Versnel，"Two Types of Roman *Devotio*，" *Mnemosyne* 29（1976）365-410，关注不同的仪式；Macrob. *Sat*. 3，9，9-13；另一种不同的仪式程式，见 Livy 5，41，3（Wissowa［1913］402，8）。对此主要的解释见 Livy 8，9f.；比较 10，28f.（295 B. C.）；Ennius fr. 208-10 Vahlen²，Plin. *n. h*. 28，12；尚不清楚的是，杜里斯（Duris）是否提到过公元前295年的死士仪式，参见 Jacoby on *FGrHist* 76 F 56。

有的姿态相反，后者应是全副武装，目光坚定无畏，下巴挑衅性地向前伸出，手中挥舞武器。被挑选出来“献神”的士兵要像人们期待的那样冲向敌阵，高举双手，慷慨赴死。如果他有幸逃过一死，必须埋葬一个具有超人属性的偶像，作为他的替身，同时要杀一头动物对他进行净化。

李维在记述德西乌斯·穆斯的事迹时把他比作“为了安抚上帝的愤怒、替众人赎罪而奉献的牺牲，它把瘟疫从己方转嫁到敌方”——可见，李维所了解的仪式肯定跟赫梯仪式非常相似。他说，当德西乌斯·穆斯走向敌阵，恐惧在敌人中扩散开来，“就像被一个携带着瘟疫的坠星击中一样”，〔16〕当他战死倒下，敌方军团惊恐万状，四处逃窜。这一场面与克律萨墨女巫的公牛导致的效果有惊人的相似。在这些故事中，神界的代理人一直隐于幕后没有出场。祈祷词向所有的神发出吁请，但是，不管是牺牲者，还是敌人，都被直接交给在祈祷词中并未正式致意的“阴间”和“土地”，二者的名字只是单纯表示牺牲者的归宿，即加入地下阴间的亡灵之列。这种仪式的运作程式，可以视为典型的罗马“宗教”（religio），不过，如果将这种行动程式称为“简单巫术”，并认为它是直接源于原始罗马人在原始罗马社会就有的原始信仰，将会掩盖蕴含于这种行动程式背后的更为一般化的行动模式。顺便指出，我们是在希腊神话和传说中发现这种行动模式的，却在赫梯和罗马史料中遇见相关的仪式实践，这本身就很耐人寻味。 64

〔16〕 Livy 8，9，12（*Il.* 22，25-32，有来自荷马的微弱的回声）。

2. 替罪羊和法耳玛科斯

赫梯、希腊、罗马的仪式和神话共同具有的这个行动模式当然是我们早已熟悉的，它就是“替罪羊”仪式，[17]这个术语在今天已经变得如此众所周知，以至于人们也许忘记了它最初确实就是源于一种仪式，即《旧约》中记载的赎罪日（Yom Kippur）仪式，在这天，每个社区要将两只羊交给祭司，作为涤罪的献祭。[18]祭司用抽签的方式挑选集中在神殿的羊，被选中的那只羊充作献给耶和华的牺牲，剩下的那只则归于旷野恶鬼亚撒色（Azazel）。献给耶和华的那只羊按照正常的方式献祭，尽管少不了一番精心准备的血液“净化”环节，交给亚撒色的那只羊则被牵到神殿面前，高级祭司双手放在羊的脑袋上为以色列的罪孽忏悔，好将罪孽都转嫁到这只羊的头上，然后，羊被交给一个男人，他牵着羊走进沙漠，把它丢在那里。按照密西拿的传统，要在羊角上绑上一根深红色的线，在把羊丢下一处深涧前要把绳子扯下来。[19]在返回前，这个男人必须沐浴，还要洗干净衣服。

---

〔17〕 对此问题最一般而且最众所周知的论述见 Frazer *GB* IX，更多的论述，见 *GB* XIII 433-39；参见 J. B. Vickery，*The Scapegoat: Ritual and Literature*（Boston 1972）。

〔18〕 Lev. 16，参考 23,26-32；Gaster（1953）135-86，尤其是 137-50；J. Schur，*Versöhnungstag und Sündenbock*（Helsinki 1934）；E. Kutsch *RGG*³ VI 506f.；H. M. Kümmel，“Ersatzkönig und Sündenbock，” *ZAW* 80（1968）289-318；D. Davies *ZAW* 89（1977）394f.。

〔19〕 Gaster（1953）146f.《圣经》希腊语译本将 Azazel 翻译为 *apopompaîos*，拉丁文译本则翻译为（*caper*）*emissarius*。

没有人知道亚撒色是谁，[20]然而，这显然并不重要。用李维的话说，那只羊把瘟疫从自己人的头上转嫁到了他者的头上。亚撒色即代表与耶和华和他的人民相对立的"他者"一方，与沙漠相对立的则是人类肥沃的土地，希腊人称之为 *érga anthropon*。在《利未记》里被转嫁的邪恶之物是"罪孽"，而非像前面举的例子中指战争或瘟疫等更为具体实在的危险。"从耻感文化到罪感文化"，[21]这是宗教的内在化进程中的一个重要步骤，但是，它依然要采用一种外在的、仪式化的行动模式，后者更为普遍，也更为古老。

大家都知道，替罪羊在希腊的难兄难弟被称为法耳玛科斯（*pharmakós*），[22]尽管不像《旧约》中的替罪羊那样众所周知，*pharmakós* 及其相关问题引起学者的关注也有很长一段时间了，尤其是好像恰恰在希腊发展到顶峰的时候却出现了人祭的噩梦，而且是在太阳神阿波罗的收获节（Thargelia）上，这是一个在爱奥尼亚人和雅典人中非常普遍并成为其文化特色的节日。[23]关于这种风俗，最怪诞的情

65

---

〔20〕《以诺书》称他是一位被囚禁于沙漠中的堕落天使，见 The Book of Enoch（ed. M. Black，Leiden 1970）8，1；9，6；10，4-6。

〔21〕关于这些术语，见 Dodds（1951）28。

〔22〕Mannhardt（1884）124-38；Farnell（1896—1909）IV 270-84；Harrison（1922）95-111；G. Murray，*The Rise of the Greek Epic*（Oxford［1907］1934^{4}）317-21；Nilsson（1906）105-13；（1955）107-10；Deubner（1932）179-88；V. Gebhard，*Die Pharmakoi in Ionien und die Sybakchoi in Athen*（Diss. Munich 1926）；*PW* V A 1290-1304.

〔23〕关于"Thargelion"，见 Samuel（1972）Index s. v.；J. Sarkady，"Die ionischen Feste und die ionische Urgeschichte，" *Acta Classica Universitatis Scientiarum Debrecinensis* 1（1965）11-20；Sittig（1911）57。

节出现于公元前 6 世纪的科勒封城（Colophon），见于诗人希波那克斯（Hipponax）那些抨击科勒封的诗作中，此外的证据则来自阿布德拉（Abdera）以及古典时期的雅典。在科勒封，一个特别令人讨厌的人被选作替罪羊，他先被款待一顿饱餐，然后人们用无花果树的嫩条和海葱抽打他，把他赶到城外。策策斯（Tzetzes）说他最后会被烧死，但此说可能属于误解。〔24〕在阿布德拉，人们花钱买一个可怜人用来当净化替罪羊，先管他好吃好喝，到了规定的日子，把他带到城外，先是绕着城墙转一圈，然后投掷石头追赶他，一直把他赶到边境之外。〔25〕在雅典，人们挑选两个长相丑陋的人，给他们戴上用无花果枝条做的花冠，然后用大概类似的方式把他当替罪羊赶出去。〔26〕马赛城也有类似的仪式，但不是一年一度，而只是特定的时候举行，例如为了防御瘟疫，用公共财政供养一个可怜的男人一年，最后给他戴上用小树枝编织的冠，穿上“神圣的外套”，领着他环绕城市，再把他赶走。〔27〕我们还读到，在其他一些地方，人们逼迫一个年轻人跳下悬崖，并且喊叫道：“你将变成污秽之物。”污秽之物，

---

〔24〕 Hipponax fr. 5-10 West；“burning,” fr. 5＝Tzetz. *Chil.* 5，737；接受其说者有：Rohde（1898）II 78，Nilsson（1906）108，Harrison（1922）103f.，拒绝其说者有 Murray，Gebhardt，Deubner（1932）183f.。

〔25〕 Callim. fr. 90，初版于 1934 年，故上面注释〔22〕所引作者未见此书。用奥维德的话说，信使变成了“devotus”（牺牲者），见 *Ibis* 465f.；参见第三章注释〔15〕。

〔26〕 Deubner（1932）179-88.

〔27〕 Serv. *Aen.* 3，57＝Petron. fr. 1 *et sic proiciebatur*；Schol. Stat. *Theb.* 10，793 *saxis occidebatur* 极不可信。

即 *peripsema*。[28]

希腊人明确地将这种仪式称为“净化礼”，即 *katharsis*。那个被驱赶的人称为“污秽之物”，*peripsema*，或者径谓之 *katharma*。收获节是秋天刚开始的时候举行的初果尝新节。看来，到了这天城市必须进行彻底“净化”，旨在为迎接和储藏新的财富或“生命”（*bios*）清理场所，生命来自即将收获的庄稼。在喀罗尼亚（Chaeronea），人们把一个象征“饥饿”的奴隶赶出门去。[29] *Pharmakós*（替罪羊）这个词显然与 *pharmakon* 有关，后者指医药、药物，尽管如此，这个词却显得更加莫测高深。我们看一眼上述那些与仪式相关的神话，立刻会发现被排斥、被驱逐的“废弃物”也呈现出一种奇怪的自相背反：科德洛斯尽管穿着奴隶的服装，却是一位非常高贵的国王；底比斯国王俄狄浦斯在一次瘟疫暴发时也经历了同样可怕的身份转换，这位如日中天的国王为了拯救城市变成了万众唾弃的“废弃物”并被赶出城去，[30] *Pharmakós*（替罪羊）最终成为一个国王的悲剧。居住在希腊北部的阿尼亚内斯人（Aenianes）通常把一头公牛

---

[28] Phot. *perípsema*；参见 *KThWb* VI 83-92（1959）；与 Strab. 10 p. 452 记述的“跳下吕卡迪亚悬崖（Leucadian cliff）”类似的仪式，见 Nilsson（1955）109f.；*Acta Sanctorum Nov.* I [Paris 1887] 106f. = *WSt* 74 [1961] 126f. 记载的献给 Terracina 的仪式是虚构的，见 Weinstock（1964）。

[29] Plut. *q. conv.* 693f.

[30] 哈里森已经指出了《俄狄浦斯王》与替罪羊仪式之间的关系，见 Harrison（1921）xli；参见 J. P. Vernant，*Mythe et tragédie en grèce ancienne*（Paris 1972）114-31。

驱赶到边界之外，他们会唱一首歌，告诉这头牛，它再也回不来了，另外还有一个神话讲到，有一次暴发瘟疫，阿尼亚内斯人用石头砸死了他们的国王。[31]

66

通过驱赶动物甚至人，把厄运赶走，这种替罪羊仪式在世界很多地方都有报道，关于此种仪式最令人毛骨悚然的细节来自弗雷泽的《金枝》对乌干达的记述。[32]不过，还是让我们留在古代世界吧。《旧约》中的一个故事揭示了这种“清除”活动的多重维度，即大卫和扫罗的儿子们的故事，[33]这个故事与收获节之间的关联是显而易见的。一场大旱延续三年，饥馑接踵而至。大卫王“求问耶和华”：他求教一个神谕，恰如俄狄浦斯王在底比斯发生瘟疫时的所作所为一样。在这两个故事中，得到的回答都是：城里有人犯了谋杀罪。不过，希伯来的神谕较之德尔菲的神谕说得更加明白，直接说出了“扫罗的家宅”的名字，因为多年以前扫罗背信弃义地谋杀了吉比恩人（Gibeonites）。大卫果断采取行动，他从扫罗的后代中挑选了七个人，把他们交给曾经心怀敌意的吉比恩人，不出所料，吉比恩人杀了这七个人，“当着主的面，把他们吊死在山丘上”，山丘也就是他们的圣地之一。这一切“在大麦收割的时候”宣告结束，这也正是希腊丰

---

〔31〕 Plut. *q. Gr.* 297 bc，294 a.

〔32〕 *GB* IX 42，194f.；关于印度，见 IX 43；196；暹罗，见 IX 212；苏门答腊，见 IX 213；中国，见 IX 196。

〔33〕 2 Sam. 21；R. Kittel，*Geschichte des Volkes Israel* II（Stuttgart 1922^5）166-68.

收祭举行的时候。接下来的故事令人伤感，因为被杀者中有利斯巴（Rizpah）的两个儿子，这位母亲接连数星期守护在儿子的尸体旁，直到天上降下雨水，尸体才最终被埋葬。看来，干旱终于解除了。

这个故事可能有真实的历史事实作为根据。天性多疑的学者对此故事深加探究，认为这一事件很有可能是大卫王一个卑劣的诡计，[34]一个较之马基雅维利主义的阴谋诡计更加毒辣的奸计，他借此成功地一举除掉了七个潜在的竞争对手。假如大卫果真干了这事，那么，他无疑利用了一个预先设定的行动模式，一个仪式，而敌对一方，即吉比恩人，则配合他完成了这场游戏。在这个故事里，我们看到：危难情境；从社区中挑选代表者，然后将他们派往敌方去送死；最后按照程序的进程如愿以偿地摆脱危难状态。就敌对势力而言，这个故事中发生了角色的置换，饥馑的威胁被敌人事实上的残暴代替。与此类似，在赫梯仪式中，瘟疫与敌人也是相互替代的。在这一叙事中，三年大旱这一罕见的事件似乎与一年一度丰收祭的季节模式相重叠：社区的恐怖清洗活动是在大麦收获的时候举行的。 *67*
我们看到，在希腊史料中散见于各不同实例中的诸环节，

---

〔34〕 H. Gressmann，*Die Schriften des Alten Testaments* II 1：*Die älteste Geschichtsschreibung*（Göttingen 1921²）143；E. Meyer，*Geschichte des Altertums* II 2（Stuttgart 1931²）258；参见 A. S. Kapelrud in *Interpretationes ad Vetus Testamentum pertinentes S. Mowinckel missae*（Oslo 1955）113-22。

在这一故事中却集中出现，这显示了这一系列环节构成的复合体根本上的统一性。

3. 模式动力学

在仪式中存在着明显可见的模式，尽管使仪式得以举行的机缘各不相同，诸如饥馑、瘟疫、战争以及一年一度的净化活动或间隔时间更长的净化活动，它们都具有相同的焦虑情境。其行动序列是：（1）挑选，基于某些极其自相矛盾的特性：从最令人反感的人物，到国王，或者一位女子，她既是男人的欲望对象，又比男人低贱，或者用一个动物来代替；（2）交流，尤其是为选中者提供食物，给他打扮，为他授权；（3）接触和隔离，确立两极对立，一是主动的、安全的一方，一是被动的、牺牲的一方。然后，此人被领着环绕城墙，被赶出边境，或者被打，被投掷石头，这一行为既是接触，同时又是隔离。这一程序的最终结果是毋庸置疑的，社区从厄运和焦虑中解脱，随着牺牲者走向命定的劫数，灾难解除，焦虑消失。

可以将这一过程近乎完美地纳入一个列维－斯特劳斯式的公式，[35]替罪羊是中介者，它导致公共危机反转为共同的拯救："濒临灭绝危险的共同体"与"被识别的个体"的对立转变为"在劫难逃的个体"与"得救的共同体"的对立，$f_x(a): f_y(b) = f_x2(b): f_a\text{-}1(a)$，不过，我仍看不出这种

〔35〕 参见第一章注释〔69〕，〔70〕。

公式化有什么特别的启发，带来变化的力量、从焦虑到排除焦虑的逆转，原本神秘的东西并没有因为这个公式中各项之间的关系变得更明朗。在神话传说中，这些关系体现为一个带来预言的神谕，有待于安抚的神的愤怒，或是一种迷幻药物。那么，故事中的这些环节究竟是如何发生作用的，是否存在一个令人信服的解释呢？

常见的解释认为这是一些“巫术”手段。[36]这种说法或许意味着这些环节是“非理性”的，因此也是无法解释的，但是，这些环节通常都被认为是完全可以理解的，尽管很“原始”：[37]正像希腊人所说，这无非就是搞“清洁”(cleansing)而已，就像用一块海绵或抹布擦拭污物，[38]然后把海绵、抹布也一起扔掉、废弃乃至销毁。有时候甚至还必须先制造污物，以便接着将它清除掉。在一个更高的理论层面上，你可以建立一个原始心理“原理”，一个“转移原理”，一个“消除原理”，从中推导出实践行为。[39]赫梯文本甚至更明确地说要“运走”厄运，可能是用一头驴来完成这

68

[36] Harrison (1922) 108：“纯粹的巫术仪式基于无知和恐惧”，参阅 *GB* IX 2 论“狡诈和自私的野蛮人”及其“在身体和精神之间明显的混淆”(1)。

[37] “Das ist ganz primitiv und verständlich,” Nilsson (1906) 112；“der Gedanke ist durchaus primitiv und einfach,” Deubner (1932) 193.

[38] Deubner (1932) 180：“um allen vorhandenen Unheilstoff an sich zu saugen,” 又见 193。

[39] Cazeneuve (1971) 113：“principe du transfert” 和 “principe de l'élimination”。

一任务，而其他民族使用的运载手段则五花八门。[40]但是，用这种方式无法解释的是，本来可以用一块海绵或者抹布就扮演的角色，为什么非得让人或动物来遭受折磨呢？不可否认，在其他语境下确实有些净化仪式是用水或硫黄作为载体即足以达到清除污秽的目的。[41]然而，我们看到的却不是海绵和抹布，而是食物、无花果、树枝和石头，凡此诸物对于实际的清扫活动都毫无用处。为了解释用人或动物而不用海绵、抹布，人们或许不得不再至少引入第三个“原理”，关于“灵魂”或“生命”的意义的原理、牺牲的原理，然而，这种原理既不实用也不“原始”。

其他学者则觉得讲究礼节比干好家务更重要。威廉·曼哈特[42]的理论认为替罪羊“原本”是植物精灵，必须鞭挞它、追逐它，甚至杀死它，才能让它恢复活力，再度复活。这确实是一个令人印象深刻的“神话”，它把一个本来其本身就需要分析的故事模式炮制成一个用来进行解释的理论，与其说提出了一个理论，不如说编造了一个神话。这一理论不动声色地套用了关于献祭的神秘主义、基

---

〔40〕 Gurney（1954）162～*ZAW* 80（1968）311；将麻风病带走的鸽子：Lev. 14：4-9，53；试图将“神圣的病”嫁祸给荒野中作为替罪羊的希腊人：Callim. fr. 75，13；被作为替罪羊的猪：Mark 5：11-14；参见 *GB* IX 36，193 等；船、木筏等：*GB* IX 189-90，198f.；*ANET* 346（Hittite）。

〔41〕 *Il.* 1，314；Hippocr. *Morb. sacr.* 1，VI 362 Littré；Hsch. *pharmaké*：“为那些净化了城市的人们提供的罐子。”

〔42〕 Mannhardt（1884）124-38；*GB* IX 255-57，272f.；对其观点的反驳见 Deubner（1932）194-98。

督教的死亡观念以及复活观念。弗雷泽[43]在曼哈特的基础上提出了一个更加现实主义的解释，他认为，“最初”是拥有巫术力量的国王控制着生命的繁育，或者更具体地说，一个被一年一度选出来的国王作为植物精灵的象征，为了避免其生命力衰竭，必须追逐他、杀掉他。他对与巴比伦萨该亚（Sakaia）节日相关的希腊史料做了详细论述，在这个节日上，一个作为国王替身的人登上王位，然后被杀掉。[44]一则年代较晚的史料令人着迷地讲述了“一个农神节的王，同样难逃一死”。[45]为了平息干旱和饥馑而杀害国王，历史上确实有过这种实例。[46]

且不说“魔法王权”制度究竟有多么古老，在多大范围内存在，按照弗雷泽的理论，很难解释某些神话和仪式中出现的战争和敌人的情境；同样也解释不了，在上面谈到过的不止一个例证中，关于谁会成为牺牲者似乎有一定的可选 69

---

〔43〕 *GB* IV 113-18，IX 306-411.

〔44〕 主要的文本是 Dion *or*. 4,66-8；Strab. 11 p. 512；克特西亚斯（Ctesias）记述的传统：*FGrHist* 688 F 4，以及贝勒索斯（Berossos）的记载，*FGrHist* 680 F 2。参见 *GB* IX 354-407；S. Langdon *JRAS*（1924）65-72；Nilsson *ARW* 19（1916—1919），85-88＝Nilsson（1951）248-51。

〔45〕 Acta S. Dasii，提及保加利亚的杜罗斯托鲁姆城（Durostorum），参见：F. Cumont，*Analecta Bollandiana* 16（1897）5-16；H. Musurillo，ed.，*The Acts of the Christian Martyrs*（Oxford 1972）274-79；参见 Weinstock（1964）；Ph. Bourboulis，*Ancient Festivals of Saturnalia Type*（Thessalonica 1964）。P. Wendland 认为耶稣所经历的也是同一种仪式，见 Mark 15：16-20；*Hermes* 33（1898）175-79；Reinach（1908）332-41。

〔46〕 Letter of Clement I 55，1：“按照神谕之说，每当瘟疫发生，许多国王和君主会把自己交由死亡处置。”参见第三章注释〔31〕。

择性。其实，正是这些来自巴比伦[47]和赫梯[48]的关于“替身国王”的真实史料足以证明曼哈特－弗雷泽的假说不能成立。这些仪式所属的节日并非一年一度的新年庆典，[49]毋宁说，它们都是一些特别举行的活动，平时很少举行，其目的是保护被不祥之兆笼罩的国王：国王暂时回避一阵，由替身代他承受厄运。替身必死无疑，这一点似乎很明确，但他的死法在相关文献中没有明确记载。在一个赫梯仪式的实例中，一名战争囚犯被授予王位，然后被派到了敌对一方的

---

〔47〕 W. v. Soden *ZA* 43（1936）255-57；参见 E. Dhorme *RHR* 113（1936）136f.；R. Labat，“Le Sort des substituts royaux en Assyrie au temps des Sargonides，”*Revue d'Assyriologie* 40（1945—1946）123-42；W. v. Soden，“Beiträge zum Verständnis der neuassyrischen Briefe über die Ersatzkönigsriten，”in *Vorderasiatische Studien*，*Festschrift V. Christian*（Vienna 1956）100-107；W. G. Lambert，“A Part of the Ritual for the Substitute King，”*AfO* 18（1957—1958）109-12；19（1959—1960）119；Kümmel（1967）169-87；H. Montgomery，“Thronbesteigung und Klagen，”*Opuscula Atheniensia* 9（1969）12f.；大量的证据都涉及发生于公元前 671 年以撒哈顿国王（Esarhaddon）在位时期的同一事件。关于旧巴比伦国王恩利尔巴尼（Ellilbani）篡位的故事似乎就与这一仪式有关，后来的史料记载了这一故事（又见于希腊史料，Bion *FGrHist* 89 F 1＝Alexander Polyhistor *FGrHist* 273 F 81），H. Frankfort，*Kingship and the Gods*（Chicago 1948）262-65；Kümmel（1967）181-83。

〔48〕 在 M. Vieyra *RHR* 119（1939）121-53 之后；*ANET* 355f.；尤其是 Kümmel（1967）。

〔49〕 伽斯特依然坚持这一主张，见 Gaster（1961）62（但请参见 69 n. 4. 与 218n.）；S. H. Hooke，*Babylonian and Assyrian Religion*（Oxford 1962，paperback 1975）52，54。关于另一种季节背景的假设，见 L. Rost，“Weidewechsel and alttestamentlicher Festkalender，”*ZDPV* 66（1943）212-16＝*Das kleine Credo und andere Schriften zum Alten Testament*（Heidelberg 1965）101-11，尤其是 107-9。

国家。[50]

在巴比伦和赫梯文献中有大量涉及替身语境的记载。[51]最常见的是向邪神或贪婪的魔鬼献上一个动物，尤其是在生病的情况下，如此一来会将妖魔鬼怪对人的嗜好转嫁到动物身上，就像下面的咒语所明示的："看呀，这是一只公羊，……好吃极了，请您放开人肉吧。"祭司当着应为瘟疫负责的国王说出上面这一段话，然后把作为替身的羊或女人驱逐到敌人一方。[52]如此一来，我们好像又回到了相当原始的、虽奇怪但却合乎情理的巫术上面。[53]不过，如果我们就此得出在实践背后蕴含着两种所谓原始"观念"的结论，即转嫁厄运和供养魔鬼两种观念，则未免节外生枝。为什么赫梯人要向那些用来替罪的公羊鞠躬，就像国王要向替罪的女人鞠躬那样？是否还存在着第三个原始"观念"？魔鬼嗜食人肉的观念是否果真显而易见因此无须更多的解释？

埃里希·纽曼（Erich Neumann）则认为，如果采取一种完全不同的深层心理学方法，上述问题都将迎刃而解。[54]

---

〔50〕 M. Vieyra *RHR* 119（1939）129；*ANET* 355；Kümmel（1967）7-37.

〔51〕 关于巴比伦，见 W. v. Soden *ZA* 45（1939）42-61；G. Furlani, *Riti babilonesi ed assiri*（Udine 1940）285-305；关于赫梯的事例，见 *ANET* 346；350，355；参见 Kümmel（1967）5；*ZAW* 80（1968）294f.；北非的事例，"anima pro anima，vita pro vita"见 M. Leglay，*Saturne Africain*（Paris 1966）332-50。

〔52〕 见第三章注释〔9〕。

〔53〕 Kümmel（1967）191f.

〔54〕 E. Neumann，*Tiefenpsychologie und Neue Ethik*（Zürich 1949）～*Depth Psychology and a New Ethic*（London 1969）.

替身、替罪羊，代表了人自身人格的被压抑部分，被传统压抑，被非此即彼的二元论伦理压抑，追随荣格学说的纽曼称之为“阴影”，有仪式的自我试图驱除它，乃至摧毁它。这一解释似乎有相当的说服力，尽管它可能仅仅是一个针对特定目的的理论构建。我们是否应该用心理解释行为，或者反过来，以行为解释心理，这是一个非常一般性的问题。毋庸置疑，在进化过程中，心理和环境之间存在着持续的交互作用，尽管如此，从精神分析学描述的那种无意识冲动，到仪式行为的具体环节，还是隔着遥远的距离。传统才是直接原因：人们这样做，别无他故，只是因为他们以前就是这样做。顺便说一句，如果纽曼主张将自我牺牲作为一种用来取70 代替罪羊心理学的可供备选的“新伦理”，那么，他忽视了一个基本事实，即牺牲者的自愿行为已经内在于替罪羊仪式的行动模式，它涉及个体之间相互关联的组织，而与心理的层次无关。

如果我们将仪式视为一种重新定向于象征、交流功能的行为模式，蕴含于仪式中的“信息”就是一目了然、不难理解的：“这一位，被单挑出来的与众不同者，注定必有一死，与之相反，你们所有人都是安全清白的。”但问题犹在，即揭示其深层的非仪式化的行为。这里似乎存在着两种可能，或两个层面，其一是共同体的主动进犯，其二是个体的被动经验。前者在一些仪式的具体环节里有所体现，后者则在神话中体现得更为明显。攻击外来者，是一种普遍存在的群体反射行为。[55]只要一点点细节，就可能引起攻击，比如红头发，或者鼻子的形状与众不同。因为不同，所以不喜欢，不需要其他理由，在危机和焦虑的情境下，这种应激性反应会极度增强。“令人厌恶”的同胞也同样会遭到驱逐，在以弗所遭受瘟疫侵袭时，那位道德高尚的泰安那的阿波罗尼奥斯（Apollonius of Tyana）让所有市民在剧场集合，突然指着一位衣衫褴褛的乞丐说，他就是带来瘟疫的魔鬼，话音刚落，石头就飞了起来，那个乞丐很快就被埋在石头堆下不见了，[56]事情过后，大家都感觉比以前好多了。这个故事几乎没有什么教育意义，因此很可能并非一个单纯的传说。不过，基督徒千万不要嘲笑这位异教徒“圣人”，类似的情况在1348年重演，当时的大瘟疫引发的对外来人的仇视成为影响整个欧洲的极为严重的问题，犹太人被视为导致这场瘟疫的罪魁祸首。[57]甚至在1630年的米兰，在一次流行病暴发期间，有几个人因为被怀疑故意传播瘟疫，就被以极其残酷的手段处死。[58]可以肯定地说，在那个时代没有人有能力发动细菌战，因此他们肯定是无辜的，但是，在极端焦虑状态下的群体应激反应却必须找一个排放口。

---

〔55〕 Eibl-Eibesfeldt（1970）111f.；Lorenz（1963）155-58. 在乌干达，替罪羊是因为“某些标志或身体缺陷”而被选中，见 *GB* IX 195。

〔56〕 Philostr. *Vit. Apoll.* 4，10；事后，人们扒掉石头堆，在下面发现了一只狗的尸骸，难道阿波罗尼奥斯用了调包计？

〔57〕 R. Hoeniger，*Der schwarze Tod in Deutschland*（Berlin 1882）6-11，39-46，100-107.

〔58〕 *Processo originale degli untori nella pesta del MDCXXX*（Milan 1839）.

当然，在驱逐不受欢迎个体的行为模式之下，可能存在着更为理性的动机，共同体的“大清洗”是暴君的拿手好戏，从公元前403年的雅典的三十寡头，[59]直到希特勒。路易斯·热尔内（Louis Gernet）指出，甚至民主雅典的流放制度（*ostrakismos*）在一定程度上也是替罪羊仪式的理性化形式：[60]如果城邦中有一个人令人讨厌，他会被人们用鹅卵石赶出国境之外，尽管用写在破瓦片上的投票表决取代了对人身的直接加害。

71

然而，这还不是问题的全部。在迄今讨论过的很多仪式中，需要拯救的群体对牺牲者的攻击行为所占的分量很小，或几乎没有。最令人瞩目的是交流环节：为牺牲者穿衣打扮，赋予他荣耀，牺牲者会被和平地“领出去”，神话往往乐于强调这是出于牺牲者的自愿，就像科德洛斯乃至俄狄浦斯那样。一边是被选中的牺牲者主动走向其命定的厄运，一边是消极的旁观者满怀敬畏、赞美和释然的情感为他送行，正是这种反差强烈的情境成为传说、戏剧和宗教中最为感人的场景，大家不妨想一下加莱义民[61]或者恺撒那部尽管简短但却十分重要的《高卢战记》记载的高卢领袖维钦格托利科斯（Vercingetorix）。[62]在欧里庇得斯的悲剧中，自愿

〔59〕 Lys. 12，5：他们宣布“将不义之人从城市清除”是必要的。

〔60〕 Vernant（见注释〔48〕），124。

〔61〕 *A. D.* 1347：J. Froissart，*Chroniques* I sec. 311-12，ed. S. Luce IV 53-62（Paris 1873）；H. Bünemann，*Auguste Rodin: Die Bürger von Calais*（Stuttgart 1957³）.

〔62〕 Caes. *bell. Gall.* 7，89.

的自我献身几乎成为固定的套路。[63]在基督教中，这种自我献身行为携带着一种奇异的魅力再度出现：羔羊主动走向祭坛——这在约翰·塞巴斯蒂安·巴赫的《马太受难曲》中得到登峰造极的表现。

我能够想象的作为这种激情行动模式最初源头的非交流性、非仪式性的现实情境是一个被掠食动物包围的群体：被群狼环伺的人，或者与猎豹遭遇的猿。[64]在遭遇这种极端危险的处境时，通常只有一条生路：群体中必须有一个成员成为饥饿的掠食动物的猎物，其他成员才有可能趁机逃生。当此之际，外来者、残疾者或年幼动物会首当其冲被选为牺牲者。在人类文明的进化过程中，这种被掠食动物追猎的处境肯定发挥了非常重要的作用，最终，人类自己成为猎手和食肉动物。追逐、抓获、逃跑所引起的紧张情绪至今仍贯穿于很多儿童游戏的始终。这种现实情境至今仍保存在文明的边缘地带，通常见于恐怖故事中，诸如被饥饿的狼群追踪的雪橇的母题，马眼看快跑不动了，谁会成为那个被丢下雪橇的人？[65]另一个常见的版本是遭遇暴风雨的小船

〔63〕 J. Schmitt, *Freiwilliger Opfertod bei Euripides* (Giessen 1921)，提到了“Devotionsszenen”；尤其是参见 *Heraclidae, Erechtheus, Phoenician Women, Iphigenia in Aulis* 等。

〔64〕 豹子比狮子更危险，因为它会爬树。仪式将这一危险及其引起的焦虑加以转化：仪式中有豹人（见第五章注释〔152〕）和狼人（参见 Burkert [1972] 98-104）。

〔65〕 另参 Saxo Grammaticus VIII p. 287 ed. A. Holder (1886)：船遭到巨人的攻击，他们要求每一条船给他们一个人，船长“献出了三个人，以牺牲少数人为代价换取了全船人的平安”。

上，小船眼看就要倾覆，船上必须有一个人跳海，其他人才能得救。在此背景下，不妨谈一下神的愤怒，比如在约拿的故事中。对犹太人而言，约拿成为赎罪日下午仪式中的法定读物，可谓实至名归。[66]然而，语言几乎自动地使“愤怒”“吞噬一切”的大海具备了掠食动物的特征。在这种绝望的处境下，不管最后的抉择是什么，都不可避免会是不道德的、不公平的，但是却是唯一切实可行的。在人类意识的层面上，为了克服创伤，必须缓解因此引起的道德烦恼。要让幸存者的道德良心得以安抚，有两个办法：其一，牺牲者必须被视为低人一等的，最好是罪犯，甚至是众所唾弃的“社会渣滓”——希腊传说中就说法耳玛科斯（Pharmakos，直译为替罪羊）是专偷神庙供品的盗贼；[67]其二，牺牲者被提升到超乎凡人的水平，被赋予永久的荣耀，最极端的情况甚至是让本来的卑微小人超凡入圣，位列仙班。[68]

72

因此，在被饥馑、瘟疫、罪孽或现实敌人威胁的焦虑情境中，将牺牲者“领出去”就是一种仪式，一种在原生经验指导下的、旨在驱逐和遗弃的有意义的行为模式。为此之

---

〔66〕 Gaster（1953）170-77. 关于民间故事中的约拿母题，见 L. Röhrich，“Die Volksballade von ‘Herrn Peters Seefahrt’und die Menschenopfer-Sagen，” in *Märchen, Mythos, Dichtung: Festschrift F. von der Leyen*（Munich 1963）177-212。

〔67〕 Istros *FGrHist* 334 F 50＝Harpocr. s. v. *pharmakós*；A. Wiechers，*Aesop in Delphi*（Meisenheim 1959）31-36.

〔68〕 基督教对《以赛亚书》53 的解释，见 Acts 8：31-35。在诺斯替教派中，通过诅咒耶稣为“被钉上十字架的”，将多义化简为单义，见 I Cor. 12：1-3；Ophites in Orig. *Cels*. 6，28。另见注释〔45〕。

故，得救的结局就是一种令人信服的信念，尽管这一环节本身尚有待于解释。神话会引入必须得到安抚的恶魔，诸如亚撒色之类，它们注定扮演掠食者的角色。

4. 珀莱克里特、留克特拉的处女和塔皮娅

现在，让我们回到希腊文学，通过对几个变体的分析继续追寻替罪羊模式的踪迹。在帕耳忒尼俄斯（Parthenius）创作的爱情故事集中，有一个发生于纳克索斯岛（Naxos）的故事体现出与丰收节的清晰关联。[69]这个纳克索斯人的故事开始于一个我们业已熟悉的危在旦夕的战争情境：敌人，来自米利都和厄里特赖的军队，入侵纳克索斯岛，正在摧毁这个国家。一个名叫珀莱克里特（Polycrite）的少女为局势带来转机：她被遗弃在德里翁（Delion）的一座荒凉偏僻的阿波罗圣所，敌人在那里俘虏了她，其司令官对她一见钟情，坠入情网。珀莱克里特利用这一机会，把敌军的情报送给同胞，在丰收祭的时候一举歼灭了敌军。珀莱克里特在荣归故乡时受到同胞的热烈欢迎，束腰带、花环、披肩

[69] Parthenius 9＝Andriscus *FGrHist* 500 F 1 and Theophrastus（参考 *PW* Supp. VII 15 18）；Plut. *Mul. virt.* 254b-f＝*FGrHist* 501 F 2；Arist. fr. 559＝Plut. l. c. and Gell. 3，15，1。在亚里士多德记载的版本中，没有提到丰收节；珀莱克里特借助她的恋情得到德里翁——敌人送给她的礼物，并将它归还给自己的同胞，这仍然使她在某种意义上成为圣所及其仪式的创立者。——Polyaen. 8，36 是一条对普鲁塔克的摘录。见 Radke *PW* XXI 1753-59；A. H. Krappe *RhM* 78（1929）253f.；Hetzner（1963）62-64；他将此解释为“对叛徒的惩罚仪式”，其看待问题的整个角度似有问题，但他对具体细节的解释十分精辟。

像雨点一样投向她，没承想这位英雄少女却无法承受礼物之重负，在城门口气绝而亡。她的坟墓因举行祭仪而获得荣耀，但是，这座坟墓同时又被称为“怨恨之墓”或“邪眼之墓”——*baskánou táphos*。[70]

73 在这个故事里，我们再一次发现危机一触即发的情境和一个作为被选择者的人物，这个人物的名字就含有“选择”之义，*Polycrite* 意为“很多选择”或“多中选一”。这位珀莱克里特是被遗弃者，因此成为落入敌手的猎物，并由此给敌人带来了毁灭。敌人的溃败，纳克索斯人的胜利，是由这一事件带来的。米利都人的长官接纳了这位少女，正如赫梯人希望他们的敌人接纳带着公羊的女子，厄里特赖人接纳了克诺普斯人的公牛，特洛伊接纳了木马。然而，尽管珀莱克里特为保家卫国做出了重大贡献，她却注定无法回归故乡。那些像在欢迎奥林匹克运动会获胜者队伍时的雨点一样投向她的鲜花和衣裳，跟投向替罪羊的石头有着相同的意义，并且后果也一样，珀莱克里特被砸死在城门口。

在上述帕耳忒尼俄斯的文本中有一处关于爱奥尼亚丰收祭意味深长的评述：[71]“他们喝了许许多多葡萄酒，他们把所有贵重的东西都消耗光。”这显然并非仅仅指饮宴作乐，还包含对糟蹋财富的谴责，可以说，就像某种夸富宴。这让我们想起另一位著名的爱奥尼亚人，萨摩斯的波里克拉

---

〔70〕 Plut. 254e.

〔71〕 Parth. 9, 5.

特（Polycrates），由于担心自己连续不断的成功会引起神的嫉妒，他把宝石、指环等珍贵之物都丢进了大海。值得注意的是，他是以一种仪式展示的态度做这件事的，就像希罗多德所说，“当着全体同船乘客的面”。[72]你可以把他的行为视为一个萨摩斯人的丰收祭。他丢进海里的指环后来又失而复得，表明这场仪式没有成功。“愿你永远不要回来。”阿尼亚内斯人在把公牛赶走时这样唱道。[73]根据帕耳忒尼俄斯的记载，纳克索斯人一直把“每一件所得之物的一部分作为什一税”[74]献给“怨恨之墓”中的珀莱克里特作为祭品。人们觉得自己被危险包围，让他无法充分享受生活，而只有通过放弃那些看来最珍贵的东西才能转移这种危险。*Báskanos* 是“邪眼”（evil eye）一词的希腊语，[75]它会败坏生活的方方面面，包括庄稼、动物和人。*Phthonos*，即妒忌，意思与

〔72〕 Hdt. 3, 40-43. 关于波里克拉特故事与替身牺牲者和 *pharmakós* 的关系，参见 H. S. Versnel，*Studi Storico-Religiosi* 1（1977）17-46。

〔73〕 见第三章注释〔31〕。

〔74〕 Parth. 9，8；*pánta hekatón* 显系讹变，*pánta eniautón* Legrand，Heyne，Radke，Hetzner；*pánta próbata* Rohde，Jacoby。*pántōn dékaton* 的改变最小（ΠΑΝΤ’ ΔΕΚΑΤΟΝ/ΠΑΝΤΑΕΚΑΤΟΝ），对比大祭坛（Ara Maxima）的什一税，见 Latte（1959）215，或伯特利（Beth-el）的什一税，见 Gen. 28：22。

〔75〕 Plut. *quaest. conv.* 5，7；O. Jahn，“Ueber den Aberglauben des bösen Blicks bei den Alten，” *Ber. Leipzig* 7（1855）28-110；F. T. Elworthy，*The Evil Eye*（London 1895）；S. Seligmann，*Der böse Blick*（Berlin 1910）；见第一章注释〔180〕。断言纳克索斯岛的 *báskanos* 即表示替罪羊（*PW* XXI 1758）或表示辟邪物（Hetzner［1963］63），均属无据。

Báskanos 非常接近。人们必须跟它达成妥协，主动献上所得的一部分。不过，从遗传学的角度看，对瞪大的眼睛的担忧无疑源于高级动物对于眼睛，尤其是食肉动物暗中窥伺的眼睛的警戒性。[76] 珀莱克里特作为纳克索斯人的密探，象征为了拯救其他人而被驱逐的角色。

74 这一模式对特洛伊战争的传统也产生了一定的影响。海伦被帕里斯诱拐，其扮演的角色很像珀莱克里特，她最终给接纳她的特洛伊带来毁灭。[77] 从这个角度讲，海伦本身就是某种意义上的特洛伊木马。按照这一模式，她本应该自愿地帮助希腊入侵者，[78] 如此一来，随后她也本应该无法回到故乡，然而，在史诗中，她最终却跟墨涅拉俄斯王一起回到了斯巴达，在《奥德赛》文本刚刚成为经典时，没有人对她的这一结局感到怀疑，但是，这一结局却给神话诗人提出了一个难题，因此引出了另一个反转神话：墨涅拉俄斯决定杀死海伦，但是终因无法抵御这位永恒女性的魅力而放下了屠刀。[79] 不过，这一点已经超出了我们在这里讨论的模式。

关于一场后来发生的战争的历史记载，有助于我们更加透彻地认识到这种模式的多产。在公元前 371 年那次著

---

〔76〕 J. Myres，"The Evil Eye and the Camera，" *Man* 6（1905）12 no. 6.

〔77〕 参见 Aesch. *Ag*. 737-49。

〔78〕 Virg. *Aen*. 6，511；Hyg. *fab*. 240，249.

〔79〕 这一点最早在发现于米科诺斯岛（Mykonos）的双耳瓶图像上就已经得到了证明，见 Schefold（1964）pl. 35b；*Ilias Mikra* fr. 17 Allen；Aristoph. *Lys*. 155f.；L. Ghali-Kahil，*Les Enlèvements et le retour d'Hélène*（Paris 1955）。

名的留克特拉（Leuctra）之战中，底比斯的埃帕米农达斯（Epaminondas）彻底摧毁了斯巴达的军事力量，“留克特拉处女”（*Leuktrídes parthénoi*）的传说看来就跟这场战争有关。有理由认为，在位于贝奥提亚的古战场附近有一座坟墓，当地称为“处女坟”（*parthénon mnema*），底比斯人按照埃帕米农达斯的命令，在开战之前向这座古坟献祭致敬，[80]就像所有希腊人在面临战争危机时都会向其保护神献祭致敬那样。根据战争结束后的记载，处女坟的故事是这样的：[81]两个贝奥提亚少女，她们是斯柯达索斯（*Skédasos*，意为“驱散者”）的女儿，被两个斯巴达人设毒计强暴，她们羞愧难当，自杀而亡。此后，两位少女的冤魂一直不散，要求斯巴达人在坟前血债血偿。果然，斯巴达的军队在此地全军覆灭。如果撇开埃帕米农达斯天才的战略谋划不谈，可以说这是斯巴达人命中注定的下场。少女落入敌手，惨遭蹂躏甚至杀害；注定要到来的胜利；“赶走”（驱散）敌方军队：我们再一次踏上熟悉的道路。对这个故事下一步的想象加工，引入了事件的仪式性再现：据说斯柯达索斯本人出现在埃帕米农达斯的梦中，希望他在开战之前向一位贝奥提亚少女献祭。巧的是，一匹小马驹，还没满四岁的小母马，不早不晚正在这个时候出现

〔80〕 Xen. *Hell.* 6，4，7.

〔81〕 简单的记述见 Xen. *Hell.* 6，4，7；更详细的记述见 Diod. 15，54，1-3，来自 Ephorus；Paus. 9，13，5f.，可能是来自普鲁塔克已佚的 *Epaminondas*，最初源头则是 Callisthenes；Plut. *Pelop.* 20-22；*Malign. Herod.* 856f.；Ps. -Plut. *Amat. narr.* 3，773b-774d；Ael. fr. 77；Apostol. 15，53，*Paroemiographi Graeci* II 642；Pfister *PW* III A 465-68。

在祭坛上，将自己奉献为牺牲。[82]不知何故，斯巴达的狄俄斯库里（Dioscuri）这对孪生兄弟也好像被牵连进故事中，他们俩因强暴吕吉皮德斯（Leukippides）而著名。我们正在讨论的对这个故事的想象加工，在公元前4世纪已经开始了，不过这种想象加工也并非毫无根据、天马行空的幻想，想象总是紧扣神话和仪式的传统模式，借故事形态而流传的历史真实，很快就会被纳入这种模式进行重塑。

75

由于“处女”占据了替罪羊的位置，一个新的动力机制也随之出现，焦虑和遗弃在故事中的地位被性竞争者和侵犯者所取代。故事中的另一方，不再是厄运或威胁的面目模糊的化身，而换成了一个贪婪好色的暴君，他注定要被打败。这是一个运用十分广泛且给人深刻印象的故事类型：一个暴君为满足自己的色欲，强抢或迎娶一位女子，因此之故，故事随之急速逆转，暴君迎来悲惨下场。这一套路差一点就被写入《圣经》，次经中的朱迪特（Judith）和荷罗孚尼（Holofernes）的故事即属此类。贞女卢克莱蒂亚（Lucretia）之劫就是罗马暴君塔尔昆（Tarquins）的末日。[83]在乌加里特（Ugarit）的阿科特（Aqat）史诗中，被杀的猎人的妹妹为了替兄报仇，穿着华美的衣裳，长袍下藏着剑和匕首，出发去找仇人复仇。[84]更惊心动魄的故事类型是将海伦与特洛伊木马合二为一：一个战士打扮成姑娘。希罗多德讲过一个

〔82〕 Plut. *Pelop*. 21f.

〔83〕 Livy 1，58-60；参见 J. P. Small *AJA* 80（1976）349-60。

〔84〕 *CTA* 19 IV 190ff.；*ANET* 155.

故事，一个波斯分遣队的士兵受到一群美丽的马其顿姑娘的邀请，一同赴宴，结果发现这群姑娘实为一队全副武装的年轻人，波斯分遣队全部被歼。[85]同样是在贝奥提亚，在埃帕米农达斯当政时期，留克特拉之战八年前（公元前 379 年），斯巴达占领者在底比斯要塞被击溃，整个故事的情节如出一辙。实际上，色诺芬将这一故事收入了《希腊史》中，[86]不过，他也暗示，关于这一战役，还流传有其他版本的说法。最有趣的故事讲的是一些革命分子如何伪装成高级妓女（*hetairai*）潜入敌营，在斯巴达同谋者的邀请下参加一个充满欢乐气氛的晚会。同样的故事还以一种富有神话意味的场景在塞萨利地区的墨利忒（Melite）城再次上演：[87]暴君 Tartaros* 的名字名副其实，他诱奸了一位处女，处女羞愤自杀，她的兄弟也采取了男扮女装的计谋，杀了暴君给她报仇。还有一个雅典人打败迈加拉人的传统故事，也按照同样的路数被重塑：年轻人伪装成女人在克利阿斯岬歌舞嬉闹，等待着入侵者前来自投罗网。[88]在冰岛《埃达》中，雷神托

---

〔85〕 Hdt. 5，18-20.

〔86〕 Xen. *Hell.* 5，4，4-6；参见 Plut. *Gen. Socr.* 596d.；*Pelop.* 11；Burkert（1972）180f.；D. K. Borthwick *JHS* 96（1976）148-51 认为发现于 Panagjurischte 的双耳瓶上的图像（*JHS* 94［1974］pls. 4f.）即反映了这一事件，M. Daumas *AK* 21（1978）23f. 不同意这一看法。

〔87〕 Anton. Liberal. 13，from Nicander，*aition* of an expiatory sacrifice.

〔88〕 Plut. *Sol.* 8，4-6（以及 Polyaen. 1，20，2）；更早的文献中提供了一个与此不同的故事，见 Aen. Tact. 4，8-11；Justin，2，8，1-4；Frontin. *Strat.* 2，9，9。

* 希腊文里，Tartaros 指阴曹地府。

尔为了从巨人那里讨回他的锤子，身穿爱情女神弗莱娅的盛装，把自己打扮成新娘的样子，自荐给巨人，巨人很快得到了应有的下场。[89]

与上述模式存在一定相似性的故事还有很多，比如一位少女作为某位神或魔鬼的新娘，或者成为熊、公牛的新娘，即所谓“人与动物成婚”的故事，往往伴随着复杂的献祭少女的仪式背景。[90]我们不想进入这个话题，也不想全面讨论涤罪献祭的问题。让我们转向这一故事结构的另一种变体，也许可以称之为反转的替罪羊。如果被设计嫁祸的敌人想摆脱由诱人的女子带来的厄运，他必须拒绝接受这个女子，断绝跟她的联系。[91]通过这一方式，故事将被赋予严于律己、不近女色的道德意味，变成对禁欲主义行为的赞美，而这种行为是人们并不期待发生在胜利的战士们身上的，整个故事因此变成告诫人们要提防红颜祸水，由此，我们触及罗马神话中一个奇怪而著名的人物，即侍灶处女塔皮

76

---

〔89〕 Thrymsqvidha，G. Neckel，ed.，*Edda* I^4（Heidelberg 1962）111-15，德文版见 F. Genzmer，*Thule II: Edda*（Düsseldorf 1920；repr. 1963）11-16。

〔90〕 参见 Burkert（1972）76-80；关于“动物新郎”，见 Aarne-Thompson（1964）no. 425；J. Ö. Swahn，*The Tale of Cupid and Psyche*（Lund 1955）。

〔91〕 M. Nagler 让我注意到玛雅文献 *Popol Vuh*（ed. L. Schultze-Jena［Stuttgart 1944，1972^2］130-35）中记载的一个来自基切玛雅人（Quiche）的奇怪故事：为了战胜暴虐的神或英雄，派出三个女孩去完成使命，但神没有接受这些女孩，原封不动地放她们回去，并给人类带回礼物和灾祸。

娅（Tarpeia）。[92]塔皮娅背叛了罗马指挥官，却被征服者杀死了。这个故事有很多相互冲突的版本，都是围绕一个令人烦扰的母题的变体。显然，这个故事并非一个晚期的创造，最早的相关希腊史料记录了这个故事最不合常理的版本，[93]看来出现于费边·皮克托（Fabius Pictor）*以前，[94]皮克托给出了关于这个故事的权威记载，其发生背景是罗慕路斯和提多斯·塔提乌斯（Titus Tatius）当政期间。不过，这个故事更有可能与公元前460年萨宾族（Sabine）对朱庇特神殿的占领以及随后对这个地方的“净化礼”有关。[95]故事女主人公的名字与朱庇特神殿的“塔皮娅岩石”之间的关涉一目

---

〔92〕 主要文献有：Livy 1，11；Dion. Hal. *ant.* 2，38-40；Plut. *Rom.* 17；Propertius 4，4；H. Sanders，*The Myth about Tarpeia*（New York 1904）；A. H. Krappe *RhM* 78（1929）249-67；Mielentz *PW* IV A 2332-42（1932）；G. Dumézil，*Tarpeia*（Paris 1947）；A. La Penna *SCO* 6（1957）112-33；G. Devoto，*Stud. Etr.* 26（1958）17-25；Hetzner（1963）64-67；Radke（1965）296-98 和 *Der Kleine Pauly* V 522f.；Poucet（1967）113-21；J. Beaujeu，“L'Enigme de Tarpeia，” *L'Information littéraire* 21（1969）163-71。

〔93〕 Antigonus *FGrHist* 816 F 2＝Plut. *Rom.* 17，5（有时候被认为与卡利斯托斯［Carystus］的 Antigonus 是同一个人，*PW* IV A 2333，53；Radke［1965］297；Schwartz *PW* I 2421 或 Jacoby 对此持有异议）；他把塔皮娅当成萨宾国王提多斯·塔提乌斯的女儿。——我们从 Plut. *Rom.* 17，6＝*FGrHist* 840 F 28 这唯一的来源了解到，诗人 Simylos 通常被认为是“希腊风格的”，参见 *PW* III A 217；K. Müller *MH* 20（1963）114-18；他把塔皮娅与公元前387年的高卢人入侵联系起来。

〔94〕 Fr. 8, *HRR* I 19-21＝*FGrHist* 809 F 6；L. Cincius Alimentus fr. 5，*HRR* I 41＝*FGrHist* 810 F 3. A. Alföldi 强调费边·皮克托的作用，见 A. Alföldi，*Early Rome and the Latins*（Ann Arbor 1965），151f.。

〔95〕 Poucet（1967）106-13，120f.；Liv. 3，15-18；Dion. Hal. *ant.* 10，14-16. Livy 3，18，10：“Capitolium purgatum atque lustratum”.

* 罗马历史学家，约生于公元前254年。

了然，罪犯就是在这块岩石上被处以死刑，[96]不过，在同一地方还有一座“塔皮娅之墓”，它是人们平时献祭的地方。[97]这个名字的形式肯定是来自萨宾语传统，萨宾语 *Tarpeia* 相当于拉丁语的 *Tarquiuia*。[98]叛逆女子被胜利者惩罚的故事在希腊神话中出现过多次，[99]其中经常出现色情因素。费边·皮克托说塔皮娅眼馋萨宾人的金手镯，不过可以断定，性张力是内在于这个男人与女人相遇的故事结构之中的。征服一座城市就好比扯下一位处女头上的面纱。[100]入侵者遭

---

〔96〕 *Leges XII tabularum* 8，23（K G. Bruns，*Fontes iuris Romani antiqui* [Tübingen 1909⁷] 33=Gell. 20，1，53）；Th. Mommsen，*Römisches Strafrecht*（Leipzig 1899）931.

〔97〕 L. Calpurnius Piso fr. 5，*HRR* I 122=Dion. Hal. *ant*. 2，40，3；Th. Mommsen，*CIL* I^2 p. 309；Wissowa（1913）233；质疑意见，见 Latte（1959）111，2。

〔98〕 G. Devoto，*Storia della lingua die Roma*（Bologna 1940）75；Radke（1965）297；Poucet（1967）89-93，120，他认为这个名字作为地名先于作为人名使用，也许是正确的。

〔99〕 Peisidike of Lesbos，*Lésbou ktísis*，Parthen. 21；“Kleitophon”，*FGrHist* 293，1. 如果女反叛者主动杀死保护者，即她的父亲，故事模式会改变，如迈加拉的 Scylla（Aesch. *Cho*. 613-21；Apollod. 3，211）、塔福斯的 Comaetho（Apollod 2，60），这引出了“女性反抗”和秩序重建的故事模式，见 Burkert（1972）189-207；212-18。

〔100〕 *Il*. 16，100；*Od*. 13，388；M. Nagler，*Spontaneity and Tradition*（Berkeley and Los Angeles 1974）53f. 因此，耶利哥的征服相当于妓女喇合（Rahab）接待以色列人，见 Josh. 2；兰普萨克（Lampsake）在兰普萨库斯（Lampsacus）接待希腊人，见 Charon *FGrHist* 262 F 7；参见 Leucophrye at Magnesia，Parth. 5，6；the amazon Antiope at Themiskyra，Hegias *FGrHist* 606 F 1；the girl of Monenia-Pedasos，Hes. fr. 214；of Sparta，Paus. 3，13，3；of Corinth，Schol. Pind. *Nem*. 155a；Nanis of Sardes，Parthen，22；“Arne Sithonis，” Ov. *Met*. 7，465-68。这些故事的背景是，胜利者通常会掳走战败者的女性，见 Hetzner（1963）9f.。

到城市的顽强抵抗，却得到了一位放弃抵抗的少女的帮助，但是，他在占领城市的同时却拒绝了这个少女。这也可以用列维－斯特劳斯的方式用公式表达：$f(a):\bar{f}(b)\rightarrow\bar{\bar{f}}(b):\bar{f}(a)$。然而，我们再一次看到，结构主义的公式与其说让这个故事的动机变得更显豁，不如说让它变得更模糊。这实际上并不是一个旨在劝诫少女的道德故事，而是一个通过克制私欲获取成功的谋略故事。人们经常谈到塔皮娅和珀莱克里特两个人物之间的关联，[101]这种关联不仅仅存在于文学的层面。纳克索斯人的地盘通过珀莱克里特被罗马人占领，又通过塔皮娅被另外的一方占领，厄运和胜利的双方相互反转。就塔皮娅的故事而言，准确判断其仪式背景并不容易，在这个故事付诸记载之时，萨宾人和罗马人早已融合为一个族群，但是，故事中所呈现出来的荣誉与放逐的含混性，以及在坟墓上祭祖、推下悬崖的情节，仍保存了变形替罪羊仪式模式的征象。[102]

77

对异族或他国的征服导致的结果是打破平衡、激发反抗，克制和放弃抵抗能够避免灭亡，甚至赢得最后的胜利。在原初情境中，献祭仪式的价值只是出于对己方共同体的利

---

〔101〕 *PW* IV A 2338；Radke *PW* XXI 1754f.,1758；Hetzner（1963）62-67；P. Pinotti *Giornale Italiana di Filologia* 26（1974）18-32.

〔102〕 Radke（1965）328-35 甚至将圣处女制度解释成为公共替罪羊提供备选者，塔皮娅有时候就被视为一位圣处女（首见于 Varro *l. l.* 5，41；*PW* IV A 2334）。向女孩抛掷手镯或盾牌的母题可能反映了在“怨恨之墓”（a tomb of grudge）举行的祭祀秘仪（另见 Reinach［1908］223-53）。

益考虑，并与其他人获救的希望形成冲突，将生命的希望寄托于那些克服劫难、逃出生天的人身上。因此，这一仪式模式引起一种深深的、不安的激情反应，也就不足为奇了，它蕴含着生命的一种基本悖论，甚至令我们时代的理性道德也深感困惑。

第四章　赫拉克勒斯和动物之主

1. 希腊起源？

78

赫拉克勒斯[1]是希腊神话中最受欢迎也最为复杂的人物，不仅如此，他还是人们在日常信念和想象中最熟悉的人物，在突然置身于极度震惊和痛苦的境地时，希腊人最常吁求的是谁？*Herákleis*！——在希腊甚至希腊版图之外，到处都有祭祀他的祭仪。每个希腊人就像我们一样，都知道赫拉克勒斯长的是什么模样，身材魁梧，浑身结实的肌肉，但却不乏幽默感，手里总是拿着他的大棒，身披狮子皮，赫拉克勒斯就是美好的胜利的化身（*kallinikos*）。

不过，历史学界并不满足于只知晓这些，他们还为关于赫拉克勒斯的信仰、祭仪、神话是怎么来的等问题而一脑

---

〔1〕　本章最初曾在1973年作为会议论文提交给 *Il mito greco: Atti del Convegno Internazionale, Urbino, 7-12 maggio 1973*（Rome 1977）273-83。关于赫拉克勒斯，见 A. Furtwängler *RML* I 2135-2252；Wilamowitz（1895）1-107；*PR* II 422-675；O. Gruppe, *PW* Supp. III 910-1121（1918）；Farnell（1921）95-174；Schweitzer（1922）；R. Flacelière，P. Devambez，*Héraclès: Images et récits*（Paris 1966）；Brommer（1972）；Galinsky（1972）；F. Prinz，*PW* Supp. XIV 137-96（1974）；Burkert（1977）319-24。

门官司。这些关于赫拉克勒斯“起源”的问题，既众说纷纭，又莫衷一是。相关的史料最早可以追溯到公元前8世纪末期，但从一开始就杂驳多端，真假难辨：在最早的希腊艺术的画面中就出现了狮子、九头蛇、母鹿、鸟和亚马逊女战士的内容，[2]有些史料涉及赫拉对赫拉克勒斯的敌意，涉

〔2〕 狮子：late Geometric tripod stand，Athens，Kerameikos inv. 407，J. Carter *BSA* 67（1972）43；Schefold（1964）pl. 5a；Brommer（1972）pl. 4a。—九头蛇：Boeotian fibulae，Schweitzer（1922）figs. 32，34；Schefold（1964）pl. 6a；Brommer（1972）13，pl. 8。—母鹿：Boeotian fibula，R. Hampe，*Frühe griechische Sagenbilder in Boeotien*（Athens 1936）41-44，pl. 8；H. V. Herrmann *BJb* 173（1973）528f.；Meuli（1976）798；见IV 6 nn. 2-3。—鸟：Boeotian fibula，Brommer（1972）pl. 3，见pl. 18～Schefold pl. 5b（*contra*，Fittschen［1969］64f.）。—亚马逊女战士：clay shield from Tiryns，Schefold（1965）pl. 7b；Brommer（1972）pl. 23a。一个特例是摩利俄涅（Molione），频见于早期图像中，如Hampe（1936）45-49；Fittschen（1969）68-75；R. Hampe，*Katalog der Sammlung antiker Kleinkunst des Archäologischen Instituts der Universität Heidelberg, II, Neuerwerbungen 1957/70*（Mainz 1971）91-99，nos. 123，124，128；Geometric pitcher，Agora，Schefold（1964）pl. 7a；Geometric crater，New York，Metr. Mus. 14. 130. 15，*JHS* 86（1966）pls. 1-3；Geometric stand，Munich，*Gymnasium* 81（1974）178，pl. 1b。看起来，这些似乎不仅是偶然出现的“个案”（它们在公元前7世纪就消失不见了），而是依托于一个独特的图像学，甚至是仪式背景。参见恩科米（Enkomi）出土的晚期青铜器的双头半人马像，Buchholz，Karageorghis（1971）no. 1731；*AA* 1974（370）；见第六章注释〔104〕；关于三头怪，见第四章注释〔73〕；E. Walter-Karydi *Gymnasium* 81（1974）177-81将这种形象解释为表示兄弟“同心协力”，这种解释用单一的寓意取代了神话的多义性。手持棍棒、身披狮子皮、长着狮子头的赫拉克勒斯“经典”造型，在公元前7世纪下半叶开始出现，最古老的见证是Corinthian aryballus，Florence，Museo Etrusco，*AJA* 60（1956）pl. 69，9-10；Fittschen（1969）118；参见Kunze（1950）93-126。Furtwängler *RML* I 2143-48体现了埃及喜神贝斯（Bes）小雕像的影响。有些古代学者将赫拉（转下页）

及欧律斯透斯（Eurystheus）和赫拉克勒斯的劳役，也涉及赫西俄涅（Hesione）和特洛伊的故事，以及《伊利亚特》中提到的前往皮洛斯和科俄斯（Cos）的冒险之旅。[3] *Bíe Herakleeíe*（赫拉克勒斯之大力）这一套语显然是来自口头史诗的修辞，[4]说明在好几代史诗歌手的咏唱中赫拉克勒斯就已经是一个重要的人物了。但是，在希腊却不见任何较之上述更早的关于赫拉克勒斯的史料。

因此，任何关于赫拉克勒斯希腊起源的理论都因缺乏实证材料而不可避免地是思辨性的，其中反映出不同学者各自对神话的一般理解。对富于浪漫主义精神的学者而言，赫拉克勒斯看来像是希腊民族自身的理想主义精神的投射，是由希腊那些具有创造精神的诗人构想和不断加工而成的，然而，不幸的是，我们对于这些诗人一无所知。有鉴于此，维拉莫威兹（Wilamowitz）在其关于欧里庇得斯 *79*

（接上页）克勒斯的造型追溯到皮桑德尔（Pisander）的诗歌，见Strabo 15 p. 688，Suda p. 1465，对此，我们无从考证。或将此种雕像的“发明”归功于斯特西克鲁斯（Stesichorus，Megakleides in Ath. 512 ef=*PMG* 229），此说与考古发现不合。赫拉克勒斯的“十二劳役”的情节究竟何时确立，尚无一致意见，Brommer（1972）53-63，83，追随罗伯特（Robert）之说，将这一时间点推迟至公元前3世纪；古代学者则提到“皮桑德尔”，Wilamowitz（1895）否认此说的重要性（66），但将时间断定在公元前6世纪（59），参见G. L. Huxley，*Greek Epic Poetry from Eumelus to Panyassis*（London 1969）100-105。

〔3〕 W. Kullmann，*Das Wirken der Götter in der Ilias*（Berlin 1956）25-35；Galinsky（1972）9-17；O. M. Davidson，“Herakles in the Iliad”（Diss. Boston University 1975）.

〔4〕 为了方便地用于主格、属格、与格、宾格，参见 *MH* 29（1972）81。

悲剧《赫拉克勒斯》的经典评述中，[5]追随卡尔·奥特弗利德·缪勒（Karl Otfried Müller）的观点，大胆宣称赫拉克勒斯是多利安民族品格的无可争辩的表达，由于赫拉是阿哥斯城（Argos）的女神，这座城市在黑暗年代（the Dark Ages）刚一开始时即被多利安入侵者摧毁，因此，她对赫拉克勒斯的敌意很容易解释。由此言之，赫拉克勒斯就是一种由集体理想的投射而形成的神话人格，我们看到的赫拉克勒斯的一系列壮举就是历史事件的投影。按照维拉莫威兹的说法，赫拉克勒斯神话所蕴含的讯息就是多利安民族的核心讯息，旨在说明一个凡人经过一番苦其心志、劳其筋骨的磨炼，可能成为神："生而为人——上升为神；艰苦磨炼——征服天庭。"[6]读者也许会发现，甚至这一程式即已泄露了维拉莫威兹这番原多利安假说中的伪基督教成分——"当多利安人居住于马其顿的神山之中"。至于赫拉，既然她身居如此遥远的阿哥斯，在多利安人那里土生土长的赫拉克勒斯为什么要承受她的折磨？在其稍后出版的最后一部著作《希腊的信仰》（*Der Glaube der Hellenen*）[7]中，维拉莫威兹悄悄地抛弃了多利安假说，转而采纳了法内尔（Farnell）的观点，即认为赫拉克勒斯在克里特岛的多利安人中根本没有什么地位。如此

[5] Wilamowitz（1895）19. 38. 40f.；K. O. Müller，*Geschichte Hellenischer Stämme und Städte*，II-III，*Die Dorier*（Breslau 1824，1844^2）415-61；对比 Farnell（1921）103-45。

[6] Wilamowitz（1895）38："Mensch gewesen，Gott geworden；Mühen erduldet，Himmel erworben."

[7] Wilamowitz（1931—1932）II 20.

说来，公元前 8 世纪的阿哥斯城就必然成为希腊赫拉克勒斯的诞生之地。按照类似的思路，尽管在细节上互有歧异，保罗·弗里德伦德尔（Paul Friedlaender）试图重建关于赫拉克勒斯的早期古风诗歌的地域性，[8] 这些诗歌是希腊诗人在一些特殊情境下创作的。保利－维索瓦是这种方法的一位迟来的拥护者，他提出了最后的修正方案之一——虽然大大出人意料，赫拉是多利安人的部落之神，而赫拉克勒斯则代表亚该亚人，[9] 这正是赫拉如此具有统治欲的原因所在，至于赫拉与赫拉克勒斯之间的冲突，则正如维拉莫威兹所言，反映了多利安人征服的历史。

这些各执一端、相互抵牾的说法暴露了这种方法及其前提的随意性。因为传统故事被运用于历史情境，神话确实可能反映特定的历史情境，但是，却不能由此得出结论认为，假如一个神话被用于某种情境并由此获得意义，它就一定是特意为此目的而发明或“创作”的。至于黑暗世纪，甚至这一情境本身也是根据对神话的解释而拼凑、构建出来的。另一个问题是，一个神话的核心是否必定在其中的“人物”身上，不管这个人物的表现是如何生动，或者，毋宁说，这个核心其实是存在于行动模式之中，普罗普及其追随者的发现为后一种可能提供了更多的理由。[10]

---

〔8〕 P. Friedländer, *Herakles*（Berlin 1907）; *RhM* 69（1914）335-41～*Studien zur antiken Literatur und Kunst*（Berlin 1969）48-53.

〔9〕 F. Prinz *PW* Supp. XIV 162.

〔10〕 见第一章第 2 节。

2. 来自东方的线索

80　如果我们放弃关于神话独创性的神话，而采取“传统故事”的概念，并就这一术语的字面理解其意义，我们就不会忽视在古代近东那些非常古老的史料中所呈现出来的与赫拉克勒斯的形象和所作所为之间惊人的相似性，如伯恩哈德·施韦泽（Bernhard Schweitzer）等考古学家业已指出的那样，[11]这些史料主要是一些图像资料。足以令人感到惊讶的是，其中最丰富的史料是来自美索不达米亚地区前萨尔贡时代的柱形印章，也就是说，来自公元前3千纪中期，其中有些令人感兴趣的图像甚至来自公元前4千纪。[12]其中出现的不仅是一位打败公牛、狮子、巨蛇的英雄，而且是一位斩

---

〔11〕 Schweitzer（1922）133-41；参见 Brommer（1972）8,12。——Herodotus 2, 44 将赫拉克勒斯与推罗（Tyre）的腓尼基人的神麦勒卡特（Melqart）等同起来，这种说法一般被视为只是二手的推断，但 D. van Berchem, “Sanctuaires d’Hercule-Melqart,” *Syria* 44（1967）73-109，307-38 将萨索斯岛（Thasos）的圣所（参见 M. Launey，*Le Sanctuaire et le culte d'Héraklès à Thasos*[Paris 1944]；B. Bergquist，*Herakles on Thasos*[Lund 1973]）和罗马的大祭坛（the Ara Maxima of Rome，见第四章注释〔46〕）追溯到腓尼基人的扩张，在这一问题上，罕有学者步其后尘。

〔12〕 关于圆柱形印章，见 H. Frankfort *Iraq* 1（1934）2-29；G. R. Levy *JHS* 54（1934）40-53；Frankfort（1939）115f.，121f.，198；W. Baumgartner *SAVk* 41（1944）25；Frankfort（1955）37，42。关于图像类型的命名问题，参见 V. K. Afanasyeva，“Gilgameš and Enkidu in Glyptic Art and in the Epic,” *Klio* 53（1970）59-75。—— 关于早期苏美尔浮雕高脚杯上，两位英雄或神共同对付两头公牛或两只鸟的图像，见 Brit. Mus. 118465，Strommenger（1962）pls. 24f.；Tacchi Venturi II（1971）7，年代为公元前4千纪第三个250年。——关于见于另一只浮雕高脚杯上的英雄或神立于双豹之上、双手扼两蛇的图像，见 Brit. Mus. 128887，Strommenger pls. 38f.，年代为公元前4千纪末期。

首长着七个脑袋的蛇怪的英雄，与赫拉克勒斯在勒拿大战七头怪蛇许德拉的事迹如出一辙，这一场景被置于由一串蝎子构成的带状图案中，[13]很容易联想到勒拿的那只捣乱的螃蟹，当赫拉克勒斯跟许德拉大战时，这只螃蟹趁机攻击他。（见图 5、6）在苏美尔时期的图章上，出现了披着狮子皮、手持棍棒和弓箭的英雄形象，其中一个画面中，他看起来好像正在介入通常被称为“将太阳神解救出山中洞穴”的行动，画面中有一个鹫鸟正在对他发起攻击，[14]这很容易让人想起赫拉克勒斯解救普罗米修斯的情节。这位美索不达米亚英雄的名字似乎叫尼努尔塔（Ninurta）或宁吉尔苏（Ningirsu），在一首古迪亚（Gudea）时代的圣歌中，宁吉尔苏是打败龙、狮子、多头怪物等多种凶残怪兽的神。[15]尼努尔塔偶尔被作为风暴神恩利尔（Enlil）的儿子提到，恩利尔相当于希腊的宙斯，他是赫拉克勒斯的父亲。

在早期青铜时代的苏美尔和古风时代的希腊之间横亘

---

〔13〕 阿斯玛遗址（Tell Asmar）出土印章，见 *JHS* 54（1934）40；Frankfort（1955）no. 497；出土于同一遗址的印章，见 *JHS* 54 pl. 2，1；Frankfort（1939）pl. xiii j；（1955）no. 478；F. Dirlmeier，*Der Mythos vom König Ödipus*(Mainz 1964^2)65f.；*ANEP* 691 cf. 671。——赫拉克勒斯和螃蟹，见 the fibula Schefold（1964）pl. 6a（参见第四章注释〔2〕和插图 5）；Apollod. 2 [79] 5，2，4。

〔14〕 Frankfort（1939）105-8，pl. xix a，柱形印章 Brit. Mus. 89115，*JHS* 54（1934）46，*ANEP* 685；其解释并非定论。——身披狮子皮，手持弓箭、棍棒的神，见 *JHS* 54（1934）pl. 2,2；Frankfort（1939）pl. xx e；Kramer（1961）pl. 12，3。

〔15〕 Falkenstein，v. Soden（1953）no. 32，pp. 162f.；参见 Th. Jacobsen *JNES* 5（1946）146f.；West（1971）42；*WM* I 115。

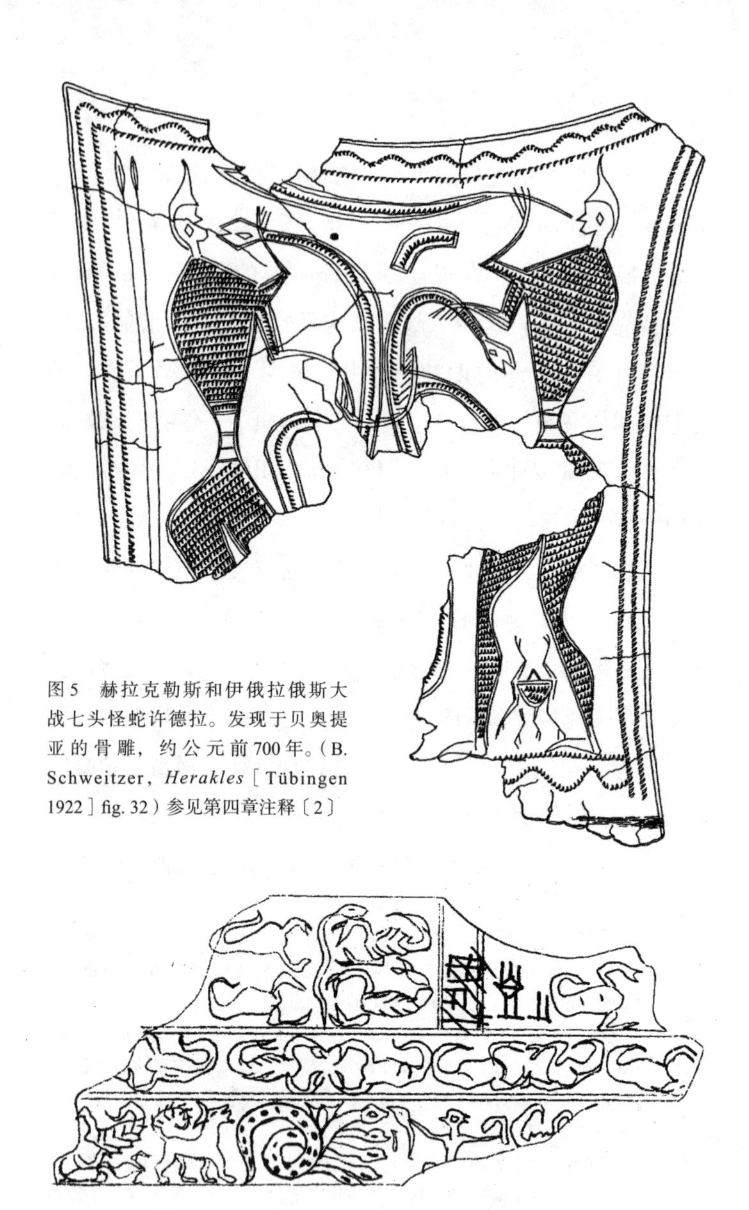

图5　赫拉克勒斯和伊俄拉俄斯大战七头怪蛇许德拉。发现于贝奥提亚的骨雕，约公元前700年。（B. Schweitzer, *Herakles* [Tübingen 1922] fig. 32）参见第四章注释〔2〕

图6　神与七头蛇怪之战。阿斯玛遗址（Tell Asmar）出土的印章，约公元前2400年。（*Oriental Institute Communications* 17：Iraq Excavations 1932—1933 [Chicago 1934]54 fig. 50；H. Frankfort, *Stratified Cylinder Seals from the Diyala Region* [Chicago 1955] no. 497）参见第四章注释〔13〕

着巨大的时空鸿沟，但是，在两者的图像史料之间却存在着明显的连续性，且不说那些依然难得其解的口头传统史料。[16] 在一个乌加里特文本中出现了斩杀七头蛇的情节，《旧约·以赛亚书》中几乎逐字逐句地重复了这一故事，当然换成了耶和华与巴力的战斗。[17] 在保存于第七块泥板的巴比伦创世史诗中，海蛇提亚马特（Tiamat）联合了 11 个怪兽作为她的同盟，这 12 个怪兽统统被英勇的马杜克消灭，[18] 赫拉克勒斯需要完成的艰难任务也正好是 12 件。赫拉克勒斯寻求赫斯珀里得斯（Hesperides）的苹果可以与吉尔伽美什史诗中寻求长生药的情节相对比，[19] 这一史诗是古代近东流传最为广泛的文本。希腊人肯定跟西里西亚的晚期赫梯文明有过某种交往。有一块发现于迦基米施（Carchemish）的浮雕描绘了一位长着胡子的英雄，正面跪地，一手握着一只公牛，一手握着一头狮子、一只牡鹿正在朝他走来，还有另外一只动物，画面已残，其形难辨，这只动物将爪子放在英雄的膝盖上。[20] 这一画面表现的是否是巴比伦的恩奇

81

［16］ 参见 Alster（1972）15-27。

［17］ *CTA* 5 I 1，28，*ANET* 138；Isa. 27：1，参见 Rev. 12：3。

［18］ Enuma Eliš I 132ff. ～II 19ff. ～III 22ff.，*ANET* 62f.；West（1971）42；参见 IV 1 n. 2。

［19］ Schweitzer（1922）135-41；L. Curtius，*Interpretationen von sechs griechischen Bildwerken*（Bern 1947）58f.；J. Dörig，O. Gigon，*Der Kampf der Götter und Titanen*（Lausanne 1961）61.

［20］ Moortgat（1949）118f.（"Tammuz-Tradition"）；Akurgal,Hirmer（1961）pl. 113；*JNES* 21（1962）107. 莫亨朱－达罗（Mohenjo Daro）遗址发现的一件浮雕呈现了令人好奇的相似性，见 J. Marshall，（转下页）

都（Enkidu）或者就是赫拉克勒斯正在驯服野兽的场景？又或者显示了两者之间的一个过渡形象？还有另几件赫梯晚期浮雕，表现的似乎是同样的人物形象，一个动物的主人，正在驯服两头狮子，在一件浮雕中，他长着鸟喙一样的嘴和动物的耳朵。[21]这个人物的地位显然低于上帝或王，后者的形象矗立于这些浮雕的基座之上。东方化时期的希腊图像高度依赖东方原型，这一点尤其可由解放的普罗米修斯的形象得以证明。[22]至于与狮子的搏斗，希腊人是否有机会在希腊本土见到活的狮子，仍是一个悬而未决的问题。狮子是荷马最喜欢用在比喻中的形象之一，但是，已经有人指出，在荷马史诗中从来没有提到过狮子的吼叫：这是否意味着希腊人只是从沉默的画面中了解这种兽中之王的样子？[23]不管怎么说，

（接上页）*Mohenjo-Daro and the Indus Civilization* I（London 1931）pl. 12 no. 17；Kirfel（1948）pl. 8 fig. 17；Gonda（1960）7f.；O'Flaherty（1973），fig. 1：一个猥琐的瑜伽修行者形象，长着三张脸，头上有角，周围环绕着动物。

〔21〕 发现于迦基米施的浮雕，见 C. J. Woolley，*Carchemish* III（London 1952）pl. B 25；Akurgal，Hirmer（1961）pl. 109。——发现于辛色利（Zincirli）的浮雕，见 Akurgal，Hirmer（1961）pls. 126f.，一件象牙雕刻上的图像：一位夹在两头狮子之间的年轻的神，见 R. D. Barnett，*The Nimrud Ivories*（London 1957）pl. XLIII，参见 Moortgat（1949）9-14；H. J. Kantor *JNES* 21（1962）101-8；古迪亚圣诗（见注释〔15〕）中的宁吉尔苏“体型高大、长着翅膀，两边各有一头狮子”。

〔22〕 Chr. Kardara *AAA* 2（1969）216-18；参见注释〔14〕提到的柱形印章，以及 Schefold（1964）pls. 11a，57a。与“赫拉克勒斯和鸟”类似的图像，见 Frankfort（1939）198，pl. 34c。

〔23〕 “*léōn*”（lion）一词可能源自埃及语（J. C. Billigmeier *Talanta* 6［1975］1-6），荷马用来代替它的“*lis*”来自闪米特语（Masson［转下页］

迄今为止发现的最早的一件画风稚拙的斗狮画面，出现在一件出土于雅典的晚期几何风格的三脚架上，[24]这件器物可能与最早的一批希腊书写文献同一时代，其画面有着明显的东方来源，尽管有充分的理由认为它呈现的就是赫拉克勒斯的形象。

为了完善这份希腊文明对东方的资产负债清单，我们不妨再加上最后几项：赫拉克勒斯出生的故事，安菲特律翁的两个儿子前后脚出生，赫拉克勒斯因是出生较晚的一个而不得不受到赫拉和欧律斯透斯的双重奴役，这一在西方喜剧中极具活力的母题，似乎是由埃及传入的，在一些埃及文本和图像中描绘的阿蒙神（Amen）就是用这种方式生下了一位法老；[25]其次，赫拉克勒斯被烧死在欧伊塔山（Oeta）的火葬堆上的母题，也与西里西亚的塔尔苏斯（Tarsus）一年一度烧死圣诞老人（Santas）的风俗遥相呼应，当地又称被烧死者为赫拉克勒斯；[26]以及赫拉克勒斯在东方的名字，即

[接上页][1967]86f.)。关于狮子的图像从东方向希腊的传播，见 J. Carter *BSA* 67（1972）43；J. N. Coldstream *Gnomon* 46（1974）278。G. Mylonas *AAA* 3（1970）912-25 主张希腊有过真正的狮子，参见 Hdt. 7，125（Macedonia）；Paus. 6，5，4（Thrace）。

〔24〕 参见第四章注释〔2〕。

〔25〕 E. Brunner-Traut，*Altägyptische Märchen*（Düsseldorf-Cologne 1963）76-87；H. Brunner，*Die Geburt des Gottkönigs*（Wiesbaden 1964）；Burkert *MH* 22（1965）168f.；R. Merkelbach，*Die Quellen des griechischen Alexanderromans*（Munich 1977^2）77-83.

〔26〕 Dion *or.* 33，47；Berossus *FGrHist* 680 F 12；塔尔苏斯的硬币，见 *JHS* 54(1934)52；Franke(1968)no. 376；H. Goldman *Hesperia* Supp. 8(1949)164-74；T. J. Dunbabin，*The Greeks and Their Eastern Neighbours*（London 1957）53。

厄拉伽尔（Eragal）或涅伽尔（Nergal），这个名字指一位巴比伦神，他带来并祛除瘟疫，经常跟狮子、棒槌、弓箭一起出现。[27]凡此种种线索，难道还不足以说明，赫拉克勒斯与其说是希腊人的创造，旨在表达多利安人的理想精神，不如说是从公元前 8 世纪的东方批量引进的。[28]

83

不过，这样一种一味堆积史料的办法解决不了问题。各种母题的确有可能是单独地从东方拿来的，例如斗狮或七头蛇怪的母题，图像因素很容易跨越语言边界而传播，而且，不管是在尼米亚（Nemea）还是勒拿，都有一些完全与赫拉克勒斯无关的本地神话。然而，必须有某种组织力量，将所有这些细节融炼为一体。我们的基本假设是，一个神话传统的动力结构和可持续结构是由故事本身提供的基本的行动序列，根据这一观点来看，显然并不存在一个单一的赫拉克勒斯神话，也不存在一个作为基点的人物，存在的只是一系列牵涉到同一个名字的不同的故事，其中有些故事是同一

〔27〕 M. K. Schretter, *Alter Orient und Hellas*（Innsbruck 1974）170f.； 刻有字母 NRGL 的塔尔苏斯硬币，见 L. Mildenberg *AK Beiheft* 9（1972）78-80；参见 *WM* I 110。—— 希腊人将 Heracles 的名字解释为“Hera's glory”（赫拉的荣耀），乌西诺已经对此说提出质疑，见 H. Usener, *Die Sintflutsagen*（Bonn 1899）58；E. Kalinka *Klio* 22（1928）259；P. Kretschmer *Glotta* 8（1917）121-29；Schwyzer（1939）62；对这种传统解释的辩护见 W. Pötscher *Emerita* 39（1971）169-84，认为赫拉 - 赫拉克勒斯两人的关系经历了一个“发展过程”，发生过一个巨大的改变。

〔28〕 Frankfort（1939）121f. 提出一个假设，认为在公元前 3 千纪曾发生过一次神话的播迁；布伦戴奇研究了铁器时代早期从推罗（Tyre）向吕底亚人的文化扩散的可能性，见 B. C. Brundage, “Heracles the Levantine,” *JNES* 17（1958）225-36。

模式的变体，有些则显然并无直接关联。我们的分析不得不从这个错综复杂的故事丛选择一条线索，看看从结构、功能以及历史出发对这些故事进行解释，究竟能走多远。或许，这种方法会让我们对整个赫拉克勒斯故事丛获得更加透彻的理解。

3. 革律翁

最近发现的震动学界的纸莎草文献，使斯特西克鲁斯（Stesichorus）的《格律俄内斯》（*Geryoneis*）引起人们的关注，[29]赫拉克勒斯与革律翁（Geryon）的牛群相关的冒险故事在古典传统中的影响相对较弱，[30]在古代瓶画中也不是很流行，瓶画几乎是赫拉克勒斯斗狮主题的天下，但是，与这

［29］ *Pap. Oxy*. 2617；D. L. Page，*Lyrica Graeca Selecta*（Oxford 1968）263-68；*SLG* 7-87；*JHS* 93（1973）138-54；与瓶画的相互影响，见 M. Robertson *CQ* 19（1969）207-21。

［30］ *PR* II 465-83；Gruppe *PW* Supp. III 1061-67；J. H. Croon，*The Herdsman of the Dead*（Utrecht 1952）；C. Gallini，"Animali e al di là，" *SMSR* 20（1959）65-8l；关于相关文物，见 Brommer（1971）49-52，（1972）39-42，（1973）58-63。一个早期科林斯化妆盒上的初期瓶画，见 Brit. Mus. A 487，Brommer（1973）63C3，*JHS* 5（1884）176-84，Brommer（1972）pl. 25；关于库普塞鲁斯（Kypselos）时期的红色黏土陶棺（larnax）的展示，见 Paus. 5，19，1。革律翁经常被称为"冥府的"（chthonian）人物，见 L. Radermacher，*Das Jenseits im Mythos der Hellenen*（Bonn 1903）42；Gruppe *PW* Supp. III 1065，因此认为"母牛"（cows）即灵魂，Gruppe（1906）459，1326f.；Weicker *PW* VII 1289f.；科内托（Corneto）的 dell'Orco 古墓中，冥王边上有字母 GERUN，见 Schweitzer（1922）87f.；Virg. *Aen*. 6，289；帕塔维乌姆（Patavium）革律翁牛群的神谕，见 Suet. *Tib*. 14。

一母题相关的地方传统的丰富多样，尤其是在意大利和西西里地区，却表明这一母题并非无足轻重。这一故事的基本环节早在赫西俄德时就已确立：[31] 革律翁，即“吼叫者”，是克律萨俄耳（Chrysaor）和海洋女神卡利洛俄（Callirhoe）的儿子，克律萨俄耳则是戈耳工的儿子。革律翁有三个脑袋，甚至还有他有三个身体的说法，他生活在厄律忒亚岛（Erytheia），即“红岛”，此岛远在大洋河（Oceanus）之外的西方。革律翁养着一群神奇的牛，由他的牧人欧律提翁（Eurytion）和一只叫俄耳托斯（Orthus）的狗看管，这只狗不多不少长着两个脑袋。赫拉克勒斯在欧律斯透斯的指派下来到这座岛屿，杀了双头狗、牧人和革律翁本人，得到了牛群，费了不少周折，把它们赶到了梯林斯（Tiryns）或阿哥斯。赫拉克勒斯逼着太阳神赫利俄斯（Helios）把金碗借给自己，太阳就是乘着这个金碗每天晚上沿着大洋河从西方回到东方，在第二天早晨再次升上天空。[32] 赫拉克勒斯乘着太阳神的金碗，得以航行到厄律忒亚岛，这一令人印象深刻的交通手段，未见于赫西俄德，却见于斯特西克鲁斯笔下，不可能纯属后者的杜撰。[33]

84

显而易见，这个故事与普罗普故事模型高度吻合：[34]

---

〔31〕 Hes. *Theog*. 287-94，327，979-83；Pherecydes *FGrHist* 3 F 18；Apollod. 2［106-12］5，10.

〔32〕 Stesichorus *PMG* 185，1；*Titanomachia* fr. 7 Allen：Pisander Ath. 469d.

〔33〕 Vase-paintings：Brommer（1973）193.

〔34〕 见第一章第 2 节。

主人公得到命令，踏上寻求之旅（功能 9—11）；遇到助手，遭遇抵抗，成功得到他需要的东西（12—14）；到达目的地（15）；与牛群拥有者搏斗（16）；打败拥有者（18）；得到牛群（19）；回归（20）；赫拉克勒斯失去刚刚得到的牛群，因此不得不重新投入寻求之旅，甚至连这一情节也见于普罗普的模型（8—15bis）。革律翁故事中的一些特有环节将它与一般的模式区分开来：其中包含了宇宙地理学的内容，诸如太阳和金碗之路，大洋河是天和地相接的地方，那座岛被恰如其分地称为“红岛”，因此它位于太阳降落的西方。此外，故事中还有一位巨人，他长三个脑袋，管理着牛群，因此同时兼具超于人类和低于人类的双重属性。

如果看一眼究竟有多少地方性传统与这个故事的应用有关，肯定会大吃一惊，故事中，牛群失而复得、得而复失，自始至终都给赫拉克勒斯带来新的考验：他被牵连进一场跟皮洛斯的战争，不管这个皮洛斯是在什么地方；[35]在伊庇鲁斯（Epirus）有一种牛据说是赫拉克勒斯在此放走的一些母牛的后代，他释放这些牛是为了向多多那城（Dodona）的宙斯致敬；[36]与此类似，色雷斯的牛群也被追溯到来自

---

〔35〕 Isocr. 6，19；Agias *FGrHist* 305 F 1；见第四章注释〔64〕。

〔36〕 Lycus of Rhegium *FGrHist* 570 F 1；Proxenus *FGrHist* 703 F 8 in Phot. s. v. *Larinoì bóes*，Suda *l* 121；又见 Pind. *Nem*. 4，52，参 Schol. 4，84；Schol. Aristoph. *Av*. 465：Schol. Theocr. 4，20；Nicander in Ant. Lib. 4；Hecataeus 曾提到过，*FGrHist* 1 F 26，Scylax 26，Scymnus 152-6 ＝Ephorus *FGrHist* 70 F 129b。

厄律忒亚岛的牛群。[37]不过，大部分与之相关的故事都发生于西土：[38]赫拉克勒斯在马赛受到袭击的故事，出现在埃斯库罗斯的《解放的普罗米修斯》中；[39]在罗马、[40]库迈（Cumae）、[41]克罗顿（Croton），[42]赫拉克勒斯也有相似的经历，尽管这几个地方并非他前往阿哥斯的必经之路，还有人相信他甚至曾经到过西西里，尤其是默提俄（Motye）、[43]厄律克斯（Eryx）、[44]索鲁斯（Solus）、[45]希墨拉（Himera）、[46]阿吉

---

〔37〕 Apollod. 2［112］5，10，11（参见 Hdt. 7，126）；阿尼亚内斯国家的厄律忒亚岛，见（Arist.）*mir.* 133，843b27-844a5。

〔38〕 通常，厄律忒亚岛被置于盖德斯（Gades），见 Stesichorus *PMG* 184；Pherecydes *FGrHist* 3 F 18b；Hdt. 4，8，2；Ephorus *FGrHist* 70 F 129；Apollod. 2［106］5，10，1；对此的异议见 Hecataeus *FGrHist* 1 F 26。

〔39〕 Aesch. fr. 326 Mette～199 Nauck；Apollod. 2［109］5，10，8；PR II 473，5.

〔40〕 参见下文注释〔49〕；他还是海边的拉丁努斯（Latinus）人的始祖，见 Justin. 43，1，9，还让阿尔巴尼人（Albani）跟他一起去往高加索，见 Justin 42，3，4。

〔41〕 Diod. 4，21，5-7；Strab. 5 p. 245. 发现于卡普亚（Capua）的一只古青铜釜上面的雕刻可能反映了一个卡库斯（Cacus）故事的当地变体，见 *Annali dell' instituto di corr. arch.* 23［1851］36-59，pl. A；*RML* I 2275f.；S. Haynes，*Etruscan Bronze Utensils*［London 1965］15-18。

〔42〕 此地的盗牛贼是拉基尼俄斯（Lakinios），与赫拉·拉基尼亚（Hera Lakinia）圣所有关，见 Diod. 4，24，7；Iambl. *V. Pyth.* 50；参见 Conon *FGrHist* 26 F 1，3，他没用“Kroton”一词，而是用的“Lokros”。

〔43〕 Hecataeus *FGrHist* 1 F 76.

〔44〕 被用来将公元前 6 世纪末多里欧斯（Dorieus）的征服合法化，见 Hdt. 5，43；参见 Diod. 4，23，2f.；Apollod. 2［111］5，10，9f.；Paus. 3，16，4f.；4，36，4。

〔45〕 Hecataeus *FGrHist* 1 F 77.

〔46〕 由此联系到泰尔米尼－伊梅雷塞（Termini Imerese）的温泉，见 Diod. 4，23，1。

里翁（Agyrion）、[47]锡拉库扎（Syracuse）；[48]其中，最有名的是赫拉克勒斯的罗马之旅，卡库斯（Cacus）偷走他的牛并藏在山洞里，赫拉克勒斯杀死他并夺回被他偷走的牛，这个故事因维吉尔的《埃涅阿斯纪》而为人熟知，成为位于罗马的赫拉克勒斯大祭坛（Ara Maxima）的奠基神话。[49]所有这些大致都属于前希腊传统，希腊人知道这些故事在赫拉克勒斯时代之后即已进入意大利和西西里地区。在殖民者看来，这些故事肯定会为那些陌生的土地增加一点熟悉感：我们的英雄赫拉克勒斯曾涉足于此，如果当地的野蛮人不太友善，他们应该为此感到抱歉。不过，故事并非到此为止。

正如希腊人正确理解的，"意大利亚"（Italia）意为"畜群的土地"，至少从赫拉尼库斯（Hellanicus）[50]的时代开始，希腊人就将这个名字的来历追溯到赫拉克勒斯驱赶革律翁牛群的漫游之旅，并且认为意大利的圣所和献祭仪式也是由他创立的。在历史时期，意大利的牧民赶着牛羊由山区草甸来到平原，在季节更替之后，又重返故地，事实上，这些 *85*

〔47〕 Diod. 4，24.

〔48〕 科瑞涅泉的仪式即由赫拉克勒斯创立，见 Diod. 4，23，4；5，4，2；Zuntz（1971）72f.。

〔49〕 R. Peter *RML* I 2270-90；J. Bayet，*Les Origines de l'Hercule Romain*（Paris 1921）203-33；F. Altheim，*Griechische Götter im alten Rom*（Stuttgart 1930）177-79；Livy 1，7；Virg. *Aen.* 8，188-272；Prop. 4，9；Dion. Hal. *ant.* 1, 39；见第四章注释〔58〕。

〔50〕 *FGrHist* 4 F 111；F. Klingner，"Italien. Name，Begriff und Idee im Altertum，" *Antike* 17（1941）89-104＝*Römische Geisteswelt*（Munich 1961^4）11-33.

牧民确以赫拉克勒斯作为他们特属的保护神。正是在这一背景下，革律翁神话获得了现实意义。[51]对于牧民而言，他们面临的主要问题就是牛羊会走失或者被盗，把一个牲畜的失踪归咎于一个把它藏了起来的恶魔，这是顺理成章的。[52]正是赫拉克勒斯打败了这种卡库斯式的邪恶势力并找回失踪的牲畜。由此可见，赫拉克勒斯及其牛群的神话，以及意大利的赫拉克勒斯祭仪，使牧民的现实情境得以表达，因此，不妨认为这些神话和祭仪直接源于牧民文化：牲畜失踪了，是被故意捣乱的对头藏起来的；牲畜找到了，则是被足智多谋且强大有力的英雄或神明找回来的，牧民崇拜他们，是为了保证畜牧业的成功。这种情境在牧民文化中是司空见惯的，它可能不仅是希腊的，而且也是前希腊的，尤其是意大利的。

4. 卡库斯、因陀罗和墨兰波斯

以上所述，尚未解释革律翁岛的宇宙起源论背景，这座岛屿远在地角天涯，太阳升降的轨道经过于此。你可以认为这些仅属于“幻想”，但是它们在故事中地位突出，不容忽视。去往天涯地角，与恶魔战斗，带着战利品凯旋，这是构成一个令人瞩目的故事结构的三个“母题素”，可以从比较神话学的角度进行广泛的探究。自从梵文研究兴起，革

---

〔51〕 F. van Wonterghem, “Le Culte d’Hercule chez les Paeligni,” *AC* 42(1973) 36-48.

〔52〕 A. V. Rantasalo, *Der Weidegang im Volksaberglauben der Finnen* (Helsinki 1953) 100-216.

律翁神话，尤其是卡库斯神话，就已经引起学者的注意，被认为可能是印欧神话学的一个重要研究对象。在《吠陀经》中经常会提到的一个神话，是德利陀（Trita）或因陀罗（Indra）与“其形万变”的三头魔鬼毗首噜波（Visvarupa）战斗并杀死他，因陀罗随后解救了被他藏在山洞中的母牛。〔53〕在19世纪的学者看来，这个神话显然是一个讲述雷电之神从云层里给人间带来丰收甘霖的寓言，难道云层不正是天上的牛群吗？而干旱的魔鬼将雨水关了起来。〔54〕不过，这个神话也可以应用到其他很多场合。对于参加成人礼 86 的年轻人而言，可以将母牛视为神所昭示的精神启示，〔55〕此外，甚至现实中对于祭祀仪式极为重要的“神牛”也被等同于因陀罗解救的母牛。〔56〕这个故事跟卡库斯故事之间的相似性几乎无须多言。〔57〕有人认为，在维吉尔以前，卡库斯神话

---

〔53〕 Hillebrandt I（1927）519f.，Ⅱ（1929）206，233-38，307-11；Gonda（1960）57f.；A. Venkantasubbiah，“On Indra’s Winning of Cows and Waters，” *ZDMG* 115（1965）120-33；O’Flaherty（1975）70f.；Lincoln：见第四章注释〔72〕。与此类似，在伊朗神话中有 Thraetaona 杀死三头怪物 Azi Dahaka 的故事，见 Avesta，*Yasna*，9，7f.；*Yašt* 5，33f.；15，23f.；其中尽管未出现母牛，但出现了两个女人。

〔54〕 R. Peter *RML* I 2279.

〔55〕 J. Herbert，*L’objet et la méthode des études mythologiques*（Lyon 1955）.

〔56〕 Gonda（1960）57f.

〔57〕 F. Rosen 注意到了这一点，*Rigveda-Samhita*（London 1838）xx f.；M. Bréal，*Mélanges de mythologie et de linguistique*（Paris 1882）1-161；Peter *RML* I 2279；L. v. Schroeder，“Herakles und Indra，” *Denkschriften der Ak. Wien* 58（1914）3，57f.；Venkantasubbiah：见注释〔53〕；Lincoln：见第四章注释〔72〕。Wilamowitz（1895）x-xii 对此持异议。

尚罕见流传。[58]但是，古代确有某位卡西乌斯（Cassius），很可能是卡西乌斯·贺米拿（Cassius Hermina），认为杀死三头巨人卡库斯的赫拉克勒斯的“真名”叫“三只角”（Trecarcanus），[59]这一线索暗示这个故事肯定是一个流传久远的意大利传统：头生三只角的赫拉克勒斯形象已见于古风时期的“多尼安石碑”（Daunian stele）之上（见图 7）；[60]在撒丁岛（Sardinia）和伊特鲁里亚（Etruria）都发现了一种史前时期的造型奇异的三头青铜器；[61]还发现了一件有着三个牛头造型的器物；[62]在凯尔特人还愿（votive）的宗教遗址中常发现三只角的牛，其中一件的铭文是“三角牛神塔沃

〔58〕 F. Münzer，*Cacus der Rinderdieb*，*Rektoratsprogramm*（Basel 1911）；Wissowa *PW* III 1165-69，参见 Wissowa（1913）282f.；*PR* II 474；Latte（1960）221，2；D. F. Sutton *CQ* 27（1977）391-93。其实，Diod. 4，21，1（来自 Timaeus）和 Cn. Gellius fr. 7，*HRR* I 149f. 关于“Kaikios”或 Cacus 有完全不同的说法。在传统的流变过程中，故事和名字并非不可分离（见第一章注释〔150〕）；故像 Wissowa 那样认为名字保持稳定而故事容易“发明”是错误的。

〔59〕 关于“Recaranus”，见 Cassius ap. Ps-Aur. Victor *origo* 6（对此书的评论，见 A. Momigliano *JRS* 48［1958］56-73=*Secondo contributo alla storia degli studi classici*［Rome 1960］145-76；on sec. 6，69=170）；关于“Garanus”，见 Verrius Flaccus ap. Serv. auct. *Aen*. 8，203；关于“Trecaranus”，见 R. Puccioni in *Mythos: Scritti in bonorem M. Untersteiner*（Genoa 1970）235-39。

〔60〕 S. Ferri *RAL* VIII（24）1969，133-53；三角的形象被赫拉克勒斯的对头七头蛇认作他本人。见第四章注释〔95〕。

〔61〕 Weicker *PW* VII 1295；Kirfel（1948）123，pl. 40 figs. 112-13；pl. 41 fig. 116.

〔62〕 Etruscan scarab，Kirfel 127，pl. 40 fig. 114.

图7 赫拉克勒斯和伊俄拉俄斯大战怪物。多尼安石碑，公元前7世纪（？）（*Rendiconti dell' Accademia Nazionale dei Lincei* VIII 24［1969］141.）参见第四章注释〔60〕

斯”（Tarvos Trigaranus）。〔63〕所有这些都指向一个形象怪异的牲畜主宰者的传统，这种传统不依赖于希腊神话，甚至远远早于印欧宗教传统。牲畜市场（forum boarium）上的卡库斯也属于这一传统的一部分。

毗首噜波的名字意为“其形万变”，让人联想到希腊神话中赫拉克勒斯的另一位劲敌珀里克吕墨诺斯（Periclymenus），他是皮洛斯国王，“名震天下”却性情乖

〔63〕 *CIL* XIII 3062b，来自巴黎，被确切地解释为“有三条脖子的公牛”。参见 Heichelheim *PW* IV A 2453-57；Reinach（1908）160-85；G. Charrière *RHR* 161（1966）155-92；关于三角公牛，见 W. Deonna *AC* 23（1954）403-20；A. Colombet *Rev. arch. de l'Est et du Centre-Est* 4（1953）108-35；S. Boucher, *Recherches sur les bronzes figurés de Gaulle pré-romaine et romaine*（Paris 1976）170-73；参见 P. Lambrechts, *Contribution à l'étude des divinités celtiques*（Bruges 1942）33-44。据 Timagenes *FGrHist* 88 F 2；14＝Amm. Marc. 15，9，6；10，9，赫拉克勒斯在高卢与之搏斗的是“Tauriskos”而非革律翁。

张，[64]他是老涅斯托尔（Nestor）众兄弟中年纪最大也是最邪恶的。赫西俄德在其《妇人名录》中称珀里克吕墨诺斯有一种特殊的本领，就是可以随心所欲地变成任何他想变成的样子，正因为如此，赫拉克勒斯拿他没有办法，直到雅典娜出手相助，他发现这位魔法师变成一只蜜蜂落在给他拉车的马的轭上，赫拉克勒斯一箭射死了那只蜜蜂，征服了皮洛斯。这一战的起因，自然是因为涅琉斯偷了赫拉克勒斯的牛。这场英雄与魔法师之间的斗法插在一个英雄故事的语境中，好像显得有点奇怪，不过，不仅涅琉斯的牛群是藏在洞穴里的，[65]而且，在《伊利亚特》中有一段诗文，讲到赫拉克勒斯在皮洛斯大战死神，击伤了冥王哈得斯，[66]由此可见，皮洛斯好像是指阴间之门（*pylai Hadou*），而“珀里克吕墨诺斯”对于一位曾被名为克吕墨诺斯（Clymenus）或欧克利斯（Euklees）的神而言，的确是一个很合适的名字。[67]赫西俄德记述的这个故事，如果转换到英雄史诗的层面，等于说赫拉克勒斯如何打进冥府，击伤并打败一个“其形万变”的对手，并从那里救回牛群。冥府在现实世界之外，因此，这也是关于“天涯地角”的地理学，尽管不同于革律翁地理，但显然属于寻求型故事模式的实例之一。根据阿波罗多洛斯的

---

〔64〕 Hes. fr. 33；Apollod. 1［93］9，9；2［142］7，3，1. 见第四章注释〔35〕。

〔65〕 Paus. 4，36，2.

〔66〕 *Il.* 5，397；参见 G. Nagy *HSCP* 77（1973）139f.。

〔67〕 Hsch. s. v. *Periklýmenos: ho Ploúton*；*Klýmenos* Lasos *PMG* 702；Callim. fr. 285 etc.，*RML* II 1228f.；发现于 Thourioi 的金盘上的欧克利斯像，见 Zuntz（1971）301-5，310。

记载，冥王也拥有自己的畜群和放牧人。[68]这个阴间世界畜群的母题很大程度上来自印欧传统。[69]

既然谈到来自皮洛斯的魔法师，我们不妨回想一下上文提到过的另一位魔法师，即先知墨兰波斯：为了得到涅琉斯的女儿，他必须把伊菲克洛斯（Iphiclus）王的牛群从费拉克（Phylake）赶回来，他试图这样做，却被人逮住关押在费拉克。他施展自己占卜的本领跟看守他的狱卒混熟后获得释放，终于得到牛群并带回来。[70]这个故事看起来也是讲的一个英雄从我们的世界出发去冒险，但是，为什么是这位魔法师、先知，或如荷马所称，"唯一承担此事者"？"费拉克"的地名意为"岗哨"或"监狱"，"伊菲克洛斯"则表示"因其力量而闻名"。可见，这个故事与珀里克吕墨诺斯故事相互对照，足见它们都是从"由天涯地角赶回牛群"这一个母题衍生而来。 87

这个母题的另一个变体，即希罗多德记载的斯基泰人（Scythians）起源故事的"希腊版本"，用马取代了牛群：[71]

---

〔68〕 Apollod. 2 [108] 5，10，6；2 [125] 5，12，7. 其与革律翁的相似性常被提及，见第四章注释〔30〕。

〔69〕 P. Thieme *Ber. Leipzig* 98，5（1952）46-50＝R. Schmitt，ed.，*Indogermanische Dichtersprache*（Darmstadt 1968）144-48，参见第四章注释〔103〕。

〔70〕 *Od*. 11，287-97；17，225-38；Hes. fr. 37；27 lf.；I. Löffler，*Die Melampodie*（Meisenheim 1963）33-37.

〔71〕 Hdt. 4，8f. 注意到了其与 *Od*. 10 记载的奥德修斯遭遇喀耳刻女妖的经历之间的相似性。在赫西俄德笔下，母蛇厄客德娜（Echidna）是革律翁的牧犬俄耳托斯的母亲兼配偶，见 Theog. 295-327；参见 Palaephatus 24。

赫拉克勒斯赶着他的革律翁牛群来到斯基泰，在这里他失去拉车的马匹，他发现马在一个长相像蛇一样的女人手里，这个女人住在一个位于“树林”（*Hylaie*）中的山洞里，为了夺回马匹，他不得不跟这个女人做夫妻，因此生下的孩子就是斯基泰人的祖先。在这个故事中，敌人尽管换成了一位女性，但是，故事中的每一个行为、怪物、洞穴、失而复得的动物依然与上面讨论的前往“天涯地角”的寻求之旅一一对应，如出一辙。

5. 萨满和洞穴

88 现实主义解释者认为这一系列故事代表了“印欧民族劫掠畜群的神话”，其所反映的惯习在印欧民族征服历程的语境中肯定具有非常重要的意义，可以被视为成人礼仪式的一部分。〔72〕然而，按照这一解释模式，却无法解释这些故事中敌对一方为何总是以怪物、三头怪〔73〕或善于变身者的形象出现，而且不是住在印度河谷、希腊或意大利，而是住在某个神秘的边缘地带。边缘地带以各种不同的形式出现，它可能是死神居

---

〔72〕 B. Lincoln，“The Indo-European Cattle-Raiding Myth,” *HR* 16（1976）42-65；Hes. *Theog*. 291 被误解了，以至于把革律翁也当成了强盗（55f.）。——相似的解释见 H. J. Rose，“Chthonian Cattle,” *Numen* 1（1954）213-27。

〔73〕 对此母题（参见第四章注释〔20〕、第四章注释〔53〕、〔60〕—〔62〕）的全面研究见 Kirfel（1948），他的最后结论认为这一母题意指月相变化（185-94）。——关于其仪式背景，见 G. Dumézil，“Le Combat contre l’adversaire triple,” 载 *Horace et les Curiaces*（Paris 1942）126-34。数字 3 作为“superlatif absolu”，见 W. Deonna *AC* 23（1954）403-28；见第四章注释〔63〕。

住的地下阴间——哈得斯的牲畜，死神的洞府；可能是一个洞穴——卡库斯和毗首噜波、皮洛斯和斯基泰；或者也可能是一个遥远的、只有太阳能够到达的国度——革律翁。这个地方是畜群之所来，而且是真正的、有用的、可以食用的牲畜，这些畜群为某位可恶的、比人类强大的、长相怪异的主人所拥有，只有打败他才能得到畜群。这个故事是误入迷途的“幻想”故事，还是某种被转变为故事的现实而基本的行动模式?

事实上，有两条线索将索求动物与边缘之地联系起来：其一，是萨满教，[74]它通常被视为一种狩猎巫术；其二，旧石器时代晚期的洞窟绘画。萨满教作为一种入迷现象引起古典学者的广泛关切，把它作为灵魂不死信仰的可能来源之一进行研究，其中最著名者当数E. R. 多兹（E. R. Dodds）[75]，此外，萨满教还被视为史诗的可能源头。这些观点所忽视的一个事实是，萨满教与动物的关系非常密切，在狩猎社会里，萨满教与狩猎活动有着直接的关系，是维持生存的一种基本手段。能够跟上述故事模式相比较的一个最为

---

〔74〕 基础研究见Radloff（1885）II 1-67；U. Harva，*Die religiösen Vorstellungen der altaischen Völker*（Helsinki 1938）；Eliade（1951）；Findeisen（1957）；Michael（1963）；Edsman（1967）；L. Honko，“Role-Taking of the Shaman，” *Temenos* 4（1969）26-55；M. Hermanns，*Schamanen-Pseudoschamanen: Erlöser und Heilbringer*（Weisbaden 1970）；Å. Hultkrantz，“A Definition of Shamanism，” *Temenos* 9（1973）25-37。

〔75〕 Dodds（1951）135-78：“The Greek Shamans and the Origin of Puritanism，” 以及K. Meuli，“Scythica，” *Hermes* 70（1935）121-76= Meuli（1975）817-79。Meuli已经指出革律翁冒险“与萨满的旅行有关”（871）。

生动的例子，来自格陵兰岛的爱斯基摩人，猎海豹是他们的主要生活来源。他们相信所有的海豹都属于一位管理动物的女主人瑟德娜（Sedna），一位“在下面”的老妇人。假如一个部落没能猎获足够的海豹，因此面临着挨饿的危险，那一定是因为瑟德娜生气了，这个时候就需要萨满出面，帮助族人安抚瑟德娜。为此，需要组织一场节日活动，萨满进入一种迷离恍惚的出神状态，开始一场前往大海深处的旅行，他在那里见到瑟德娜，并询问她为何生气。原因是人类犯下了罪孽，尤其是女人的罪孽，她们触犯了某些禁忌而犯下罪孽。瑟德娜自己因人类的不洁而蒙垢，萨满必须为她清污去垢，并请求她的原谅。当然，他最后大功告成，携带着动物，从其入神之旅中归来。猎人们随即开始真正的狩猎活动，他们重新恢复了信心，而结果证明他们确实如愿以偿。拉斯穆森（Rasmussen）在20世纪20年代亲眼见证了一场这样的仪式。[76]

89

早在17世纪，就有人记录了这一仪式的一个变体，萨满在其中扮演着更为积极主动的角色。[77]在萨满的帐篷里，划出一块地方，表明它是冰层下面的海豹赖以呼吸的孔穴。萨满召唤瑟德娜现身，在她出现的时刻用鱼叉刺她。他得意

---

〔76〕 Rasmussen（1926）69-74；参见 E. M. Weyer，*The Eskimos*（New Haven 1932）349ff.；Paulson，Hultkrantz，Jettmar（1962）393-97；E. Holtved in Edsman（1967）23-31。

〔77〕 W. Thalbitzer *ARW* 26（1928）394-404；参见 F. Boas，*Bulletin of the American Museum of Natural History* 15（1907）139；*GB* IX 125f.；Eliade（1951）266。

扬扬地给人看鱼叉上的血迹。因此他强迫这位动物的女主人放出更多的海豹，以便猎人满载而归。《伊利亚特》中写到，赫拉克勒斯在死神之门中打伤冥王，甚至还打伤过赫拉，而赫拉正是阿哥斯平原上的畜群的女主人。[78]

上述爱斯基摩人的仪式令人印象深刻，但它并非孤立的，可以认为这种仪式源于亚洲。[79]为保证狩猎的成功、获得对动物的控制权而举行的类似的萨满教活动，被证实存在于整个北极圈地区，包括通古斯人、尤卡吉尔人（Yukaghir）[80]、萨莫耶德人（Samoyede）、多尔干人（Dolgan），[81]不仅有一位主管海豹的女主人，而且存在着整整一系列各种猎物的超自然的拥有者，例如海象妈妈、驯鹿妈妈等，在某些爱斯基摩部落中，甚至还有男性的动物主人。[82]在西伯利亚的很多部落中，都曾观察到萨满教，虽然

---

〔78〕 *Il.* 5，392-4 及评注。

〔79〕 E. Holtved in Edsman（1967）25.

〔80〕 Lot-Falck（1953）75f.，123-26；Paulson（1961）17ff.；86-88；Paulson，Hultkrantz，Jettmar（1962）135f. ——W. Jochelson，*The Yukaghir and the Yukaghirized Tungus*（New York 1910）205ff.；Paulson（1961）56-59，以及 *ZRGG* 16（1964）134f.；A. Hultkrantz in H. Hvarfner，ed.，*Hunting and Fishing*（Lulea 1962）312。

〔81〕 Paulson（1961）94f.，99.

〔82〕 E. Holtved in Edsman（1967）23f.，一般性论述，参见 O. Zerries，*Wild-und Buschgeister in Südamerika*（Wiesbaden 1954）；Paulson（1961）以及 *Paideuma* 8（1962）70-84；*HR* 3（1964）202-19；A. Hultkrantz，ed.，*The Supernatural Owners of Nature*（Uppsala 1961）；L. Röhrich，“Europäische Wildmeistersagen，” in *Sage und Märchen*（Freiburg 1976）142-95，313-21。革律翁属于动物主人类型的观点，首见 C. Gallini，“Animali e al di là，” *SMSR* 20（1959）65-81。

这些部落不再继续狩猎，萨满教的功能也主要局限于治病以及引导亡灵前往安息之地，不过，有足够的理由相信萨满教是源于最古老的狩猎社会。

关于萨满教多么古老、传播范围多么广泛，现在仍无最后定论，这些问题跟如何准确定义萨满教纠缠在一起。有些人企图将萨满教的概念限定于西伯利亚或北极圈文化一个界限明确的发展阶段。[83]然而，由此展现的现象、一位强劲有力的帮手与一位超自然的动物所有者之间的交涉，肯定不仅仅局限于北极圈地区。最近，在亚马逊地区的原始狩猎民族中也传来令人振奋的相关报道。[84]他们有一位巫医，或者萨满，称为帕耶（*payé*），他的主要责任就是与动物的主人沟通，让他们交出供人类狩猎和捕捞的动物，猎物的主人住在森林边缘的山上，鱼类的主人则住在河底。帕耶有两种方式完成这一任务，或者借助某种药物进入恍惚出神状态，或者亲自漫游到那些遥远的悬崖前，一代又一代的萨满都在那里留下他们的象形文字。[85]帕耶的搭档则要做一件需要非常小心谨慎处理的事情：对于每一个将被猎杀的动物，他必须找到一个人类灵魂作为替身，有人——最好是相邻部落的

90

〔83〕 L. Vajda，Zur phaseologischen Stellung des Schamanismus，*UralAltaische Jahrbücher* 31（1959）456-85＝C. A. Schmitz，ed.，*Religionsethnologie*（Darmstadt 1964）265-95. 将伊南娜－伊士塔尔从阴间救回的乔装改扮的音乐家 *kurgarru* 或 *assinnu*（见第五章注释〔49〕）（*ANET* 56；108）显然就是萨满，这说明萨满教最晚在公元前 3 千纪时已经存在。

〔84〕 Reichel-Dolmatoff（1973）39，104-11，154-65.

〔85〕 同上，107f.。

人——将会替它而死。这看起来像是反映了资源枯竭而导致的“忧郁的热带”的悲剧性觉醒。

另一条线索毋庸置疑地年代古老——尽管要断定其准确年代并不容易。然而，关于它的解释却引出了一系列悬而未决的问题。西欧的洞穴壁画，诸如西班牙的阿尔塔米拉洞穴（Altamira）或法国的拉斯科（Lascaux）洞穴，久已举世闻名。[86]但是，是什么原因让古人创作出这些艺术杰作至今仍是一个未解之谜。显然，它们并非出于艺术的目的而创作，有些洞穴很难到达，要想到达洞穴的位置需要有过人的胆量和高超的攀登技巧才行，况且，这些洞穴从来没有被用为住所。洞穴里留下了一些人类活动的痕迹，诸如脚印，向一个泥制模型投掷标枪，一具熊的骷髅，还有一张从洞外带进来的兽皮，可能是熊皮，覆盖在一个熊的图像上面。所有壁画中占据首位的形象都是被追猎中的猎物，最多的是野牛群，以及野马，此外还有一些牡鹿和别的动物品种。在这些蔚为壮观的艺术中，我们发现了遥远之地的动物。这些壁画与狩猎活动的关联是毋庸置疑的，那么，如果狩猎是一种基本的“寻求”方式，进入这样一座洞穴就意味着一场通往另一个世界的艰难旅程，在这另一个世界里，人们将与动物相遇。如果说得更详细一些，这里所涉及的仪式模式当不止一

〔86〕 P. Graziosi，*Die Kunst der Altsteinzeit*（Stuttgart 1956）～*Paleolithic Art*（London 1960）；Leroi-Gourhan（1965）；P. J. Ucko，A. Rosenfeld，*Paleolithic Cave Art*（New York 1967）；对各种解释的述评，见 Eliade（1976）27-30，394-96。

种，魔法、成人礼、萨满教等，都可以用来解释这些历史遗迹，它们可能在同一种仪式化"寻求"活动中汇聚在一起。

法国三兄弟洞（Trois Frères）壁画中有一位"跳舞的巫师"，一个戴着面具的人物，人们称之为萨满，[87]拉斯科洞中的另一个场景，画着一头受伤的野牛、一个显然已经死去的男人和一只鸟，被解释为一场萨满教降神仪式。[88]这种解释只是诸种可能解释中的一种，在这些画面与真正的萨满之间，存在一个显著的区别，即萨满的精神之旅既不需要洞穴，也不需要具有高度艺术性的图画。不过，亚马逊的萨满确实要制作和使用岩画，[89]甚至西伯利亚的萨满最近也开始在表演中使用动物小雕像。[90]雅库特族的萨满佩带一件名叫"土地的开口"的象征物，被称为"精灵之穴"，据说在亚洲各地，穿孔的石头、小型的洞穴都被视为精灵的居所，[91]为唯灵论起源于洞穴提供了证据。重要的是，从狩猎习俗到我

91

〔87〕 W. La Barre，*The Ghost Dance*（New York 1970）161，388；参见 387-432 论旧石器时代文明和萨满教的部分。

〔88〕 H. Kirchner，"Ein archäologischer Beitrag zur Urgeschichte des Schamanismus，"*Anthropos* 47（1952）244-86；参见 K. Narr，"Bärenzeremoniell und Schamanismus in der älteren Steinzeit Europas，" *Saeculum* 10（1959）233-72；Eliade（1976）29，396。

〔89〕 Reichel-Dolmatoff（1973）107f.，pl. 14.

〔90〕 Lot-Falck（1953）122；Paulson（1961）31，81，103，*ZRGG* 16（1964）125f.；Paulson，Hultkrantz，Jettmar（1962）67，78f.，135；西伯利亚的岩画，见 Lot-Falck 125f.。

〔91〕 Eliade（1951）213，参见 185；参见 E. H. Schafer，*Tu Wan's Stone Catalogue of Cloudy Forest*（Berkeley and Los Angeles 1961），Frits Staal 提醒我注意到这一材料。

们探究的献祭仪式之间有着持续不断的进化进程，〔92〕萨满一直就是献祭仪式专家，不宰杀动物并最后把被宰动物吃掉的萨满仪式活动几乎是不存在的。〔93〕

因此，从行动模式的角度看（我们探究过的那些故事即以行动模式为基础），我们可以对其发展历程提出如下假说："寻求"的基本程序，作为"获取"食物途径的狩猎，当因为失败而遭受挫折时，即转变为一种象征性的"寻求"，探求不可探求之物，企望难以企望之物，借助迂回的途径克服绝望。于是，人进入那些黑暗的洞穴，当这种象征性的寻求活动被多次重复，即演变为一种稳定的仪式：凭借大胆而艰难的冒险，进入这些位于地下的空穴，重建和恢复对于丰衣足食的希望。与此同时，在其他地方，寻求者们正在攀上位于人类世界边缘的群山。〔94〕萨满教是这一母题的一个变形，它借助于某些具有特殊通灵天赋的个体而不是像洞穴、图像

---

〔92〕 见第二章第5节。关于从旧石器时代到近东文明和发达的地中海文明之间的连续性，一个众所周知的例子是被称为"维纳斯雕像"的女性雕塑，但对这类雕像的用途和含义，仍存在很大争议，那种朴素的解释，即认为它们都象征"母神"（E. O. James，*The Cult of the Mother Goddess*［New York 1959］13-46）肯定需要重新审视，参见 Paulson，Hultkrantz，Jettmar（1962）309f.；P. J. Ucko，*Anthropomorphic Figurines of Predynastic Egypt and Neolithic Crete with Comparative Material from the Prehistoric Near East and Mainland Greece*（London 1968）；Helck（1971）13-70；Eliade（1976）30-33，396f.。

〔93〕 对阿尔泰地区马祭的经典描述见 Radloff II（1893）20-50；A. F. Anismimov in Michael（1963）100-105；H. Siiger in Edsman（1967）69-81（见第四章注释〔127〕）。

〔94〕 Reichel-Dolmatoff（1973）107f.；见注释〔84〕，〔85〕。

这样的外在的装置。正如汉斯·芬戴森（Hans Findeisen）所说："萨满是一个由旧石器时代狩猎魔法师转变而来的通灵祭司。"[95]

除这种变形之外，洞穴祭仪也在持续发挥着作用，这一点是因青铜时代的克里特岛而为人所熟知的。[96]考古学者在那里发现了一个奇怪的图像，画的似乎是一位居住于维诺菲俄（Vernophéo）洞穴中的动物女主人，这是一位以"显灵的姿态"出现的女神，身边环绕着用来狩猎和捕捞的动物；[97]在科诺索斯（Knossos）附近的斯克提诺（*Skotinó*）洞穴中有一些凸起的岩石被雕刻成怪异动物的形象。保罗·福尔（Paul Faure）认为这是一个原始"迷宫"，为了得到弥诺斯的公牛即人身牛头怪，必须首先穿越这座迷宫。[98]这当然不会跟印欧传统毫无关系。更令人惊讶的是最近在意大利南部奥特兰托（Otranto）附近的巴蒂斯克港（Porto Badisco）发现的新石器时代洞穴绘画，[99]可以视为阿尔塔米拉洞穴艺术与赫拉克勒斯故事之间缺失的环节。这些图画中描绘的自然是一些狩猎场景，牛群、牡鹿以及弓箭手等，其

---

[95] Findeisen（1957）8："Der Schamane ist also ein zum Bessesenheitspriester gewordener jungpaläolithischer Magier，" 参见 18-33，198f.；A. Lommel，*Die Welt der frühen Jäger*（Munich 1965）；见注释[85]。

[96] Nilsson（1950）53-68；Faure（1964）及 *BCH* 96（1972）402-15；B. Rutkowski，*Cult-Places in the Aegean World*（Wroclaw 1972）121-51；Burkert（1977）55-58。

[97] P. Faure *BCH* 93（1969）195-99.

[98] Faure（1964）162-73 及 *Kretikà Chroniká* 17（1963）315-26。

[99] P. Graziosi *RAL* VIII 26，1/2（1971）63-70，尤其是 pl. 2 fig. 2。

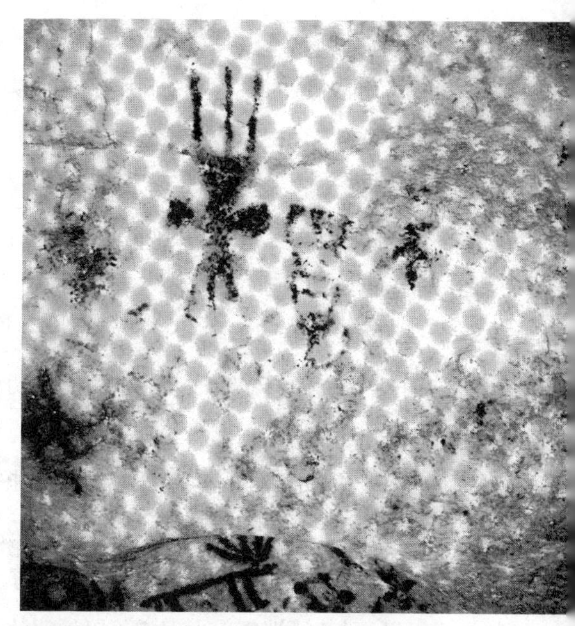

图 8　头有三只角（？）的风格化人物形象，其下为牡鹿。巴蒂斯克港附近的新石器时期洞穴绘画。（*Rendiconti dell' Accademia Nazionale dei Lincei* VIII 26［1971］pl. 2，2）参见第四章注释〔95〕

图 9　三只角的赫拉克勒斯。多尼安石碑，比较图 7（*Rendiconti dell' Accademia Nazionale dei Lincei* VIII 24［1969］pl. 2）

中，有一位风格化的人物形象，似乎长着三只角。这是否就是前面提到过的多尼安石碑所见三角赫拉克勒斯形象的直系先驱呢？（见图8、9）新石器时代的意大利仪式同样可以排除印欧民族来源，不过，地方性传统不一定跟语言密不可分，很可能存在数条平行线索，都是由极其古老的同一源头发展而来的。

故事跟绵延不绝的仪式一道，得以世代流传。寻求型故事，早在旧石器时代艺术中就已经初见端倪，反映了人类行动的基本模式，说明“匮乏”是如何借助某些神奇的助手而得以“满足”的，这些神奇的助手能够去往遥远的世界边缘，带回生存必需的猎物，这位助手的希腊名字就叫赫拉克勒斯。[100]这一假说所涉及的时间跨度，远远超出任何印欧神话的重建所涉年代，但它可以说明这一模式的所有基本环节，而基于其仪式背景，这一模式的稳定性也可以得到解释。就像萨满是献祭仪式专家一样，赫拉克勒斯也是遍布希腊世界的众多祭坛的建立者和那些旨在纪念他的节日的保护神。无论是在阿哥斯还是在罗马，在克罗顿还是在多多那，革律翁的牛群的最终结局无一不是被用为献祭的牺牲。

〔100〕在荷马赞美诗（参见 Hes fr. 256，Alcaeus 308 Lobel-Page）中，赫耳墨斯扮演类似的萨满魔法师的角色：他偷牛并带回皮洛斯，发明了火和献祭，讴歌宇宙起源，不过，由此开始，他的角色发生了转变，他把牛藏在山洞里，等着阿波罗来寻找。故事的前半部分，仪式背景一目了然，故事的后半部分，就其与阿波罗的关系而言，运用了一个不同的故事模式。——请注意，密特拉（Mithras）也是偷牛贼和救世主，并在地下接受人们的崇拜。

在我们已经讨论过的所有故事变体中，太阳运行轨迹的母题仅出现于革律翁神话中。然而，这个母题在近东以及印欧神话中流传甚广：太阳从某个神秘的邈远之地升起和沉没，或者不得不在夜间穿越地下世界回到东方。〔101〕吉尔伽美什沿着一条穿越大山、远在大海之外的巨大隧道旅行，诗中说他是“沿着太阳之路”，〔102〕最后他来到长生不死者生活的土地。这个地方有众多的动物：在印度《吠陀经》中是黎明女神乌莎（Usas）的牛群，〔103〕在赫梯王国则是太阳神的羊群，〔104〕在希腊、泰纳伦（Taenarum），是太阳神赫利俄斯的羊群，〔105〕泰纳伦正因其为太阳地下回归路径的入口所在而著名，另一个说法则认为这个入口在阿波罗尼亚（Apollonia），〔106〕太阳的路径以极北乐土（Hyperboreans）为起点，在这里与希腊世界相会，极北乐土在宇宙山之外，是阿波罗的人民生活的地方。克里特岛的戈提那（Gortyn）遗 94

〔101〕相关的苏美尔文本，见 S. N. Kramer *Iraq* 22（1960）62f.；埃及的神话，见 A. Wiedemann，*Die Religion der alten Aegypter*（Münster 1890）45-59；S. Morenz，*Aegyptische Religion*（Stuttgart 1960）218；一般性研究，见 A. Dieterich，*Nekyia*（Leipzig 1915^2）19-34。

〔102〕Gilgameš IX iv 46，*ANET* 88f.；参见 Burkert *Phronesis* 14（1969）18f.。

〔103〕F. B. J. Kuiper，“The Bliss of Aša，” *Indo-Iranian Jounal* 8（1964）96-129；参见第四章注释〔69〕。

〔104〕在 Telepinus 时期文本中，其牧羊人称为 Hapantalli，见 V. Haas，G. Wilhelm，*Hurritische und luwische Riten aus Kizzuwatna*（Kevelaer 1974）23，25；R. Stefanini *Paideia* 29（1974）261。见第六章注释〔1〕，还可比较 Gilgameš VI“天界的牛群”，*ANET* 84f.。

〔105〕Hom. hymn. Apoll. 411-13；参见 *PR* I 432。

〔106〕Hdt. 9. 93；Scylax 26；极北乐土之路，见 Hdt. 4，33。

址的考古发现证明的确有太阳的牛群存在，[107]《奥德赛》第十二卷吸收了这一主题。[108]凡此所述，其来历可能远在苏美尔、印欧、地中海的语言与文明出现和分化之前。

6. 猎手、英雄和大救星

回到赫拉克勒斯：我们绕了这么一个大弯子，是否有助于理解希腊的赫拉克勒斯神话呢？我认为有帮助。它让我们认识到赫拉克勒斯并非一位荷马史诗意义上的英雄人物：他不是一位勇战千军的武士，而是主要跟动物有关，正如他本身就是一个穿着兽皮的奴隶，而他的主要工作就是驯服并带回那些被人类作为食物的动物。在他的冒险历程中确实存在着一个体系：除了他带回的野牛或公牛，他还获取了马匹、野猪、牡鹿，甚至还有鸟，这里面好像没有山羊，但是，在仪式上山羊却被用作那只令人印象深刻的牡鹿的替代品。[109]让动物学家瞠目的是，赫拉克勒斯追猎的那只母鹿居然长着鹿角。[110]鹿科动物确实有一个著名的品种，其雌性是长角的，

---

〔107〕 Serv. *ecl.* 6. 60.

〔108〕 参见 D. L. Page，*Folktales in Homer's "Odyssey"*（Cambridge，Mass. 1973）79-83。

〔109〕 阿波罗和阿耳忒弥斯经常与牡鹿和母鹿一起出现在画面中，但实际使用的祭品却是山羊。发现于德列罗斯（Dreros）的羊角窖藏，见 *BCH* 60（1936）224f.；241-44，以及提洛岛（Delos）的祭坛，见 Callim. *hymn.* 2，58-64。

〔110〕 Pisander fr. 3 Kinkel，*Theseis* p. 217 Kinkel，Pherecydes *FGrHist* 3 F 71，in Schol. 50b on Pind. *Ol.* 3，29；Eur. *Herc.* 375；Callim. *hymn.* 3，102. 阿波罗和阿耳忒弥斯是动物的“所有者”，见 Apollod. 2［82］5，3；奥尔托斯（Oltos）双耳瓶画残片，见 *OeJh* 28（1933）41-46＝*ARV*^{2} 54，3。

这就是驯鹿，卡尔·梅里据此认为这个故事可以追溯到有狩猎驯鹿习俗的西伯利亚某个地方，他还列举了来自芬兰的一些令人印象深刻的相似线索。[111]至于说到马匹，色雷斯的狄俄墨得斯（Diomedes）作为供食用的母马的主人，显然也是一位动物所有者，因此赫拉克勒斯必须制服他。[112]吃人肉的母题可能指向可食用动物，[113]不过，希腊人并非这样理解。阿哥斯的狄俄墨得斯尽管是不死的，但他仍是一位荷马意义上的英雄，是马匹的另一位非凡的主人：他能够驾着马车跟诸神较量，一位女神为他操缰驭马。[114]在更远的北方，狄俄墨得斯再一次成为唯一的一位动物之主：在威尼斯附近的提马封（Timavon）有他的圣所，这里有一片著名的树林，据说所有种类的动物都在其中和睦地生活在一起，马是由狼带到这里的，这里就像一个只存在于另一个世界的动物乐园。[115]赫拉克勒斯在其所有冒险活动中，扮演着同一个角色：他将

95

---

〔111〕 *SAVk* 56（1960）125-39＝Meuli（1975）797-813.

〔112〕 Pind. fr. 169；*PR* II 458-62；D. C. Kurtz，"The Man-Eating Horses of Diomedes in Poetry and Painting，" *JHS* 95（1975）171f.

〔113〕 见第一章注释〔171〕。

〔114〕 *Il.* 5；关于阿哥斯城仪式的背景（Callim. *hymn.* 5），见 Burkert *ZRGG* 22（1970）36lf.；关于狄俄墨得斯长生不死，与其父亲的食人行为相比较，见 *Thebaid* Schol. Genav. *Il.* 5. 126；Pherecydes *FGrhist* 3 F 97。

〔115〕 Strab. 5 p. 214f. 狼本身即可视为"动物的主人"，就像熊一样（Findeisen［1957］22；Paulson［1961］67；Paulson，Hultkrantz，Jettmar［1962］192；Meuli［1975］810）：这是否就是狼和熊没有出现在赫拉克勒斯神话中的原因呢？它们应该是赫拉克勒斯的同类。——萨满借助狼的雕像寻回失去的马的事例，见 Friedrich-Buddruss（1955）191。

动物的所有权转变为人类所有，这些动物原本都很危险、难以驾驭，都由超人所有者掌控。其十二劳役的半数都属于这类主题，如果再加上他打败了狮子这种最凶猛的动物和蛇这种最令人憎恶的动物（看来这一主题是来自近东），则十二劳役中的九件都跟动物有关，其余的三件则分别涉及天空、冥界（苹果和地狱看门狗）以及亚马逊战士。

在属于动物范畴的劳役中，最奇怪者当数打扫奥吉亚斯（Augeas）的马厩。[116]在英雄神话中，奥吉亚斯毋庸置疑是源于前多利安时期的伊利斯（Elis）。他是太阳神赫利俄斯（*Halieios*）的儿子，他的名字就标明了其来历，他的名字来自 *auge*，意为阳光。[117]甚至可以认为，是史诗传统中对于方言形式的误解导致赫利俄斯的儿子变成了一个伊利斯人（Elean）瓦利俄斯（*Waleios*），爱奥尼亚方言中既没有 *h*，也没有 *w*。[118]他的牛群就是"太阳的牛群"，在此我们再次与之相遇。赫拉克勒斯如果帮他清扫干净牛棚里堆积已久的

---

〔116〕 Pind. *Ol*. 10，26-30；Pherecydes *FGrHist* 3 F 79；Apollod. 2，88；*PR* II 453-6.

〔117〕 **Auga-as, Augeas, Augeias* 的关系与 **Herma-as*（Mycenaean *e-ma-*a_2），*Hermeias*，*Hermês* 三者的关系相似；如果接受这一点，*a-u-ke-wa* 这个迈锡尼名字就跟奥吉亚斯没什么关系，见 *PY* An 192；Jo 438；Ta 711（*Glotta* 49 [1971] 159），尽管 *Augeiádes*（*Il*. 2，623f.）可能暗示了 **Augéwas*。

〔118〕 关于赫利俄斯，比较罗德岛的节日 *Halíeia*，见 *SIG* 1067：爱奥尼亚语 Ionian 与 *Elíeios* 几乎无从区别，不过，伊奥利亚语（Aeolian）会引出 **Awelíeios*，那么，爱奥尼亚语（Ionian）也会引出 **Eelíeios*。——Apoll. Rhod. 1，172f. 玩弄谐音游戏，而 Paus. 5，1，9 则反其道而行之，提出一种理性化的解释："Eleian" 被误解为 "Helios 之子"。

秽物，他将得到这群牛中的十分之一作为报酬，这不能不让我们联想到替瑟德娜打扫卫生的萨满。[119]接下来发生的事情，奥吉亚斯拒绝给他支付报酬，赫拉克勒斯卷土重来征服伊利斯，这些情节如果不参照多利安人或者更准确地说希腊西北部居民对伊利斯的征服，将很难解释清楚。赫拉克勒斯是唯一一位能够得到太阳牛群的人，这依然只是假说。

赫拉克勒斯占有“太阳牛群”的母题还有另外一个变体，即巨人阿尔库俄纽斯（Alcyoneus）的畜群。[120]传统上认为这位巨人所居之地离柯林斯不远，他肯定是遭到了石头的袭击，或是在睡觉时遭到了偷袭，这两种行径都很不仗义，不过却适合对付怪物或魔法师，重要的事情是得到畜群，不管是巧取还是明抢，都无所谓，所以赫拉克勒斯就这样干了。

另一个深受古风时期希腊艺术喜爱的主题是赫拉克勒斯与“海中老人”（*Hálios Géron*）的搏斗。[121]海中老人通

---

〔119〕 见第四章注释〔76〕。据 Schirmer *RML* I 733，13 之说，粪肥代表“冬天”，而按 *PR* II 455f. 之说，它不过是象征“被创造之物”。

〔120〕 *PR* II 512f.,564f.；B. Andreae *JaI* 77（1962）130-210；Brommer（1973）5-7；尤其是 Phintias 瓶画杯，见 Munich 2590=*ARV*^{2} 24,12。——“太阳的牛群”（Cattle of the Sun），见 Apollod. 1［35］6，1；赫拉克勒斯在柯林斯（Corinth），见 Schol. Pind. *Nem*. 4，43；那不勒斯的赫拉克勒斯遗骨，见 Philostr. *Heroic*. 1，3，p. 140 ed. Teubn.；an *Alkyonia límne* at Lerna，见 Paus. 2，37，5。

〔121〕 E. Buschor，“Meermänner，” *SB* Munich（1941）；K. Shepard，*The Fish-Tailed Monster*（New York 1940）；相关古迹，见 Brommer（1971）119f.,（1973）143-51；*PR* II 506f.；Herter *PW* VII A 257-61；奥林匹亚发现的一件青铜浮雕，铭有对手的名字“*Halios Geron*”（A. Furtwängler, *Die Bronzen von Olympia*［Berlin 1890］102, 2；［转下页］

常被描绘成一个半人半鱼的形象，不过这类生物被认为具有变化成多种形状的能力，海神普罗透斯（Proteus）和海女忒提斯（Thetis）就是佐证，因此，他们是善于变形的珀里克吕墨诺斯和毗首噜波的鱼形化身。海中老人、忒提斯、普罗透斯都是动物的主人，即海中鱼类的主人，就普罗透斯而言，还包括海豹在内。捕鱼是“狩猎”活动的一种，直到今天，渔业仍是人类食物的重要来源之一，生活于地中海的希腊人对此深有体会。

96

说到这里，赫拉克勒斯大战河神阿刻罗俄斯（Achelous）这一在希腊艺术品和希腊文学中均司空见惯的场景的背景就昭然若揭了。[122]赫拉克勒斯打败河神救下了他的妻子得伊阿尼拉（Deianeira），河神是一个半鱼半牛的怪物，而且也会变化形体，赫拉克勒斯折断了牛的一只角，

［接上页］pls. 39，699a；*RML* V 1184；Kunze［1950］109 pl. 54）；“涅柔斯”（*Nereus*），见 *ABV* 25，18，Schefold（1964）pl. 55a；几件黑色人物图像瓶画中的“特里同”（*Triton*），如 Brit. Mus. B 223＝*ABV* 224，7＝*CV* pl. 55（Great Britain 200），2；Cambridge G 54＝*CV* pl. 16（Great Britain 254），2；赫拉克勒斯去金苹果园，强迫“涅柔斯”做向导，见 *FGrHist* 3 F 16a，Apollod. 2［115］5，11，4，出自 Stesichorus，Paradox. Vat. 33（ed. O. Keller，*Naturalium Rerum Scriptores Graeci*［Leipzig 1877］110；Wilamowitz［1895］23，45；not in *PMG*）。

〔122〕 Archilochus fr. 286-7 West；Soph. *Trach.* 6-26；503-30；*PR* II 570-73；H. P. Isler，*Acheloos*（Bern 1970）. 形如丰饶角的阿刻罗俄斯角，见 Diod. 4，35，4；Strab. 10 p. 458；Dion *or.* 46，7；Ov. *met.* 9，87f.；交换阿玛耳忒亚（Amalthea）的角，见 Pind. fr. 249a, Apollod. 2［148］7，5。大战河神与大战特里同之等价性，见 Wilamowitz（1895）23。献祭的少女，见 Burkert（1972）76-79。

才取得对这个怪物的胜利，这只牛角奇迹般地变成一个丰饶角（*cornucopia*），食物源源不断地从其中溢出，足以养活整个埃托利亚地区的人民。这一结局在希腊神话学的人神同形论层面上无法得到妥善的解释，基于“寻求”行动模式的语境却可以得到恰切的理解：水的主人掌握着人类所寻求的食物，为了获取食物需要向他献上一位少女，或者由一位具有超人能力的助手运用强力获取。

在此，我们必须再次提醒，所有赫拉克勒斯祭祀节日上最主要的事情就是吃。相应地，在神话中，为人提供可食用的动物，建立祭坛，规定献祭制度，烹饪肉类，一顿饭吃下两头牛，这一切事情都出自赫拉克勒斯这位嗜好牛肉的贪吃大王。〔123〕希腊喜剧把他塑造成一个举世无双的贪吃鬼，而古典诗歌中的赫拉克勒斯则完全是另一番模样，他被塑造成悲剧性存在的一种典范。流行的赫拉克勒斯传统并非诗人的发明，而且很少受他们的影响。

这并不是说赫拉克勒斯“是”或者“原本是”一位萨满，认为他最初“起源于民间故事”，后来才“进入”神话

---

〔123〕 在得律欧皮亚（Dryopia）和林多斯（Lindos），Callim. frs. 22-25，H. Pfeiffer，*Kallimachosstudien*（Munich 1922）78-102；Burkert ZRGG 22（1970）364f.；克纳里奥角（Cape Kenaion）的宙斯祭坛，见 Soph. *Trach*，752-54；多多那城，见第四章注释〔36〕；赫拉·拉基尼亚，见第四章注释〔42〕；“*parásitoi*” of Heracles at Athens，*lex sacra* in Ath. 234e。Heracles *Boagidas*，“he who leads the cattle along，” Lycophron 652 with schol。——关于喜剧中的赫拉克勒斯，见 Aristoph. *Av*. 1583ff.，*Ran*. 62f.；Galinsky（1972）81-100。

和祭仪，也同样不准确。[124]毋庸置疑，赫拉克勒斯的名字比这个故事模式的出现要晚，最初并没有一个作为核心人物的个体，故事是凭借实践和仪式经验建构而成的：这些依然保留着萨满教狩猎仪式之印记的故事汇聚在一起，造就了这个被希腊人称为赫拉克勒斯的人物。

赫拉克勒斯的某些冒险活动在更严格的意义上保留着与萨满教的密切关联：下到阴间打败阴间看门狗，[125]得到永生的仙果，[126]最后升上众神居住的奥林匹斯山。赫拉克勒斯故事中最为离奇的一节是在一次献祭仪式上他疯病发作大开杀戒，[127]让人联想到萨满教中的恍惚出神状态。另一方面，有一个决定性的差异将赫拉克勒斯（以及因陀罗或德利陀）与其唤起的背景区别开来。在萨满教中，动物主人或许会遭到萨满的欺骗，甚至会遭到强势的萨满的强迫，但他不会被杀死，生命的平衡也不会被打破。而赫拉克勒斯尽管跟阿波罗和阿耳忒弥斯做过交易，也跟奥吉亚斯做过交易，他凭借力量对付过冥王哈得斯、天后赫拉、河神阿刻罗俄斯、海中

97

[124] Galinsky（1972）2.

[125] 已见 *Iliad*，8，368；参见 Hes. *Theog*. 310-12；Apollod. 2［122-26］5，12。

[126] 这是对赫斯珀里得斯金苹果的当代解释，见 Wilamowitz（1895）56；参见第四章注释〔19〕。

[127] Eur. *Herc*. 922ff. 有些萨满法术表演跟献祭仪式的关系很密切，参见 A. F. Anisimov in Michael（1963）100-105，尤见于兴都库什山的卡费尔人（Kafirs），他们属于印欧传统，参见 H. Siiger in Edsman（1967）69-81；K. Jettmar，*Die Religionen des Hindukusch*（Stuttgart 1975）122f.。

老人，但对于革律翁、卡库斯、狄俄墨得斯、阿尔库俄纽斯这些对头，他都是彻底消灭不留后患，就像因陀罗消灭毗首噜波一样。看来，印欧游牧民族已经成了动物的拥有者，因此不再需要祈求能让他们一次又一次地前往远方猎取动物的力量，最初的强大有力的救助者现在变成了一位英雄，他能够将动物从远方带回人类世界，他的壮举变成了事实上的"劫掠牲畜"活动。赫拉克勒斯用毁灭的方式让地球变得"文明开化"。

随着希腊文明的进一步发展，其英雄主义的一面日益衰微。对于正在兴起的个人主义的焦虑而言，赫拉克勒斯的壮举真正重要的意义在于他能够战胜衰老和死亡，动物故事变成"遗留物"，成了装饰性的背景。看来厄琉西斯（Eleusis）秘仪早在公元前 6 世纪即已利用了赫拉克勒斯的故事传统和他前往阴间的故事，〔128〕而直到后期君主墓葬中的石棺铭文，仍把赫拉克勒斯当成一位对抗死亡恐惧的伟大救助者。有人甚至认为，《约翰福音》中耶稣临终之前说的最后一句话：*tetélestai*，也是借用赫拉克勒斯的话。〔129〕

---

〔128〕 Pind. fr. 346b；H. Lloyd-Jones，"Heracles at Eleusis，" *Maia* 19（1967）206-29；Graf（1974）142-46；J. Boardman，*JHS* 95（1975）1-12.

〔129〕 C. Schneider，*Geistesgeschichte des antiken Christentums*（Munich 1954）I 142；John 19：30—*peractum est* Sen. *Herc. Oet.* 1472；参见 J. Bayet，"Hercule funéraire，" *MEFR* 39（1921-22）219-66；40（1923）19-102。C. Schneider，"Herakles der Todüberwinder，" *Wissenschaftliche Zeitschrift der Universität Leipzig* 7（1957-58）661-66；F. Pfister，"Herakles und Christus，" *ARW* 34（1937）42-60；J. Fink，"Herakles, Held und Heiland，" *AεA* 9（1960）73-87.

剩下的最后一个问题是，赫拉克勒斯是如何成为多利安国王以及包括吕底亚、[130]马其顿[131]等在内的多个王朝的祖先的？多利安人的部族传统显然可以上溯到赫拉克勒斯的儿子许洛斯（Hyllus），三个多利安部落中的第一个 *Hylleis* 即得名于他。许洛斯的后人征服了伯罗奔尼撒半岛，据说，赫拉克勒斯曾是统治这个地方的君主。“回归”型故事模式事实上是一个为征服的合法性进行辩护的神话性策略。[132]很有可能，多利安入侵者从伯罗奔尼撒的传统中借用了一个人物作为许洛斯的父亲，以证明其统治此地的合法性，这个人物是梯林斯的“动物之主”式的人物——尽管在迈锡尼文明中关于此类人物的史

---

〔130〕 Hdt. 1，7；赫拉克勒斯与翁法勒（Omphale）的神话，参见 *PR* II 589-94；与拉布朗达（Labraunda）传统之间的关系，见 Plut. *q. Gr*. 301f.；参见 H. Herter，*Kleine Schriften*（Munich 1975）544f.。

〔131〕 Hdt. 8，137f.；亚历山大大帝时代的赫拉克勒斯硬币；W. Derichs，“Herakles，Vorbild des Herrschers”（Diss. Cologne 1950）。

〔132〕 在传说中，狄奥多里克（Theodoric）对意大利的征服变成了伯尔尼的迪特里希（Dietrich of Bern）的回归，比较“雅利安放逐与回归”程式，见第一章注释〔31〕。——基于这一假设很难解释多里安人的罗德岛上的传统，这个传说经由特勒波勒摩斯（Tlepolemus）直接回到了赫拉克勒斯身上（*Il*. 2，653-70；5，628-69），也经常被作为研究迈锡尼时期多里安人的证据。关于罗德岛上的 *Hylleîs* 的直接证据是欠缺的（*PW* Supp. V 740-42）；关于泰姆斯（Tymnos），见 *LSS* 85，38，并比较 *AsAtene* 4-5（1922）483，37；*IG* XIV 952，5 来自希腊化晚期的阿克拉加斯（*Akragas*），并没有提供与罗德岛有关的东西。不过，特勒波勒摩斯传统可能晚于大陆的传统，在与利西亚人（Lycians）的接触中发展成熟（特勒波勒摩斯是赫拉克勒斯的儿子，被宙斯的儿子萨耳珀冬［Sarpedon］杀死，见 *PW* Supp. V 741），尤其是在公元前 8 世纪末期。

料线索微乎其微。[133]事实证明，赫拉克勒斯与多利安王族的融合对双方都大有好处，赫拉克勒斯的地位得以提高，与此同时，国王们也为自身增加了赫拉克勒斯“战无不胜”的光环。在我们所掌握的史料中，勇斗雄狮的主题从一开始就成为赫拉克勒斯主题中最受欢迎的一个，这本身就很有典型性。君主制基于赫拉克勒斯的典范而得以确立，而赫拉克勒斯则成为君主的典范，在希腊－罗马传统中是一个贯穿始终的特点，甚至罗马君主死后通过火葬升入天国而超凡入圣，也是赫拉克勒斯之死的再现。 98

古代文明中与赫拉克勒斯相关的主题是如此丰富而多变，仅这些内容即可轻而易举地写满一本书，甚至够一个学者研究一生。或许会有人觉得没有必要为自己到史前的黑暗年代里找一个祖先，尽管如此，这位身穿狮皮、头顶上长出野兽脑袋的超人救助者形象，仍然能够提醒我们，无论是业已开化的人类还是君主制以及战争，都不是自足的，就像人类并非生命的唯一表现形式一样，就算人类已经成功地赢得支配权，这也是一个充满暴力的过程，希望超越人类事实上面临的绝望的边界。赫拉克勒斯一直就是这样一个希望的象征，他借故事的形式给人以昭示，如何通过跨越有限存在的边界、进入遥远的未知之域以克服迫在眉睫的危机。

---

〔133〕似乎除了青铜时代晚期的塞浦路斯之外，在迈锡尼艺术中并无对神话的再现，参见 V. Karageorghis，“Myth and Epic in Mycenaean Vase-Painting，” *AJA* 62（1958）383-87；A. Sacconi，“Il mitonel monde Miceneo，” *PP* 15（1960）161-87；B. C. Dietrich，*Origins of Greek Religion*（Berlin 1974）310-14。不过，在米诺斯－迈锡尼文化的图像中，有一个“动物的主人”的形象，同时还作为驯狮者的形象出现，见 Nilsson（1950）357，367f.；（1955）294f.，pls. 20，4；21，4。

第五章　大女神、阿多尼斯和希波吕托斯

99　如果我们认为传统构成了仪式和神话两者共同的基础，借此打开了观察结构的形成和演变过程的历史视野，这很容易将我们引到史前的、旧石器时代的甚至是前人类的阶段，远远超出历史之光所能照亮的范围，这未免会令人感到不安。为此，现在让我们关注几个可以认为是发生于历史时期的传播个案，也就是说，既然直到公元前8世纪末期希腊文明的曙光尚未从黑暗年代中出现，希腊神话的大部分内容是在公元前7世纪才得以确立，我们不得不寻求其与近东世界的关联，在那里，书面文献的出现比荷马史诗要早两千年，而且那时确实已经发生了自东方向西方的文化传播，无论是神话还是仪式。不过，每一个实例都很复杂，这里要讨论的三个例子，即阿提斯（Attis）、阿多尼斯（Adonis）和希波吕托斯（Hippolytus），可以代表三个不同类型的跨文化传统。

1. 垂死之神

阿提斯和阿多尼斯的名字具有相似的光环，每一位读过《金枝》的读者都会因为这部纪念碑式巨著的第四部分标题而记得“阿多尼斯、阿提斯、奥西里斯”这一迷人的

三位一体，[1]任何一位关心古代宗教的人都理当了解这几位“众所周知”的、对希腊和罗马影响深远的东方之神，他们是“植物神”，他们死亡是为了随着季节的回归而重生，是掌管生育、爱情、死亡的伟大的植物女神的低级助手（*parhedros*）。用弗雷泽的话来说，[2]“大地表面的景观所呈现出来的一年一度的巨大改变给所有时代的人类心灵都造成了强有力的印象，激发他们去思考导致如此令人叹为观止的改变的原因……，他们……把植物的生长与枯萎、生物的诞生与死亡‘构想’成是因男神或女神、或某种神圣存在的生命力的盛衰而导致的结果，这些神也有诞生与死亡，……他们认为通过施行某种魔法，就能帮助这些作为生命原则之体现的神灵在与死亡原则的殊死搏斗中取得胜利。他们想象自己能够帮助神灵恢复衰竭的能量，甚至让其死而复生。……埃

100

〔1〕 关于弗雷泽和“人类学”，见第二章第1节；对杜穆兹－阿多尼斯－阿提斯作为植物神的解释，来自 Mannhardt（1877）II 273-95；拥有低级助手的母神尤其因米诺斯的材料而为人所知，对其解释见 A. Evans *JHS* 21（1901）166-68，与之有关的还有史前的“维纳斯雕像”（见第四章注释〔89〕）；心理分析学的介入，以及所谓巴霍芬文艺复兴（Bachofen-renaissance），参见 J. Leipoldt，*Sterbende und auferstehende Götter*（Leipzig 1923）；L. Franz，“Die Muttergöttin im Vorderen Orient und in Europa，” *Der alte Orient* 35，3（Leipzig 1937）；*Eranos-Jahrbuch* 6（1938）：“Gestalt und Kult der ‘Grossen Mutter’”；J. Przyluski，*La grande déesse*（Paris 1950）；E. O. James，*The Cult of the Mother Goddess*（New York 1959）；E. Neumann，*Die grosse Mutter*（Zürich 1956）～*The Great Mother*（Princeton 1955）；C. J. Bleeker，*De moedergodin in de oudheid*（The Hague 1960）；Helck（1971）；Vermaseren（1977）。

〔2〕 *GB* V 3-6.

及人、西亚人用奥西里斯、塔穆兹、阿多尼斯、阿提斯这些名字表示生命，尤其是植物生命的一年一度的衰微和复活，他们被人格化为一个神，这个神每年都会死去，然后又从死亡中再度复活，尽管从一个地方到另一个地方，这些仪式的名字和细节变化多端，究其实质，都是一回事”。

这番话体现了其理论最为清晰同时也是最容易引起争议的形式：首先是“印象”，一种激发“思考”的经验；其次，作为思考的答案，形成一个关于死而复活的神的“构想”；最后，通过再度“思考”，引进某种“魔法仪式”帮助神。神话是作为一种对于自然现象的幼稚的解释而被构想出来的，仪式则跟着神话而来。几乎无须对这种理论建构的各个环节一一驳斥，“植物生命的人格化”〔3〕这一公式就恰恰暴露了它的来历：正是在古典时代晚期讽喻作家的作品中，认为阿多尼斯代表“春天”或“农作物”，〔4〕阿提

---

〔3〕 参见 *GB* V 39：“一位伟大的母神，将自然界全部的再生产能力人格化”；Moortgat（1949）30：“近东地区所有植物神的苏美尔原型都是自然界生命的化身，它们在夏天死去，在春天复活”；E. O. James, *The Ancient Gods*（London 1960）46：“给予生命的母亲是繁殖力的人格化”；78：“塔穆兹……是对春天的勃勃生机的拟人化”。对 Vermaseren（1977）9-11 而言，大女神毫无疑义就是大地。

〔4〕 Adonis，Attis，Osiris（按此排序），见 Macrob. *Sat*. 1，21；Osiris，Adonis，见 Cornutus 28，Salustios 4；Attis，Adonis，见 Porphyry *perì agalmáton* fr. 7 Bidez＝Euseb. *Praep. Ev*. 3，13，14；Adonis＝spring，见 Lydus *De mens*. 4，64，p. 116，4；＝fruit，p. 116，7；参见 Schol. Theocr. 3，48d；Origen *PG* 13，800；Clem. *Hom*. 6、9，5；Euseb. *Praep. Ev*. 3，11，9；Amm. Marc. 19，1，11；22，9，15；Mannhardt（1877）II 281；Baudissin（1911）166-69。

斯、[5]奥西里斯、[6]珀耳塞福涅[7]都被按照同一思路处理。弗雷泽的“植物神”说无非一个乔装打扮成宗教起源理论的后古典时期寓言，我们不妨把它留给修辞学和诗学，因为那正是它的诞生之地。当然，也可以用一种较少理性主义色彩的方式重申这一理论，诸如西奥多·伽斯特之所为，或者如陶克尔德·雅克布森（Thorkild Jacobsen）最近之所为，[8]或者，这个理论可以激发人们对整个大自然的同情心，对那些在夏天里因干旱而枯萎的草木的悲戚感，[9]诸如此类的情感是我们很容易在想象中共享的。或许，正是这种浪漫多情的感触，连同纠缠于这一神话背景中的男、女角色奇异的颠倒，与想象出来的原始巫术完全合乎情理的目的一道，共同造就了这一理论。实际上，这一理论并非弗雷泽的发明，而是他从曼哈特那里借来的，这一学说是如此流行，因此它即使被摧毁了，还会春风吹又生。

不过，在最近几十年，这种理论接连遭到沉重的打击。真正的事实是，神话和仪式并非像预想的那样是相互对应的。据说，这种仪式的主要目的是为植物的生命重新注入活

---

〔5〕 ＝Ear of corn，见 Gnostics in Hippol. *Ref.* 5，8，39；5，9，8；＝sun，见 Macrob. *Sat.* 1，21，7-10。

〔6〕 见注释〔4〕。

〔7〕 Cleanthes *SVF* I no. 547＝Plut. *Is*. 377d，cf. 367c.

〔8〕 Gaster（1961）从“季节仪式”的“功能目的”，到“风土（topocosm）的复活”（17，23）。Jacobsen（1976），在“Dying Gods of Fertility”（23-73）一章里，谈论了很多“与基本生存行为相关”的“超验体验”。

〔9〕 参见 Cumont（1931）46f.：“弗里几亚人绝望地哀叹植物的逐渐枯萎和死亡……”

101 力，或者，用神话的术语讲，“帮助神复活或再度诞生”。但是，这种仪式的中心环节自始至终就是死亡，是伴随着血腥和悲泣的灾祸。在阿多尼斯仪式中，与复活相关的史料出现很晚，而且十分贫乏，[10] 在阿提斯仪式中则根本就不存在，[11] 至于奥西里斯，甚至根本就没有再次回到现实生活，而是获得了超越死亡的永恒生命。原本一直缺失的苏美尔伊南娜和杜穆兹（Inanna and Dumuzi）神话的结尾在 1951 年发表问世，更是给弗雷泽主义带来意料不到的打击。[12] 此前学者们一直认为，伊南娜，或按其巴比伦名字称为伊士塔尔（Ishtar），下到阴间世界的目的是把“植物神”重新带回到阳间，[13] 现在看到的事实却恰恰相反：伊南娜从阴间回来是

---

〔10〕 P. Lambrechts 强调了这一点，“La Resurrection d' Adonis,” in *Mélanges I. Lévy*（Paris 1953）207-40；Origen *PG* 13，800：“她们痛哭……仿佛他死了……她们欢呼……仿佛他复活了，” 以及 Jerome *PL* 25，82；Cyril of Alexandria *PG* 70，441f.；Luc. *Syr. Dea* 6，见第五章注释〔68〕；Baudissin（1911）133-37；Atallah（1966）259-302。——在希腊有关于麦勒卡特-赫拉克勒斯（Melqart-Heracles）“死而复活”的材料，见 Eudoxus fr. 284 Lasserre；*FGrHist* 783 F1。

〔11〕 这方面仅有的线索见 Firm. *err.* 22，Hepding（1903）197，而 Cumont（1931）228，46 和 Vermaseren（1977）116 更倾向于奥西里斯。确实，在这个节日的最后是“欢乐的”一天，Hilaria（Val. Flacc. *Arg.* 8，239-42；Macr. *Sat.* 1，21，10）认为这意味着逃离阴间获得新生（Damascius *Vit. Is.* 131）；P. Lambrechts *Meded. Kon. Nederl. Ak. v. Wetenschapen, Afd. Letterk.* 30，9（1967）；Vermaseren（1977）119-22。

〔12〕 S. N. Kramer *JCS* 5（1951）1-17；参见 L. Vanden Berghe *Nouvelle Clio* 6（1954）298-321；O. R. Gurney *JSS* 7（1962）147-60；A. Falkenstein *Festschrift W. Caskel*（Leiden 1968）96-110；Jacobsen（1976）55-63，他仍认为这一文本呈现出“一种奇异的离经叛道的态度”。（55）

〔13〕 S. Langdon，*Tammuz and Ishtar*（Oxford 1914）；A. Jeremias （转下页）

为了杀死杜穆兹，他一直活着，在他的王位上，周围都是欣欣向荣的生命，伊南娜把他交给跟随她而来的魔鬼扈从，即 *gallu*，把他作为她自己的替身交给死神。这个故事与植物的寓言根本风马牛不相及。[14]

与此同时，弗雷泽的地位也因专业化的进展而瓦解。苏美尔学和埃及学已经成为两个完全分离的研究领域，它们任何一方都不关心罗马帝国时期的兼容并包的大母神（Magna Mater），两个领域的专家越来越反对笼统的一般化理论，有些学者甚至宣称在那些被弗雷泽的理论牵扯到一块的、文明背景大相径庭的各种不同的神和神话人物之间“毫无相似性可言”。[15]这种观点发展到极致，可能根本否认外部影响对于文明进化的作用，对于很多学者而言，这的确是其喜闻乐见的。在此种观点看来，传统的论点承认系统的开

（接上页）*RML* V 5lf.；Preisendanz *PW* IV A 2141，2146. 巴比伦文本在1896年已为世人所知；P. Jensen，“Ištar's Höllenfahrt，” 载 *Assyrisch-Babylonische Mythen*（Berlin 1900）80-91；A. Jeremias *RML* III 257-63；*AOT* 206-10；*ANET* 106-9。

〔14〕 一位新的垂死之神与乌加里特（Ugaritic）的巴力神一起出现，*ANET* 129-42。关于巴力的诗歌残片可以整合进一个季节模式，见 J. C. Moor，*The Seasonal Pattern in the Ugaritic Myth of Baᶜlu*（Kevelaer 1971）。有鉴于文本极度残破，此说只能是一个假说，至少，文本中出现了“七年”一词，见 *CTA* 6 v 8f.，*ANET* 141。

〔15〕 H. Frankfort，*The Problem of Similarity in Ancient Near Eastern Religions*（Oxford 1951）；*Kingship and the Gods*（Chicago 1948）286-94；“The Dying God，” *Journal of the Warburg and Courtauld Institutes* 21（1958）141-51；参见 C. Colpe in *lišan mithurti*，*Festschrift W. v. Soden*（Kevelaer 1969）23-44。

放性，认为人的精神有倾听和学习的天赋，会受外界影响并被改变，都属于节外生枝，让人讨厌。但是，弗雷泽论断中的一些缺陷，并不能成为把他提出的问题也全盘抛弃的理由。相反，他提出的这些问题依然有趣，甚至令人着迷。

关于“大女神”（Great Godess），沃尔夫冈·赫尔克（Wolfgang Heleck）最近在其新著《大女神研究》（Untersuchungen zur Grossen Göttin）中提出了一个新的理论。[16]他承认这一系列神话和仪式存在着一个基于宏大历史视野的基本的统一性，但却否认其与“植物”乃至“母性”角色的特殊关联。他主要关心的问题是，一位女神，比如苏美尔的伊南娜、弗里几亚的库柏勒（Cybele）、腓尼基的阿芙洛狄特，都收养了一个年轻的情人，这个情人最后都少年夭折。他的解释是，历史上曾经有过像亚马逊女战士一样的女性原始部落，女性统治者为了繁育后代，会虏获男人，繁育完成后即杀掉他们。这确实是一个令人称奇的原始“女性解放”的故事，不幸的是，除了蜘蛛和某些昆虫采用这种繁育方式，没有任何证据证明现实中曾经存在过一个如此运作的人类社会。即便历史上在某条叫作赛尔摩（Thermodon）的河边确实有一个这样的亚马逊族，我们仍然不理解为什么这个女性统治的社会会想到要把如此痛苦的记忆保存在神话中，甚至用仪式予以再现，而这种仪式是由男人们为了荣耀女神而表演的。不管是故事，还是仪式，都不是直接从事实而来的。

102

---

〔16〕 Helck（1971）esp. 76，285f.；参见 W. Fauth *Gnomon* 46（1974）683f.。

尽管此书搜集了大量的材料并且做了颇见功力的分析，不过，用埃文斯－普理查德的话说，赫尔克的解释仍不过是一个典型的“想当然故事”：[17]一个尽管令人印象深刻但却无法证实的故事，换句话说，即神话。

2. 库巴巴—库柏勒—密特尔

让我们采取一个新的方法，从明确可知的历史开始：就阿提斯和阿多尼斯这两者的情形而言，我们所面对的都是一个神话和仪式的跨文化，甚至是跨越语言障碍传播的现象。只有当且仅当非希腊史料和希腊史料在某些具体环节上相互契合，而且这种契合不是归因于偶然的巧合或因为环境相似而导致的相似性，才能确认其为传播的结果。谈到阿提斯，他在史料中出现较晚，在他之前，首先有女神库巴巴（*Kubaba*），这个名字跟希腊语的 *Kybébe*（库比比）完全对应。库巴巴是位于幼发拉底河边迦基米施（Carchemish）的女神，但是，我们发现对她的崇拜仪式在青铜时代就已经传到了乌加里特和赫梯，[18]她出现于西里西亚的赫梯晚期文明，并到达克洛伊索斯王（Croesus）时期的萨迪斯（Sardes），在吕底亚手稿中，她的名字被写作

---

〔17〕 Evans-Pritchard（1965）25，42.

〔18〕 本领域的基础研究为 E. Laroche in *Eléments*（1960）113-28；一件新发现的阿拉姆语（Aramaic）铭文，见 A. Dupont-Sommer *CRAI*（1961）19-23，A. Dupont-Sommer，L. Robert，*La Déesse de Hierapolis Castabala*（Paris 1964）7ff.；Helck（1971）244-46；Gusmani（1971）307-24。

kuvav，[19] *kuvav* 是爱奥尼亚语的转译。[20] 不幸的是，这个名字本身并不能提供多少有用信息，在青铜时期的史料中，除了名字之外，其他材料很少。在萨迪斯，*kuvav* 一词跟狮子、金匠以及酒神有关联。下列事实提供了更重要的线索，阿莫尔戈斯的西蒙尼戴斯（Semonides of Amorgos）提供了一条甚早的希腊语证据，其中 *Kybebos* 被用为名词，意指 *Kybébe* 的信徒，[21] 看起来这似乎是一种特别的人物，跟一般人有明显区别：库巴巴或 *Kybébe* 有专门的职业信徒，他们将其一生奉献给女神，作为巡游祭司，后世的希腊人称之为 *metragyrtai*。然而，这位女神对希腊的决定性影响并非来自吕底亚人，而是来自弗里几亚人，他们在西米里人（Cimmerian）和吕底亚王国兴起之前就已经定居小亚细亚西部。弗里几亚人崇拜一位大女神，这是毋庸置疑的，

103

〔19〕 萨迪斯金匠住地出土花瓶上狮子祭坛图案边的铭文，见 R. Gusmani *Kadmos* 8（1969）158-61；*Neue epichorische Schriftzeugnisse aus Sardis*（Cambridge，Mass. 1975）28-30，no. A II 5；参见 A. Ramage *BASOR* 199（1970）22；Hanfmann（1975）6；fig. 32。——另一件发现于萨迪斯的文物，一件有狄奥尼索斯浮雕的神龛，可能属于库巴巴女神，见 G. M. A. Hanfmann，*VIIIe Congrès international d'Archéologie classique*（Paris 1965）494-96；*AJA* 68（1964）164，pl. 52，18；Hanfmann（1975）12，pls. 23-26。

〔20〕 Hdt. 5，102，1；关于 ē 代替 ā，参见 R. Gusmani in *Studies in Greek, Italian and Indoeuropean Linguistics*（Innsbruck 1976）77-82，相反意见见 E. Laroche *Mélanges P. Chantraine*（Paris 1972）83-91。

〔21〕 Fr. 36 West（fr. 10a 是否属于这样的上下文？）；Cratinus fr. 82，*CAF* I 38；参见 Hipponax fr. 127；156 West；*agersikýbelis* Cratinus fr. 62，*CAF* I 31。

她的形象出现于建筑物正面外立面浮雕中，有时候站在两头狮子之间，且很可能跟金属制作工艺有关联。[22]其中的铭文尽管大部分还无法释读，但可以看出她似乎被称为母亲（*matar*）。[23]另一处女神形象，女神坐于王位上，身边有两位乐师侍奉，见于博阿兹柯伊（Boğazköy）遗址的一座门廊上。库尔特·比特尔（Kurt Bittel）[24]根据一系列石质浮雕上的图像资料追溯了这位女神的传播路径：始于幼发拉底河流域，中经安纳托利亚中部，传到博阿兹柯伊和弥达斯（Midas）城。在一则铭文中出现了 *matar kubile* 一语，它显然对应于希腊语中的 *Méter Kybéle*，*Kubile* 常常（尽管并非总是）被用作弗里几亚语对 *Kubaba* 的转写形式。在希腊人与弗里几亚人发生最初接触的地区特罗阿德

---

〔22〕 全面的解说见 Haspels（1971）；参见 R. D. Barnett *CAH* II 2，435-38。阿斯兰卡亚（Arslankaya）出土文物上的双狮图像，见 Haspels（1971）87-89，fig. 187。E. Akurgal，*Phrygische Kunst*（Ankara 1955）99 谈到"一神教"，A. Evans 在涉及米诺斯克里特岛时已提出此种说法（见第五章注释〔1〕）。

〔23〕 *Matar Kubile, JHS* 3（1882-83）41；Haspels（1971）91，293 no. 13；fig. 138；*Materan Areiastin*（*sic*，参见 M. Lejeune *SMEA* 10（1969）30-38）Haspels 79，292 no. 11；pls. 83f.；*Matera* at the 'Tomb of Midas'，Haspels 76，290 nos. 4-5；参见 G. L. Huxley *GRBS* 2（1959）93。对希腊人而言，弥达斯的城市，亚泽勒卡亚（Yazilikaya）是"大都"（*Metrópolis*），亦即大母神的城，见 *Bull. epigr.*（1972）463。Gusmani（1971）314 认为"*Kubile*"来自"*kubaba*"，受到弗里几亚语中一个表示"山"的词"*kýbela*"的影响（Diod. 3，58，1-2. Strab. 12 p. 567）。

〔24〕 K. Bittel，"Phrygisches Kultbild aus Boğazköy，"*Antike Plastik* II 1（Berlin 1963）；参见 G. Neumann，"Die Begleiter der phrygischen Muttergöttin von Bogazköy，" *NGG* 1959，6。

（Troad），约当公元前 700 年，希腊人采纳了对于弗里几亚母神的崇拜祭仪。她可能被称为阿芙洛狄特，就像荷马的阿芙洛狄特颂歌所表明的那样，[25] 不过，通常她都是被简单地称为 *Méter*，即母亲。*Kybála* 这个名字最初似乎出现于一块发现于意大利南部洛克里（Locri）城的残片上。[26] 关于这位女神的崇拜仪式的扩展可由公元前 6 世纪的一系列浮雕得到印证，图像中女神坦荡地坐于位于小神殿中的王座之上，一般没有特殊的标识物，[27] 后来才出现了手鼓和狮子。还有一些与供养人有关的文献，城外的岩石上雕刻的供养神龛中有相似的女神图像。在以弗所和西西里岛的阿克里（Acrae），还保存大量相关遗迹。[28] 但是，自从古风时期在伊里昂城就有一处公开的大母神（Meter）圣地，[29] 在雅典，公元前 5 世纪出现一座母神庙（*Metroon*），

---

〔25〕 Charon *FGrHist* 262 F 5 以 *Kybébe* 为阿芙洛狄特的“弗里几亚语和吕底亚语名字”。

〔26〕 M. Guarducci *Klio* 52（1970）133-38；Vermaseren（1977）23.

〔27〕 U. v. Wilamowitz-Moellendorff，Paul Jacobsthal，*Nordionische Steine, Abh.* Berlin（1909）9（他怀疑对大母神的指涉）；H. Möbius *MDAI*（*Athen*）41（1916）166，2；E. Will in *Eléments*（1960）98f.；E. Langlotz，*Die kulturelle und künstlerische Hellenisierung der Küsten des Mittelmeers durch die Stadt Phokaia*（Cologne 1966）30。

〔28〕 Ephesus，Panayir dağ：B. Keil *ÖJb* 18（1915）66-72；23（1926）*Beiblatt* 256-61；Will in *Eléments*（1960）106f. —— Acrae：G. Sfameni Gasparo，*I culti orientali in Sicilia*（Leiden 1973）126-49，267-76。

〔29〕 D. B. Thompson，*Troy*：*The Terracotta Figurines of the Hellenistic Period* Supp. III（Princeton 1963）58-60.

其中供养这一尊大母神雕像。[30]综上所述，这个安纳托利亚祭仪向希腊的传播扩散过程可以看得一目了然。希腊人继续称这位大母神为“弗里几亚女神”。不过，同时不应该忘记，早在迈锡尼时期希腊人就开始崇拜一位叫“众神之母”（*mater theia*）的女神。[31]在科诺索斯，一处早期米诺斯神殿遗址附近有一座德墨忒耳神殿，可能就是由对这位“众神之母”的崇拜发展而来。[32]因此，来自弗里几亚的母神崇拜可能被本土的母神传统所吸收，这可能正是这位女神在希腊大行其道的原因所在。 104

品达为此提供了明确的书面证据。[33]他描述了科比拉女神节（*Pótnia Kybéla*）纵情声色的狂欢情境，伴随着鼓（tympana）和响板（krotala）那令人心醉神迷的节奏，已经与酒神节的狂女浑然莫辨。不过，迄今为止，不管是阿提斯还是自我阉割的伽罗伊（Galloi），都还无迹可寻。可以证实的最早一位托钵祭司（metragyrtes）的仪式性阉割发生于公元前415年的雅典，[34]公元前4世纪初在特奥庞普斯

---

〔30〕 Travlos（1971）352-56；Vermaseren（1977）32-34.

〔31〕 *PY* Fr1202 *ma-te-re te-i-ja*（dative），参见M. Gérard-Rousseau，*Les Mentions religieuses dans les tablettes mycéniennes*（Rome 1968）138。

〔32〕 J. N. Coldstream，*Knossos*，*The Sanctuary of Demeter*（London 1973）；关于指环上的铭文，见131f.，pl. 83，14，参见H. v. Effenterre *JHS* 96（1976）154：是*Dámatri*，不是*Matrí*。

〔33〕 Dithyramb 2；frs. 80，95；*Pyth*. 3，77f.；A. Henrichs *HSCP* 80（1976）253-86.

〔34〕 Plut. *Nic*. 13，4.

（Theopompus）的一部喜剧中第一次提到阿提斯，[35]尽管在希罗多德讲述的那个众所周知的关于克洛伊索斯王之子阿里斯（Arys）的故事中已有他的身影，阿里斯跟阿提斯一样，也是被野猪杀死的。[36]阿狄斯提斯（Agdistis）这个名字在公元前300年前后出现于米南德（Menander）的作品和铭文中，[37]卡利马库斯和狄奥斯科里德斯（Dioscorides）都提到过伽罗伊。[38]看来，在4世纪以前，位于弗里几亚的培希奴城（Pessinus）[39]的阿提斯－阿狄斯提斯祭仪中心还尚未被希

---

〔35〕 Fr. 27，*CAF* I 740；萨巴兹俄斯秘仪（Sabazios mysteries）的仪式性哭泣中的 *attes*，见 Demosth. 18，260。参见 Hepding（1903）5-97。P. Lambrechts，"Attis，van herdersknaap tot god，" *Verh. Koninkl. Vlaamse Acad. v. Wet.* 46（1962）；Vermaseren（1966）；（1977）88-95。

〔36〕 Hdt. 1，34f.；注意阿德拉斯托斯（Adrastus），他的名字让人想到西奇库斯（Cyzicus）的阿德拉斯忒亚（Adrasteia），见 Strab. 13 p. 588；*Meter ádrastos BCH* 11［1887］349 no. 5），他杀死了自己的兄弟，正如大母神的科律班忒斯（Corybantes）所为（Clem. *Protr*. 19，1），还要注意他是一个猎人，最后在一次狩猎中刺死了自己（见第五章注释〔161〕）。

〔37〕 Menander，*Theophorumene* p. 146 ed. F. H. Sandbach（Oxford 1972），E. W. Handley *BICS* 16（1969）96；雅典的浮雕，见 Nilsson（1961）pl. 10，2=*IG* II-111^{2}4671，Vermaseren（1966）pl. 11.；在亚历山大（Alexandria），P. M. Fraser，*Ptolemaic Alexandria*（Oxford 1972）I 277；Ⅱ 433。参见 R. Gusmani *PP* 14（1959）202-11。

〔38〕 Callim. fr. 761（dubium）参见 fr. 193，35；194，105；Dioscorides *AP* 6，220；Rhianus *AP* 6，173；参见 *AP* 6，217-19；234；7，709；G. M. Sanders *RAC* VIII 984-1034 "Gallos"（1972）；U. v. Wilamowitz-Moellendorff，*Hellenistische Dichtung* II（Berlin 1924）291-93，关于卡图卢斯（Catullus）可能的希腊化范型，见63页。

〔39〕 Theopompus *FGrHist* 115 F 260；Polyb. 21，37，5；Strab. 12 p. 567；Livy 29，14；Diod. 3，59；Alexander Polyhistor *FGrHist* 273 F 74；W. Ruge *PW* XIX 1104-13.

腊世界所知。随后，大约在公元前300年，一位与托勒密一世有关系的厄琉西斯祭仪祭司提谟修斯（Timotheus）记录了培希奴神话的一个新奇而令人惊异的版本。〔40〕大母神和阿提斯在王号为阿塔罗斯（Attalus）的几位国王统治下的珀加蒙（Pergamum）获得显著地位。公元前204年，大母神节（Megalesia）传到罗马，培希奴的现实影响传了进来。〔41〕大母神祭仪从其位于梵蒂冈的新的仪式中心向整个罗马帝国境内传播，不过，它的语言仍然是希腊语。

这一祭仪中最引人注目的，当然是伽罗伊的阉割仪式，尽管它并非古风时期希腊大母神祭仪的核心环节，当时甚至还鲜为人知。这一风俗是培希奴城祭仪的典型特色，不过并不限于该地：在受希腊文化影响的西奇库斯（Cyzicus）也证实有相关遗迹，〔42〕而且年代可能相当古老；这一风俗在弗

---

〔40〕 Paus. 7，17，10-2～Arnob. 5，5-7 参见 5，9；5，13；Alex. Polyhist. l. c.；Hepding（1903）37-41。塞拉皮斯（Serapis cult）的创立也被归功于提谟修斯，见 Tac. *Hist*. 4，83；*PW* VI A 1341f.；参见第五章注释〔101〕。西奇库斯的尼安特斯（Neanthes of Cyzicus，见注释〔42〕）在3世纪写过阿提斯，*FGrHist* 84 F37；关于他的详情我们了解甚少。

〔41〕 Varro *l. l.* 6，15；Livy 29，14；Wissowa（1912）63f.，317-27；Latte（1960）258-62；G. Showerman，*The Great Mother of the Gods*（Madison 1901）；H. Graillot，*Le Culte de Cybèle*（Paris 1912）；E. Ohlemutz，*Die Kulte und Heiligtümer der Götter in Pergamon*（Würzburg 1940）174-91.

〔42〕 Nicander *Alex*. 7f.，Schol. 8；关于西奇库斯的大母神秘仪，见 Hdt. 4，76；带有“悬浮雕像”的衣服，见 Hdt. 4，76，4；培希奴城的相似秘仪，见 Polyb，21，37，5。尼安特斯见注释〔40〕。

里几亚的希拉波利斯（Hierapolis）发挥着重要的作用；[43]在美索不达米亚的埃德萨城（Edessa）也有此种风俗；[44]在叙利亚班彼斯-希拉波利斯城（Bambyce-Hierapolis）的阿塔加提斯女神（Atargatis）或称叙利亚女神（Dea Syria）[45]的祭仪中，这一仪式也有突出地位，这个地方与库巴巴的故乡迦基米施相去不甚远，如果希腊人将库巴巴女神的信徒称为 *Kýbebos*，那么，按照琉善的翻译，在班彼斯的释因神话中，自我阉割者就当称为 Kombabos。[46]阿塔加提斯女神的名字 Atargatis，由 'Aštart 和 'Anat 两者结合而成，[47]她既是爱情女神，又是残酷女神，她的名字似乎是源于对这一合成神格的闪米特语翻译。几乎可以毋庸置疑地说，我们正在研究的是一种祭仪从迦基米施向叙利亚、同时也向安纳托利亚中部和黑海边的西奇库斯扩散的历史。培希奴的青铜时代传统中即有这一文化传播历史的证据。[48]

105

〔43〕 Strab. 13，p. 630；卡尔西登城（Chalcedon）的仪式性阉割狂热，参见 Arrian *FGrHist* 156 F 80。

〔44〕 Bardesanes, Th. Noeldeke *ARW* 10（1907）150-52；Euseb. *Praep. Ev.* 6，10，44.

〔45〕 Luc. *Syr. D.* 50-54；P. L. van Berg，*Corpus Cultus Deae Syriae* I 1-2（Leiden 1972）.

〔46〕 Luc. *Syr. D.* 17-27. 苏美尔洪水神话与吉尤苏得拉（Ziusudra）的故事在班彼斯一直与西苏修斯（Sisutheus）的故事一道流传着，参见 Luc. *Syr. D.* 12。

〔47〕 Helck（1971）270；*WM* I 244f.；P. Perdrizet，*Mélanges Cumont*，1936，885-91；P. Lambrechts，P. Noyen *Nouvelle Clio* 6（1954）258-77.

〔48〕 关于乌利库米（Ullikummi）和阿狄斯提斯，见第五章注释〔101〕；一个与"培希奴的南纳库斯王"（Nannakos）有关的地方性洪水神话版本，见 *Prov. Bodl.* 140，参见 *FGrHist* 795 F 2 n.；800 F 3；（转下页）

青铜时期与仪式性阉割相关的遗物让人觉得有点难以理解，[49]阉割手术使用的不是金属刀，而是燧石刀，[50]明确无误地指向石器时代。现代人从“信仰”的角度解释这种仪式，纯属臆测。[51]这种行为显然是在当事人处于一种无法对其所作所为给出明确理由的、神魂颠倒的心智状态下实施的，不过，他这样做是以某种久已确定的行为模式为依据的。对此，或许可以采取一种功能主义的观点进行解释：阉割导致一个男人以一种决绝的、不可挽回的方式置身于古代

（接上页）提谟修斯（见 *Arnob.* 5，5）整合了丢卡利翁（Deucalion）和阿狄斯提斯两个神话。

〔49〕 在伊士塔尔秘仪上比赛、跳舞和奏乐的 *assinnu, kurgarru, kulu'u* 被认为是阉人或妓女，见 Meissner（1925）II 67；*Akkadisches Handwörterbuch* s. v.；Helck（1971）254；不过，并无这方面可靠的证据，参见 *Chicago Assyrian Dictionary*（1956ff.）K 558b-559a；关于伊士塔尔对阿拉拉克（Alalakh）的诅咒“他造成阉人”，见 D. J. Wiseman，*The Alalakh Tablets*（London 1953）no. 1，Helck 153；*assinnu* 和 *kurgarru*：“他们的男人味被伊士塔尔变成了女人味，为的是在男人当中散播恐惧”，见于 the epos of Erra 4，56，参见 L. Cagni，*L'epopea di Erra*（Rome 1969）及 *Mythologies*（1961）131；SAL-*ZIKRUM*（阴阳人）以及穿女装的男人浮雕，见 *Iraq* 6（1939）66-70。见第五章注释〔162〕。

〔50〕 Plut. *Nic.* 13，4：Catullus 63，5；参见 Ov. *Fast.* 4，237；Plin. *n. b.* 35，165；Juv. *sat.* 6，514；Mart. 3，81，3；用于割礼的石刀，见 Ex. 4：25，此种风俗直到现代还见于伊斯兰教。

〔51〕 对此种行为的动机有各种解释：与“母亲”融为一体，见 Farnell（1896-1909）III 300f.，参见 B. Bettelheim，*Symbolic Wounds: Puberty Rites and the Envious Male*（Glencoe 1954）；La Fontaine（1972）180f.。——禁欲，见 A. D. Nock *ARW* 23（1925）25-33＝Nock（1972）7-15。——给大地母亲授精，见 Cook（1914）394f.，H. Herter *Gnomon* 17（1941）322f.，参见 *donum deae* Prud. Peristeph. 10，1068；Clem. *Protr.* 15，2。

社会之外，他既非男人，也非女人，[52]而是“无”，他无处可去，除了依附于他的女神之外别无选择，从此，在他的周围将笼罩着令人敬畏的氛围。撇开动机不谈，阉割行为本身使他一旦加入就再也无法叛出教门。在战乱频仍的时代，单靠这一反常的身份，就足以增加生存的机会，侵略者往往会屠杀所有成年男人，希腊人称为 *hebedón*，而掳走女人，阉人却不属于任何一类人，因此可能会被放过。[53]如此一来，在波斯人统治之前，甚至直到“罗马的和平岁月”到来之前，在安纳托利亚地区，由阉人祭司维持的神殿可能是能够在兵荒马乱的黑暗年代唯一得以幸存的组织机构，这也解释了为什么这位安纳托利亚女神的雕像通常被安置在这些祭司所在的城市，在“圣城”、希拉波利斯和罗马，阉人环绕于其周围。

这样一种组织与希腊城邦社会是不兼容的。大母神祭仪以一种具有异域奇观意味的私人崇拜扩散到希腊社会，四处流浪乞讨的托钵祭司把它带到各地，他们为其崇拜的女神大母神或叙利亚之神（*Syríe theós*）乞取奉献之物，并以此为生。传统主义者可能会鄙视这些“叫花子”，但其他人或许会从中得到某种无法由城邦的古老神祇提供的经验或帮助。

---

〔52〕 Lact. *inst.* 1，21，16；Hdt. 8，106，3；Catullus 63，50-73；Val. Max. 7，7，6.

〔53〕 俄瑞斯忒斯正是出于这一理由放过了阉人，见 Eur. *Or.* 1527f.。

3. 从杜穆兹到阿多尼斯祭仪

谈到阿多尼斯（Adonis），[54]十分清楚，他是在古风时期传入希腊的一位闪米特民族的神，希腊人就已了解这一点。希罗多德说他是“亚述人”培尼克司（Phoenix）的儿子。[55] *Adon* 是一个常见的西闪米特语词，意为“主”，*adoni* 意为“我的主”。[56]可见，这并非一个神的专名，而是可以用来称呼任何一位神的称号。因此，有人认为在闪米特世界中并无任何证据证明阿多尼斯仪式的存在，克雷奇默（Kretschmer）甚至提出了 Adonis 这个名字的一个 *106*

---

〔54〕 最全面的研究见 Baudissin（1911），参见 Atallah（1966），Eissfeldt（1970）。Detienne（1972）是对此问题的结构主义研究，对它的批评见 G. Piccaluga *Maia* 26（1974）33-51；反批评，见 Detienne（1977）64-77；关于 Soyez（1977），见注释〔68〕。

〔55〕 Hes. fr. 139；菲洛德谟斯（Philodemus）的引文（*De piet*, p. 12）提到“Epimenides”（埃庇米尼得斯），而非“Hesiod”（赫西俄德），见 A. Henrichs *GRBS* 13（1972）92。——关于帕尼亚西斯（Panyasis），见第五章注释〔99〕。

〔56〕 Baudissin（1911）68-71；Atallah（1966）303；Eissfeldt（1970）；R. Du Mesnil du Buisson，*Nouvelles études sur les dieux et les mythes de Canaan*（Leiden 1973）160-65. 在乌加里特语中，*adon* 似乎是 Jam、Baal 的一个称号，*CTA* 1 iv 17；2 i 17；34；在西闪米特语铭文中，是诸如 Baal（*KAI* 99）、Baal Hammon（*KAI* 63）、Baal Šamem（*KAI* 64）、Rešep（*KAI* 32；41）、Melqart（KAI 47）、Eŝmun（*KAI* 66）、Šadrapa（*KAI* 77）等各种神的称号。R. Dussaud 坚持认为 Adonis＝Adon Ešmun，见 *Journal des Savants* n. s. 5（1907）36-47；*Syria* 25（1946-48）216。在公元前 8 世纪的叙利亚，出现了一个人名 Adon-la-râm，见 H. Ingholt，*Rapport préliminaire sur sept campagnes de fouilles à Hama en Syrie*（Copenhagen 1940）117，pl. 39. 1；关于比布鲁斯城（Byblos），见注释〔68〕。——Eissfeldt（1970）17 在 Hsch. 中发现 *Adonis...kaì bólou ónoma* 是指的巴力（Baal），其实，这个词是“掷一次骰子”的意思。

希腊语词源。[57]然而，关键的证据链建立在仪式传统上：女人在夏天刚开始的时候痛哭悲悼一个年轻人，一个受女神挚爱的情人。对于萨福和她的女友来说，[58]这个年轻的神就是阿多尼斯，阿芙洛狄特的爱侣，在巴比伦、[59]叙利亚和拜占庭，则是塔穆兹（Tammuz），是伊士塔尔或阿施塔特（Astarte）的情郎，在古代苏美尔，这对情侣的名字则叫杜穆兹和伊南娜。还有更多的证据证明希腊对闪米特仪式的依赖：香料在仪式中具有突出的地位，在神话中，阿多尼斯变成了密耳拉（*Myrrha*）的儿子月桂树，[60]而"*myhrra*"这个名字，以及没药这种香料，都是在公元前7世纪从闪米特进口到希腊的，此外，阿多尼斯仪式要在屋顶上举行这一奇怪的习俗，在希腊十分罕见，在迦南宗教

---

〔57〕 P. Kretschmer *Glotta* 7（1915）29-39（*hadón*"被取悦的人"）；参见 G. Zuntz *MH* 8（1951）34（一个亚洲的、前闪米特语名字）。

〔58〕 Sappho fr. 140；168 Lobel-Page.

〔59〕 主要的文献证据是 Gilgameš VI 46；*ANET* 84："你（伊士塔尔）注定年复一年地悲泣，为了塔穆兹，你的情人。"关于月份，见 F. K. Ginzel, *Handbuch der mathematischen und technischen Chronologie*（Berlin 1906-14）I 113f.；117，II 37；III 33。A Jeremias，"Der Schleier von Sumer bis heute，" *Der Alte Orient* 31，1-2（Leipzig 1931）29-30，认为约瑟（Joseph）在 Gen. 37：31-36 中的遭遇有塔穆兹的影子；the Book of Jubilees 34，18（E. Kautzsch，*Die Apokryphen und Pseudepigraphen des Alten Testaments*［Tübingen 1921］II 98）记载了一种在第七个月的第十天哭泣的习俗。

〔60〕 Panyassis in Apollod. 3，［183/5］14，4；Clitarchus *FGrHist* 137 F 3；Anton. Lib. 34；Ov. *met.* 10，311-518；Detienne（1972）19-68，117-38；关于 *smýrne-mýrrha*，见 Masson（1967）54-56。

却是司空见惯的。[61]

不可否认，迄今为止只发现了一条确凿无疑的闪米特史料，跟萨福的记载一样古老，即《以西结书》中一个众所周知的片段，不过，此一条足矣。[62]另外一些发现于巴比伦之外的闪米特史料，时间晚于帝国时期：叙利亚帕米拉（Palmyra）古城的马赛克镶嵌图像中邀请人们参加"*Tamuza*"和"*Belti*"（女士）节日的画面，显示了这位死去的神正躺在挺尸架上；[63]发现于大马士革的一尊供养人所献的雕像，呈现了与上述马赛克图像相同的主题；[64]曼达派反对那些坐在阿施塔特和塔穆兹的房子里悲泣的人的辩词；[65]哈兰或卡雷（Harran/Carrhae）地区悼念塔穆兹的习俗一直延续到中世纪；[66]直到现在，希伯来历法和土耳其历法中依

---

〔61〕 M. Vieyra *RHR* 119（1939）139f.；参见 Jer. 32：29；此风俗已存在于乌加里特（Ugarit），见 *CTA* 14 ii-iii，*ANET* 143f.；赫梯的情形，见 Vieyra 1. c. ——阿多尼亚（Adonia）：Aristoph. *Lys*，389；395；Men. *Sam*. 45；相关瓶画，见注释〔76〕。

〔62〕 Ezek. 8：14；因此塔穆兹在犹太教和基督教传统中一直为人熟知。见于 Zech. 12：11 的米吉多（Megiddo）悼念哈达临蒙（Hadad-Rimmon）神的习俗经常被用来作为比较。对"天后"（Queen of Heaven）的焚香献祭～Jer. 44：17-19 提到阿芙洛狄特·乌拉尼娅（Aphrodite Urania）。

〔63〕 H. Ingholt，H. Seyrig，J. Starcky，*Recueil des tessères de Palmyre*（Paris 1955）nos. 218，219，342；参见 Eissfeldt（1970）pls. 9-10；铭文：BLTY，TMWZ。

〔64〕 H. Seyrig *Syria* 27（1950）229-36（A. D. 213-14）.

〔65〕 M. Lidzbarski，*Ginzà*（Leipzig 1925）447，8.

〔66〕 D. Chwolson，*Die Ssabier und der Ssabismus*（St. Petersburg 1856）II 27；*GB* V 230；Baudissin（1911）111. 提及叙利亚文"宝书"记载的一个关于塔穆兹和"烧死哈兰"（Harran）的"巴尔廷"（Baltin）（转下页）

然还有塔穆兹月。

在这些闪米特史料中，神的名字无一例外都是“塔穆兹”，伪托梅利托之名（Pseudo-Melito）[67]的叙利亚语文本记述的神话中也叫这个名字，其中还提到比布鲁斯（Byblos）的祭仪。比布鲁斯的“阿多尼斯”祭仪经常出现于希腊作家笔下，尽管有证据证明比布鲁斯的“女士”，即 *Baalat Gebal*，早在青铜时代就已经存在，关于她的情郎的本土证据却十分罕见。[68]看来，比较稳妥的结论是：在闪米特人中，

（接上页）的神话，见 C. Bezold，*Die Schatzböble* I（Leipzig 1883）37。其他一些残片，见 Smith（1894）317；Baudissin 119。

〔67〕 *Corpus Apologetarum* IX（1872）426；Baudissin（1911）74：“*Balti*,”塞浦路斯王后随“塔穆兹”私奔到比布鲁斯，她的丈夫赫菲斯托斯（Hephaestus）追赶他们并在黎巴嫩杀死塔穆兹，故在亚法加（Aphaca）有他的墓。在 Theodor Bar Konai 的书中，塔穆兹是 Kutar 的儿子。～Ugaritic ktr～Hephaestus，Baudissin 74f.。

〔68〕 关于比布鲁斯的阿多尼斯，见 Baudissin（1911）71-81；H. Gressmann，“Reliquien der kuhköpfigen Göttin in Byblos,” in *Festschrift E. Hahn*（Stuttgart 1917）250-68；Gese（1970）45f.，185-88；Helck（1971）182-87；Soyez(1977)；希腊史料：Clitarchus *FGrHist* 137 F 3；Lycophr. 828-33；Strab. 16 p. 755；其中，最重要的是 Luc. *Syr. D.* 6-8。Soyez 23-28 主张那座“大庙”（纪元后 2 世纪）即琉善曾经到访过的庙宇。不过，索耶则（Soyez）未提及另外两件更令人感兴趣的当地铭文，它们把一位“主”，即 *adon*，与巴拉特神（Baalat）联系了起来，（1）P. Bodreuil，*Semitica* 27（1977）23-27，公元前 10 世纪晚期（该则材料有赖 W. Röllig 教授提醒）：人们向“他的主”*l'dnw*（后面缺损）和 *b'lt gbl* 奉献；（2）*KAI* 12＝R. Dussaud，*Syria* 6（1925）269-73，Gese 185，34，纪元后 1 世纪，一个“来自神庙区域”的焚香祭坛，献给“我们的主”*'dnn* 和 *smlb'l*（巴力神的影像），这显然即巴拉特神，比较阿什克隆（Ashkelon）的长着巴力神的脸的芬尼巴洛斯女神（*Phanebalos*），见 Gese 214；这联系到 *Salambo* 的词源 slmb'l（巴力神的影像），见 O. Blau *ZDMG* 14（1860）651；*PW* I A 1823f.；*Salambo* 是“阿（转下页）

那位被悼念的神通常被称为“塔穆兹”，这个名字一直沿用下来，[69] *adon* 只是一个称号，而不是名字，挽歌的哭诉中可

（接上页）芙洛狄特对阿多尼斯的哀悼”，见 Hsch. s. v. 和 *Et. M.* 707，48；Script. Hist. Aug. *Heliog.* 7；伊斯帕利斯（Hispalis）/ 塞维利亚（Seville）的 Salambo 队列，见 *ASS* Iulii IV 585f.，F. Cumont，*Syria* 8（1927）330-41；*zdmb'l*，见 *CIS* 132=*KAl* 62 尚有争议。Dussaud 武断地认为 *KAI* 12 中的 *adon* 是指对君主的崇拜（他把 Adonis 与 Ešmun 联系起来，见注释〔56〕）。在这两件铭文中的所有格后缀都表明“*adon*”是一种称谓，而不是一个人名，在祈祷词中，写作“*adonî*”意为“我的主”。第一件铭文中的缺损处原来可能写着人名，第二条铭文中的“主”是无名的。实际上，琉善说“有人”声称“纵情宴乐”之神是奥西里斯，而非阿多尼斯（sec. 7），暗示仪式上并没有提到这两个名字，乃至任何一个名字，但 *adon* 的称谓却常被提到。正是 *adon* 与大女神之间的联系，以及焚香祭祀的作用（见注释〔60〕），使得这两件铭文至少貌似都涉及被希腊人称为阿多尼斯秘仪的仪式。——正如巴拉特与伊西斯-哈托尔（Isis-Hathor）相融合，阿多尼斯秘仪似乎也与比布鲁斯的奥西里斯秘仪融为一体了。参见 Helck 184；Soyez 39-41，53-75。在另一种仪式中，即看似一个纸莎草“脑袋”，实为一个装着纸莎草信件的罐子，飘向岸边，似乎也存在着与埃及的关联，参见 Luc. sec. 7 with Schol. p. 187 Rabe，Cyril. Alex. *PG* 70，441；Schol. Greg. Naz. *AC* 45（1976）184f. ~S. Brock，*The Syriac Version of the Pseudo-Nonnos Mythological Scholia*（Cambridge 1971）152f.；Baudissin 134，189f.；Gressmann 225-29；Soyez 67-69。——最具争议的是琉善说道：“到第二天，他们讲述他复活的故事，并将他送到空中。”（6），参见 Baudissin 136；K. Kerényi，*Griechische Miniaturen*（Zürich 1957）59-68；Atallah（1966）262f.；G. Roux *RPh* 41（1967）262-64；Eissfeldt（1970）10；H. Seyrig，*Syria* 49（1972）97-100；V. v. Graeve *JdI* 87（1972）345；Soyez 38f.；有可能是指一种与以前的向阴间献祭不同的火焚仪式，对比 *exaeroun*（火“化为烟气”），见 Luc. Peregr. 30；Eudoxus fr. 284，见第五章注释〔10〕。——关于被康斯坦丁（Constantine）、梅利托摧毁的亚法加圣所，见注释〔67〕；Euseb. *V. Const.* 3，55；Sozomenos 2，5，5；*Et. M.* 175，7；Baudissin 74f.；*GB* V 28f.；Helck 183；Soyez 5-7，30f.，41-43。

〔69〕 Baudissin（1911）368（但参考 70，382f.）认为存在着一个不同于塔穆兹的阿多尼斯神，Eissfeldt（1970）21 认为腓尼基的阿多尼（转下页）

能会经常出现“*hui Adon*”（哎呀，主）之类的呼唤，就像人们在悲伤痛苦时经常呼唤老天一样。[70]这一崇拜的同一性并非基于“阿多尼斯”的名字。

按照希腊传统，阿多尼斯崇拜的主要地区之一是塞浦路斯，正是在这里，在长达几个世纪的时间里，闪米特人和希腊人相遇并且相融。[71]不过，并没有直接证据证明这一祭

107

（接上页）斯改名后从属于亚述的塔穆兹，这是在埃波拉（Ebla）的发现证明早在公元前3千纪美索不达米亚即对叙利亚产生影响之前。——塔穆兹-阿多尼斯的同一性关系是由奥利金（Origen）为基督教注经者建立起来的（见*Ezek. PG* 13，797，参见Cyril. Alex. *PG* 70，441；71，136；Theodoret *PG* 81，885 etc.），然而，杰罗姆（Jerome）提到“Hebraeus *et Syrus* sermo”（which he knew），见*ep*. 58，3，*PL* 22，581参考*PL* 25，82，因此是一位独立的见证人。Amm. Marc. 22，9，15提到362年在安提俄克（Antioch）举行的阿多尼斯节；艾萨克·安提俄克努斯（Isaac Antiochenus）的叙利亚编年史（II 210 ed. G. Bickell [Giessen 1877]；Baudissin 86）提到“塔穆兹”而不是阿多尼斯；塔穆兹的挽歌可能传播到了西方更远的地方，这一点可由普鲁塔克记述的“伟大的潘神之死”的著名故事中提到*Thamûs*这个名字见出，见Reinach（1908）1-15；S. A. Gerhard *SB* Heidelberg（1915）6；P. Merivale，*Pan the Goat God*（Cambridge 1969）15。作为“埃及国王”的*Thamûs*，见Plat. *Phdr*. 274d。——杜拉-欧罗普斯（Dura-Europos）城的一个神庙建筑群发现了希腊人向阿多尼斯和阿塔加提斯神的奉献物，提到“阿多尼斯秘仪”（*tà Adónidos*），这座神庙因此被称为“阿多尼斯庙”，在此遗址没有发现任何闪米特人的奉献物。参见M. I. Rostovtzeff，F. E. Brown，C. B. Welles，*The Excavations at Dura-Europos*，*7th and 8th Seasons*（New Haven 1939）；*Bull. Epigr*.（1939）no 489；Gese（1970）187f。——关于叙利亚神在罗马的神庙以及在那里发现的奇特的葬偶（阿多尼斯？），见Cumont [1931] pl. IV 2，参见V. v. Graeve *JdI* 87（1972）314-47。

〔70〕 Jer. 22：18，34：5.

〔71〕 阿多尼斯是帕福斯（Paphos）国王基尼拉斯（Cinyras）之子，见Apollod. 3 [182] 14，3，参见Anton. Lib. 34；Plato com. fr. 3，*CAF* I 601；关于基尼拉斯，参见Alcman *PMG* 3，71；Pind. *Pyth*.（转下页）

仪确系源于塞浦路斯岛，而且，有证据表明在那里的神不止一个名字，除“阿多尼斯”外，还有“阿俄斯”（*Aos*）〔72〕和“高阿斯”（*Gauas*）。〔73〕在塞浦路斯有两处阿芙洛狄特的圣地，即帕福斯（Paphos）〔74〕和阿马苏斯（Amathus），〔75〕在腓尼基人于公元前9世纪到达克提昂（Kition）以前即已存在。看来，事情或许远比我们想象的复杂。

除了女人们恸哭悼念，同时进行的其他两种仪式构成了希腊阿多尼斯崇拜的重要特征，一是在瓦片上种植“花园”，仪式结束后扔进水里；〔76〕二是展示一个死去的神的雕

（接上页）2，13-7；TGF p. 838。基尼拉斯的名字 Cinyras 常被与乐器 *kinnor*（希腊语为 *kinýra*）联系起来，见 *GB* V52，*RML* II 1191，Atallah（1966）312f.，但 S. Kirst *Forschungen und Fortschritte* 30（1956）185-89 将之与 Elkunirša（大地的创造者）联系起来。——高格斯（Golgos，Golgoi 城即以他的名字命名）是阿多尼斯和阿芙洛狄特的儿子，见 Schol. Theocr. 15，100；Steph. Byz. *Gólgoi*。

〔72〕 *Et. M.* 117，33＝*FGrHist* 758 F 7；*aoia déndra*，“砍倒的树，用以献给阿芙洛狄特”，见 Hsch. s. v. ＝*FGrHist* 758 F 9；*Abóbas* in Perge，Hsch. s. v.；这个名字自然与 *aúos*、*eós*（意为倒下）有关，见 Boedeker（1974）66f.

〔73〕 Lycophr. 831 with schol.；Democlides *FGrHist* 794 F 8＝Ath. 174f. 赋予金格拉斯（Gingras）一个阿多尼斯的“腓尼基语”名字，此名来自 *gíngros*，是一种长笛。参见 Paus. *Att. g* 7 Erbse。

〔74〕 F. G. Maier *AA* 1975，436-46；1977，275-85；1978，309-16.

〔75〕 阿马苏斯属于埃泰尔赛普勒斯语（Eteocyprian）区域，参见 *ICS* 190-96；阿多尼斯秘仪，见 Paus. 9，41，2；Steph. Byz. *Adonosiris*。关于腓尼基人的早期历史，见 V. Karageorghis，“Kition，Mycenaean and Phoenician，” *Proc. Brit. Ac.* 59（1973）259-81；J. Teixidor in N. D. Robertson，*The Archaeology of Cyprus*（Park Ridge 1975）121-28。

〔76〕 Plat. *Phdr.* 276b.；Theophr. *c. plant.* 1，12，2；Men. *Sam.* 45；Schol. Theocr. 15，112-13；133；Zenob. Ath. 2，90，p. 367 Miller＝Zenob. 1，49；Eust. p. 1701，45-50；瓶画，见 Atallah（1966）217-26；（转下页）

像，仪式结束后也要移走并扔进水里。[77]见于巴比伦的为神的替身举行葬礼前进行的“展示”活动，似可与此相比较；[78]在欧洲民俗中还存在着大量类似的遗风。[79]“花园”的习俗似乎可以追溯到以色列，[80]相关的民间遗风，尤其是在意大利的遗风，很久以前就有人做过搜集。[81]不过，最引人注目的类似风俗，却是来自印度。[82]“花园”仪式可被理

（接上页）Metzger（1951）92-99, pl. 7；见 *GB* V 236-59；Atallah（1966）211-28；Detienne（1972）187-226。——永久性的“阿多尼斯花园”的晚期史料，见 Cumont（1931）257f.。

〔77〕 主要的文献是 Theocr. 15。

〔78〕 *taklimtu*（展示），见 W. v Soden *ZA* 43（1936）256；45（1939）42-61。但请参见 E. Dhorme *Rev. d'Assyr.* 38（1941）57-66。

〔79〕 德国、斯洛伐克等地的民俗“Todaustragen,”Jarilo 等，见 Mannhardt（1875）I 155f.，410-21；重建其自 1366 年后传播历史的尝试，见 F. Sieber in Bausinger（1969）134-42；参见 Gaster（1961）277（Romania）；K. J. Kakouris, *Proistoria toû theátrou*（Athens 1974）148-50, 228f.（Modern Greece）。

〔80〕 Isa. 17：10 所说的“可爱的花园”，见 K. Galling *ZAW Beibeft* 77（1958）59f.；在阿拉伯，银莲花（anemone）被称为“可爱的人的血”，涉及同一个词 *n'mn*（乌加里特语也证明了这一点），而在希腊神话里，“银莲花”是从阿多尼斯的鲜血中冒出来的，见 Nicandros in Schol. Theocr. 5，92e，*Ov. Met.* 10，735，Serv. auct. *Aen.* 5，72；R. Smith *English Historical Review* 2（1887）307；*GB* 226；Ringgren（1973）136。

〔81〕 *GB* V 239-45；Baudissin（1911）129-31；R. Wünsch，*Das Frühlingsfest der Insel Malta*（Leipzig 1902）。Z. Kádár，*Die kleinasiatisch-syrischen Kulte zur Römerzeit in Ungarn*（Leiden 1962）5；W. Baumgartner，“Das Nachleben der Adonisgärten auf Sardinien und im übrigen Mittelmeergebiet,” *SAVk* 43（1946）122-48.

〔82〕 *GB* V 241f.，XIII 350-52；W. Koppers，“Zentralindische Fruchtbarkeitsriten,” *Geographica Helvetica* 1（1946）165-77：在一个小木屋里种上小麦，让它生长九天，然后人们排队传送它，最后扔进河水里，整个仪式是以 *Mata*（母亲）秘仪为背景。

解为通过对农艺失败的游戏性表现，[83]反衬并保证现实中农业的丰收，其本身就具有独立的意义，无须牵扯阿芙洛狄特的情人。

尽管我们对这一仪式的了解还有很多缺漏和含糊之处，不过，我们可以自信基本上了解了仪式的基本轮廓：一年一度哭泣悼念塔穆兹的节日从美索不达米亚传到叙利亚和拜占庭，又从那里以“阿多尼斯”的名义传到了希腊。在耶路撒冷，乃至直到公元前 5 世纪的雅典，这一仪式并非一个得到官方认可的节日，而是一个由女人自发组织的非官方仪式，在居于统治地位的男性眼里颇为可疑。这个香料、诱惑、哭泣、悲伤等各种况味相互杂糅、洋溢着伤感气氛的节日，与那个古老而严肃的女性节日立法女神节，形成鲜明反差，其对于希腊女性的意义，马赛尔·德蒂安（Marcel Detienne）已做过精彩的论述。[84]希腊女性渴望从沉重的日常生活压力中得到暂时的解脱，导致了阿多尼斯祭仪在希腊的盛行，其此前在拜占庭的盛行大概也是同样的原因。引进采纳外来的仪式，旨在让它在新的语境中服务于某种特殊的功用，正是外来仪式的异域风情增加了它的吸引力。对于阿多尼斯崇拜和大母神崇拜而言，不依赖于乃至对抗僵化的官方崇拜仪

---

〔83〕 通常被称为繁殖魔法，见 *GB* V 236f.；但希腊人却强调这些植物不结果实，见 Plat. *Phdr.* 276b，Theophr. *c. plant.* 1，12，2，Plut. *Sera n. v.* 560c，Zenob. 1，49＝Zenob. Ath. 2，90 p. 367 Miller，Jul *conv.* 329 cd。比较沉水祭，见 Burkert（1972）76f.。

〔84〕 Detienne（1972）esp. 141-84.

式，是其共性所在，尽管它们的社会学背景相去甚远，一方面是女人们煞有其事地表演悼念亡人，另一方面则是托钵祭司巡游四方推广他们的女神。在这种全新的背景下，两种仪式跟农民和农作物都不再具有多大关系了。罗马人认为大母神会给汉尼拔带来毁灭，事实果然如此。

108

4. 杜穆兹、阿多尼斯和阿提斯的神话

上面谈到的两种仪式的传播问题，证据确凿，毋庸置疑，那么，谈到神话的传播，情况又如何呢？事情要更复杂一些。如果所谓“阿多尼斯神话”指的是阿多尼斯这个漂亮的男孩因为心血来潮想出去打猎结果被野猪咬死这个故事，[85]那么，我们不得不承认在希腊世界之外，根本就没有任何与这个神话有关的迹象。靠近比布鲁斯的吉奈（Ghineh）历史上以其阿多尼斯祭仪而著名，在当地发现的一块浮雕上显示了一个男子正受到一头熊的攻击，这令学者们欣喜不已，至于熊与野猪的差异，学者们并不介意，因此，这一画面经常被用在很多早期的阿多尼斯研究论著中作

［85］ 最早的线索见于 Eur. *Hipp.* 1420-22；关于暴君狄奥尼修斯（Dionysius），见 Ath. 401f.；公元前 400 年以降的瓶画资料，见 Atallah（1966）195-98；E. Simon *AK* 15（1972）20-26；参见 Ch. Segal，“Adonis and Aphrodite，” *AC* 38（1969）82-88；G. Piccaluga，“Adonis：I cacciatori falliti e l’avvento dell’agricoltura，” in *Minutal. Saggi di storia delle religioni*（Rome 1974）77-98＝“Il mito Greco，” *Atti del convegno internazionale*（Rome 1977）33-48。

为证据。[86]然而，最后证明这不过是一块罗马时代墓志铭上的浮雕，其所呈现的不过是一个日常生活场景，与阿多尼斯或塔穆兹毫无关系。另一方面，甚至在希腊神话中，年轻猎手被野猪咬死的母题，也并不仅仅局限于阿多尼斯。安开俄斯（Ancaeus）死于在卡吕冬的野猪狩猎活动，这一故事的出现远远早于阿多尼斯的故事；[87]希罗多德记载了阿德拉斯托斯（Adrastus）和阿杜斯（Atys）的故事，[88]阿提斯死于野猪的故事更是有好几个版本。[89]关于是否可以将安开俄斯增补为阿多尼斯-阿提斯系列人物的新成员，没有多少好说的。不过，关于野猪，有一点还是有意义的，由于在狩猎活动中野猪受伤的机会比猎狮或猎熊受伤的机会更多，这种伤害在某种意义上与阉割相当，因此野猪会被作为具有某种深

---

〔86〕 E. Renan, *Mission de Phènicie*（Paris 1864）pl. 38；Baudissin（1911）pls. 1，2；*GB* V 29f.；*AOB* 209；Leipoldt（1926）no. 94. 反面论点，见 H. Seyrig *Syria* 21(1940)113-22；Atallah(1966)75-77；Soyez(1977)3lf.。

〔87〕 弗兰考斯花瓶（Francois vase），见 Schefold（1964）pls. 46，47；Apollod. 1［70］8，2，6；Paus. 8，45，7；萨摩斯岛的安开俄斯（Ancaeus of Samos），见 Arist. fr. 571；*PW* I 2218f.；安开俄斯，以及阿多尼斯，见 Grattius *Cyn*，1，24-30。

〔88〕 见第五章注释〔36〕。

〔89〕 Hermesianax fr. 8 Powell＝Paus. 7，17，9；Theocr. 20，40；Plut. *Sert*. 1，Schol. Nic. *Alex*. 8. 尽管有这些线索，出现阿多尼斯的版本却通常被优先考虑，见 Baudissin（1911）157-59；Helck（1971）255。培希奴有野猪禁忌可得以证实（Paus. 7，17，10；参见 Jul. *or*. 177bc），此种禁忌见于希拉波利斯（Hierapolis，Luc. *Syr. D.* 54）、考姆那（Komana，Strab. 12 p. 575），对于阿多尼斯亦然（Sophronius Hierosolymitanus *PG* 87，3，3624）。

层含义的通行符号。

如果我们把目光转向作为闪米特塔穆兹源头的苏美尔杜穆兹，[90]我们似乎进入了另一个完全不同的世界。杜穆兹，“真正的儿子”，是一位在城外照管牛羊，给牛犊和羊羔喂奶的牧人，他是伊南娜的情郎。崇拜伊南娜的苏美尔伊辛王朝（Isin）列王们都以杜穆兹的角色自居，都要与这位女神结婚，举行神圣婚礼。[91]然而，这个富有田园牧歌情

109 调的故事却有着一个悲惨的结局：杜穆兹被杀，受人悼念。在以杜穆兹的名字命名的山上举行的一年一度的悼念仪式一直就是杜穆兹崇拜的主要环节。相关的苏美尔挽歌文本在很多细节方面尚不明朗，[92]记述杜穆兹之死的神话性叙述文本提供了更多确切的信息，其中，其主体文本是“伊南娜下阴间”，讲的是伊南娜最终把杜穆兹作为自己的替身送

---

〔90〕 重要的新证据发布于1951，见第五章注释〔12〕；最重要的早期著作是H. Zimmern，“Sumerisch-Babylonische Tammuzlieder,” *Ber. Leipzig phil. -hist*, *Kl.* 59（1907）201-52；参见Zimmern（1909）；Helck（1971）71-89；Moortgat（1949）专注于图像学。Jacobsen（1976）25-73提供了方便易用的苏美尔文本，又见“Dumuzi and the gallu” in Alster（1972）。

〔91〕 Falkenstein—v. Soden（1953）nos. 18，21，24，28；*ANET Supp.* 637-44；S. N. Kramer，*The Sacred Marriage Rite*（Bloomington 1969）。国王作为女神的伴侣，在历史时期的塞浦路斯再度出现，见Pind. *Pyth.* 2，17关于基尼拉斯（Cinyras）的记述，参见*ICS* 6，7，10，16-17，90，91；*GB* V 49；从大母神秘仪和弥达斯传说可以推断弗里几亚也有此种传统（见第五章注释〔23〕），从坎道勒斯－吉格斯（Candaules-Gyges）的传说可知吕底亚也有此类传统，见W. Fauth *RhM* 113（1970）1-42；*Aphrodite Parakyptousa*，*Abh.* Mainz（1966）6。

〔92〕 Esp. Falkenstein v. Soden（1953）no. 35.

到 *gallu*（阴曹地府）的故事。[93]另一个令人印象深刻的文本记述了杜穆兹逃出 *gallu* 的故事，杜穆兹变成一只小羚羊，从一座城逃到下一座城，但最终还是没有逃脱猎杀："杜穆兹吾神亡矣。"[94]上述主体文本的下文接着讲杜穆兹的姐姐葛丝堤南娜（Gestinanna）寻找杜穆兹，最后把自己交给阴间世界作为杜穆兹的替身，两人轮流居于阴间，"你半年，你的姐姐半年"。[95]整首诗歌最后以对阴间女王埃里什基加尔（Ereskigal）的赞美结束。

有些学者断定这个神话跟被野猪伤害的阿多尼斯毫无关系，[96]自是言之成理，不过，关于阿多尼斯，希腊史料中还有别的说法。基督教作家，从阿里斯提德的致歉词（the apology of Aristides）开始，[97]为常见的阿多尼斯之死的故事添加了后续：阿芙洛狄特下到阴间，想跟珀耳塞福涅要回阿

---

〔93〕 *ANET* 52-57；见第五章注释〔19〕；*Mythologies*（1961）107-109；Jacobsen（1976）55-63。

〔94〕 *Mythologies*（1961）109-15；Alster（1972）。还有一个"杜穆兹与毕鲁鲁"（Dumuzi and Bilulu）的神话，见 T. Jacobsen *JNES* 12（1953）160-87＝*Towards the Image of Tammuz*（Cambridge，Mass. 1970）52-71；Kirk（1970）112f.；Alster（1972）10-12。

〔95〕 Jacobsen（1976）61. 这将导致一个年度周期中有两个对称的节日。一份安息王朝（Arsacid）时期的文献，见 Zimmern（1909）734，提到涅伽尔（Nergal）一年之中的"下降"与"上升"，但两者之间的间隔并非恰好 6 个月。比较 Plut. *Is*. 378f. 对弗里几亚人的记载。

〔96〕 见第五章注释〔14〕。

〔97〕 Aristid，*Apol*. 3，p. 16 Geffcken（叙利亚文献中的名字是塔穆兹）；Cyril Alex. *PG* 70，441；Procop. Gaz. *PG* 87，2137-40；Schol. Greg. Naz，*AC* 45（1976）184f.；Baudissin（1911）353f.；Atallah（1966）未提及这一点。

多尼斯，最后两人达成协议，从此以后阿多尼斯每年在阳间生活半年，剩下半年要待在阴间。这个结局使我们再次回到苏美尔的主体文本，在这些基督教神父讲述的版本中，我们看到的是一个来自苏美尔－闪米特的塔穆兹神话被转换为希腊阿多尼斯神话的续编，其中的行为主体相互对应：埃里什基加尔－珀耳塞福涅、杜穆兹－阿多尼斯，尽管苏美尔文本中的伊南娜和葛丝堤南娜两者被合并为阿芙洛狄特一人，由于阿多尼斯的死因被归咎于野猪，原本伊南娜自相矛盾的行为转换成阿芙洛狄特单纯的爱情动机。实际上，正是这个希腊版本的故事误导了东方学者，让他们错误地将伊南娜下阴间与伊士塔尔下阴间的故事混为一谈。〔98〕尽管这可能是错误的，不过，神话的改变或许恰恰意味着漫长的传播历程，从苏美尔经闪米特最后流传到希腊。直到基督纪元之后，在叙利亚和巴基斯坦地区依然还有伊士塔尔和塔穆兹神话流传，此时已距尼尼微的毁灭有 700 年，距苏美尔版本神话的问世则已有 2000 年。

关于这个神话更早的线索来自公元前 5 世纪诗人帕尼亚西斯（Panyassis）的版本，〔99〕原文已失，我们看到的是

〔98〕 见第五章注释〔13〕。

〔99〕 Apollod. 3［183-85］14，4；Atallah（1966）53-55；参见 V. J. Matthew, *Panyassis of Halikarnassos*（Leiden 1974）120-25；不过这则文献令人疑惑这整个故事在多大程度上是帕尼亚西斯讲述的；H. Lloyd-Jones *Gnomon* 48（1976）505。箱子里的阿多尼斯，两边是阿芙洛狄特和珀耳塞福涅，见于一件收藏于那不勒斯的阿普利亚花瓶上，见 Santangelo 687 H.，*PR* I 360，3，以及一件收藏于卢浮宫的公元前 3（转下页）

阿波罗多洛斯的概述：当阿多尼斯还是一个小孩子的时候，就特别漂亮可爱，阿芙洛狄特把他藏在一口棺材（*lárnax*）里，让珀耳塞福涅代为照看，后来，阿芙洛狄特想要回阿多尼斯，却遭到珀耳塞福涅的拒绝，因为她也爱上了这个英俊少年。两人爆发争吵，最后在宙斯的仲裁下达成协议：阿多尼斯每年三分之一的时间跟阿芙洛狄特在一起，三分之一的时间跟珀耳塞福涅在一起，另外三分之一的时间则让他自己支配，阿多尼斯自己决定在这三分之一时间里也跟阿芙洛狄特在一起。在这个希腊故事里，我们看到苏美尔故事中的人物一一再现：伊南娜、埃里什基加尔、杜穆兹，在两个故事中我们看到相同的爱情与死亡之间的冲突，在阿芙洛狄特的所作所为中，我们看到与伊南娜相似的自相矛盾：她居然把心上人藏进一口棺材里送到阴间，

110

（接上页）世纪的拉丁镜子上，见 Baudissin（1911）pl. 4，Leipoldt（1926）no. 96，*JHS* 69（1949）11；*EAA* I 68。——在洛克利亚风格的舢板（Locrian pinaces）上，一位女神面前的箱子有一个孩子，见 *Ausonia* 3（1908）192-96；H. Prückner, *Die Lokrischen Tonreliefs*（Mainz 1968）31-36；F. Studniczka *JdI* 26（1911）142f.（参见 Leipoldt no. 95）认为船上的女神和孩子即阿多尼斯和珀耳塞福涅，反对的观点见 Prückner loc. cit., Zuntz（1971）167, C. Sourvinou-Inwood *JHS* 98（1978）114-17。——所谓“波士顿王座”（Boston Throne）上的中心图像，也被认为是反映宙斯对阿多尼斯归属权进行裁决的场景，见 Studniczka 141-45，Leipoldt no. 97；反对的观点，见 E. Simon，*Die Geburt der Aphrodite*（Berlin 1959）56-92；C. Sourvinou Inwood *JHS* 94（1974）126-37。——关于这一裁决，又见 Hygin. *astr.* 2，7，p. 44 Bunte，涉及将一年一分为二，见 Schol. Theocr. 3，48；15，103a；Luc. *dial, deor.* 11. 1；Cornutus 28，p. 54 Lang；参见 Justin *Apol.* 1，25；Orph. hymn. 56，8-11；Auson. *Cup. cruc.* 56-58；见注释〔95〕。

亏她能想出这样的点子，难道除了阴间就无处可藏了吗！事实上，如果把这个神话的基本结构视为一个行动序列，可以按先后顺序排列如下：爱情女神选择了一位年轻人并爱上了他；随后是一个出人意料的逆转，她把情人交给死亡女神，即“有去无回之地”；但是，这并非最终结局，爱与死亡之间达成协议，以保持阳间与阴间的平衡，在希腊版本里还增加了一个“自我”的领域，这样一来，爱与死亡之间的冲突会持续下去。这是一个尽管自相矛盾却意味深长的结构，为各种不同的解释和应用保持开放性而又不会被其中任何一种解释或应用穷尽，它从苏美尔经由闪米特传播到希腊，与之同时传来的还有借哀恸和悼念的方式宣泄和疏解情绪的仪式。顺便说一下，帕尼亚西斯笔下的阿多尼斯是一位“亚述人”，一份作于古典时期晚期（late antiquity）的魔法文献中甚至保存了其苏美尔语名字，在吁求置身阴间众神之中的阿多尼斯的同时，还向“珀耳塞福涅·埃里什基加尔”发出呼唤。[100]

谈到阿提斯，按照提谟修斯[101]宣扬的来看，这一神话显得既复杂又成熟，其开头几乎与赫梯乌利库米（Ullikummi）神话开头关于怪物诞生的一段每一句都能对上号，这个故事肯定是真正的源于青铜时代的传统，在培希奴这个地方得

---

〔100〕 Papyri Graecae Magicae no. 4，339（Stuttgart 1973²，I 82）.

〔101〕 见第五章注释〔40〕；这一故事的同性恋的变体，见 Serv. auct. *Aen.* 9，115；参见 Tzetz. *Lycophr.* 355。

以保存，[102]通过阉割，使这个雌雄同体的怪物变成了一位女神，即阿狄斯提斯；通过神女娜娜和果树，生出男性伴侣阿提斯；当阿提斯移情别恋爱上一位公主，阿狄斯提斯来到城市，每一个人都陷入疯狂，阿提斯自行阉割，死在一棵松树下。这个故事显然有一个思辨性的结构，从雌雄同体到两性对立到去势的 *gállos*，这个神话被应用于现实中的自我阉割者及其女神的迷狂的节日。这个神话中，当阿提斯正跟公主举行婚礼时，阿狄斯提斯女神来到城市，为的是

---

〔102〕 见第五章注释〔48〕。

ANET 121-25（参见 *Mythologies* ［1961］164-72）：	Arnob. 5，5f.（参见 Paus. 7，17，10f.）：
在那块……巨石边躺下……	一块无名的石头……
他（库马尔比）跟石头一起睡觉……	（朱庇特）跟这块石头快乐地共眠……
她让……那块石头……生出库马尔比的儿子……	石头怀孕，生下……双性神阿狄斯提斯
“让他升上天空得到王位！……让他攻击风暴神，把他撕成碎片……让他把所有的神都打下天空……”	他有着不可战胜的力量和野心……不相信有比自己更强的对手……
［太阳神、风暴神、塔斯米苏（Tašmišu）、伊士塔尔、埃阿、恩利尔会面并且商议］	谁有勇气用些计谋去捉拿他？……众神不断重复这个提问，大家纷纷思考（对策）
埃阿开始说话……“让他们取来那把用来将天空与大地分开的古老的青铜刀，让他们砍断乌利库米的双脚。”	利珀耳（Liber）设计谋灌醉阿狄斯提斯，这怪物被戴上镣铐……因此他是一个被阉割了性器官的男人

众所周知，在另一个赫梯神话中，天和地的分开是通过阉割而实现的，见 *ANET* 120。

毁掉这名新郎，〔103〕跟伊南娜为了毁掉杜穆兹带着她的魔鬼随从（*gallu*）由阴间来到杜穆兹宫殿的故事，惊人地相似。阿狄斯提斯－库柏勒的随从叫 *gálloi*，它跟美索不达米亚的 *gallu* 111 在语源上的相似性很难让人不将两者等同起来。〔104〕如果苏美尔和安纳托利亚两地的女神杀死情人的神话之间的关联可以成立，那么，在此情况下，阿多尼斯故事中被抑制或被重新解释的那部分内容就越发显得突出。不过，把苏美尔地区作为这一整个文化复合体的"源头"仍未免过于草率，尽管这里看来就是阿多尼斯和阿提斯两个传统最终相遇的地方。苏美尔地区的杜穆兹传统本身就根本不是"朴素的"，很有可能，安纳托利亚的传统在时间上来历更为久远也更原始，〔105〕

---

〔103〕 Paus. 7，17，12～Arnob 5，7；参见 Lact. *inst.* 1，17，7；*epit.* 8，6。

〔104〕 F. Cornelius，*Geistesgeschichte der Frühzeit*，II 1（Leiden 1962）47；196（未能区分 *gala* 和 *gallu*）。关于 *gallu*（复数为 *galle*）的翻译：译为"teufel"，见 K. Tallquist，*Akkadische Götterepitheta*（Helsinki 1938）310；译为"demon"，见 Kramer *ANET* 56f.，Alster（1972）；译为"deputies"，见 Jacobsen（1976）。巧合的是，巴比伦祭祀中有一个等级叫 *kalu*，苏美尔语称为 *gala*，尤其涉及神庙入口点上方（tympanon）的雕像和牛牲献祭（J. Krecher，*Sumerische Kultlyrik* [Wiesbaden 1966] 35f.；J. Renger *ZA* 59 [1969] 187-95；*ANET* 334-38），让人不由得想将他们也与大母神秘仪联系起来（Burkert [1972] 291）。Timotheus 用 *Kálaos* 这个名字称呼阿提斯的父亲，见 Paus. 7，17，9。*Gállos* 还是培希奴的一条河流的名字，见 M. J. C. Waelkens，*Byzantion* 41（1971）349-73。——Helck（1971）119 指出伊南娜并非一位"母亲"，而神话中的阿狄斯提斯也不是一位母亲。

〔105〕 小亚细亚传统的古老性，见 E. Meyer，*Geschichte des Altertums* I 2^3（Stuttgart-Berlin 1913）735f.；Baudissin（1911）369f.，远远早于加泰土丘（见第五章注释〔151〕）。

因为它确实更具有残暴和原始的意味。在历史学和文献学的领域，抵达一个朴素“源头”的企图，注定再一次以失败而告终。

5. 希波吕托斯

现在，告别早期历史杂草丛生的小径，回过头来面对希腊神话中一位光风霁月般的人物，希波吕托斯，[106]也许会让人感到几分轻松。希波吕托斯是欧里庇得斯悲剧杰作《希波吕托斯》中的主要人物，因此悲剧以他的名字为题，这部悲剧与塞内卡的《维德拉》、拉辛的《维德拉》一道构成古典文学遗产中的著名篇章。如果我们注意到基督教徒作家拉辛感到难以保留古代人物希波吕托斯的主要性格，即洁身自好和对于性欲与女性的极度鄙视，未免会感到惊讶。在巴黎观众看来，这会显得十分荒谬可笑，在美国观众则很可能会让他去看精神科医生。维拉莫威兹[107]试图将此解释为女性贞洁观的投射，这个神话源于特罗曾（Troezen）城那些将头发奉献给希波吕托斯的新娘的情感。这一解释让他可以撇开男性贞节这一奇怪的观念，在到处可见青春期男子裸体的古典希腊，这种观念未免显得古怪，但是，我

---

〔106〕 Eitrem *PW* VIII 1865-72；C. Zintzen，*Analytisches Hypomnema zu Senecas Phaedra*（Meisenheim 1960）；Barrett（1964）；H. J. Tschiedel，“Phaedra und Hippolytus”（Diss. Erlangen 1969）；Herter（1975）119-56，以及 *PW* Supp. XIII 1183-97.

〔107〕 *Griechische Tragödien* 1^{10}（Berlin 1926）100-104.

们能相信一个男性学者这番对新娘的所思所感的空想吗？可以肯定的是，神话不是如此这般产生的。神话由行动序列构成，就这一神话而言，主要的“行动主体”是阿芙洛狄特女神，维德拉王后是她在人类层面上的代表，她“魅力四射”，坠入情网，向心上人献身却遭到拒绝，在绝望中杀死了情人。至于希波吕托斯这个人物，则只是为了满足这一系列行动所做的安排。阿芙洛狄特或维德拉的行为实际上跟伊南娜对杜穆兹、阿狄斯提斯或库柏勒对阿提斯的所作所为如出一辙，尽管动机有所不同。还有一个故事跟这个故事更相似，即阿施塔特追求猎人埃斯蒙（Esmun）的故事。〔108〕沃尔夫冈·福特（Wolfgang Fauth）从一个非常广阔的视野对上述人物的相互关系以及其他一些关系做过论述，甚至在此以前，希波吕托斯已被称为另一个死而复生的“植物神”。〔109〕希波吕托斯的确是一个特罗曾地区的神，而且希腊神话中已知最早的死而复生的故事即被归于他的名字之下。〔110〕

112

不过，跟阿多尼斯和阿提斯两者都不同的是，希波吕托斯神话深深地植根于希腊城邦的崇拜仪式之中。保萨尼亚

---

〔108〕 Damasc. *Vit. Is.* 348，p. 283 Zintzen；Baudissin（1911）339-43.

〔109〕 Fauth（1958-9）；参见 Serv. *Aen.* 7，761；S. Wide，*De sacris Troezeniorum Hermionensium Epidauriorum*（Uppsala 1888）86f.；*PR* I 373；*GB* I 25f.；G. Murray in Harrison（1927）341-46；*PW* Supp. XIII 1187f.。

〔110〕 “*Naupaktiaká*” in Philod. *De piet.* p. 52 Gomperz，*Cronache Ercolanesi* 5（1975）8f. ～Apollod. 3［121］10，3，10.

斯说过希波吕托斯圣所是特罗曾的主要圣地，其中还建有一座阿芙洛狄特神庙。[111]在雅典有一座阿芙洛狄特式小神庙靠近希波吕托斯神殿，据说就是从特罗曾引进的。[112]另一方面，人们或许会对阿芙洛狄特为复仇而采取的曲折迂回的手段感到奇怪：她先让维德拉促使忒修斯宣布了对希波吕托斯的诅咒，忒修斯请波塞冬惩罚他，波塞冬从海里派来一头公牛，这头公牛导致给希波吕托斯拉车的马发疯，最终杀死了他。如果我是阿芙洛狄特，我很难相信这样一套复杂的暗杀机制会成功运转。不管怎么说，阿芙洛狄特自己完全有能力让希波吕托斯的马发疯，就像她对待格劳科斯（Glaukos Potniues）那样。[113]当然，拉车的马属于波塞冬，而波塞冬是特罗曾的主神，而且就是希波吕托斯的祖父，希波吕托斯的名字将这位英雄与马联系了起来。如此一来，人们难免会问，在这一事件中，阿芙洛狄特究竟扮演了什么角色？一般而言，要杀死一个人，不需要两位神同时出手，而波塞冬才是直接杀死希波吕托斯的凶手。

但是，恰恰“希波吕托斯”（Hippolytos）这个名字还是一个谜，正因为它是一个如此明确无误的希腊词。它不可

---

〔111〕 Paus. 2，32，1-3；*BCH* 21（1897）543-51；29（1905）287-302；*IG* IV 754；*PW* VII A 629-31.

〔112〕 Eur. *Hipp*. 30，with schol.；Asclepiades *FGrHist* 12 F 28；Diod. 4，62，2；Paus. 1，22，1；*IG* I^2 324，69；310，280；Barrett（1964）3-10. 参见 *IG* I^2 190＝*LSCG* 11，5。

〔113〕 Aesch. fr. 439 Mette＝Serv. *Georg*. 3，268.

能像某些解释者所认为的那样意指“被马撕裂”，[114]其根据是 *lyéin* 意指溶解而非撕碎。有一系列以 *-lytos* 结尾的专名，例如 Damolytos、Philolytos、Theolytou、Autolytos 等，它们的意思一目了然，*lytos* 意为“赎回”或“给予自由”，这几个名字分别意味着被 damos（人民）、朋友、神或自己赎回或给予自由，因此，*lyéin* 不可能指马的所作所为。有人认为 *Hippolytos* 只是 *Lys-ippos* 一词简单地词序倒置，[115]指为马解下马具的人，但是，其反义词 Zeuxippos 一词却并无与之对应的词序倒置词 **Hippozeuktos*。不仅如此，*elásippos* 与 *hippeláte*s 同义，意为“赶马人”，其义却与 *hippélatos* 相反，后者意为“被马追赶”，*damásippos* 有与之对应的倒置词 *hippodamástes*，并有与之对应的专名 *Hippodamás* 和 *Hippódamás*，但是，却不存在 **hippodámastos* 这个词。经过一番长途跋涉，难道我们得到的只是一个荒谬的折中方案吗？

113　雅典的圣地官方名称为 *Aphrodíte epì Hippólyto(u)*，[116]意为“在希波吕托斯（神庙）中的阿芙洛狄特（神庙）”，这个名字也很奇怪。举例来说，你可以把在一个人的葬礼

---

〔114〕 Reinach（1908）54f.；*GB* I 27；参见 Fauth（1959）429-32。

〔115〕 Eitrem *PW* VIII 1865；Fauth（1959）430. 确实，在专名中，这两个部件是可以互换的（Schwyzer I［1939］635），在西西安人（Sicyonian）的国王表中，有位 Hippolytos 是 Zeuxippos 的继承者，见 Paus. 2,6,7，但后缀 *-tos* 通常是在被动的意义上理解的。

〔116〕 铭文缺漏太甚：*en hippol*［... *IG* 1^2 324，69；e［*pi hip*］*polytō IG* I^2 310，280f.；*eph'Hippolytōi* Schol. Eur. *Hipp*. 30。参见 Eur. *Hipp*. 32。

上举行的赛会称为 *âthla epì Pelía*，但没有人会把奥林匹亚称为 **Zeus epì Pélopos*，但是你可以说“雅典在帕拉迪昂”（Palladion，雅典娜神像），[117] 或者说一场竞赛“举行于勒内昂”（Lenaion，雅典的一个地名）[118] 以及“狄奥尼索斯在沼泽”（*Diónysos en Límnais*），也可以说“德墨忒耳在城外”（*Deméter prò póleos*），*epì hippolýto* 潜在地暗示了一个具体的对象或者场所，我们立刻就会想到一个与此几乎如出一辙的例子：荷马史诗中的“*búlytos*”[119] 一词意为“牛卸轭之时”，以此类推，*hippólytos* 当意为“给马卸轭的时间、场所或时机”。由此可知，神话英雄希波吕托斯的名号当是源于某种更具实际意义的活动。

在与特罗曾的波塞冬有关的仪式语境中，“给马卸轭”的说法的确是有所特指的。为了解这一点，我们要先换一个话题。在罗马，每年 10 月都要举行著名的马祭节（Equus October），[120] 先举行马车比赛，比赛结束后，获胜马匹中的一匹要被卸下马具，用作一场精心准备的仪式上的牺牲，有

---

〔117〕 *IG* I^2 324，78；95；also *hier*] *eùs*.. *epì Palladíou IG* II-III^2 3177；*en Palladíoi IG* II-III^2 5055. *Ath*] *enaías epi Palladíoi IG* I^2 324，78；95.

〔118〕 *IG* II-III^2 1496，74；105；Aristoph. *Ach*. 504；Law in Demosth. 21，10；Arist. *Ath. Pol.* 57. 1.

〔119〕 *Il.* 16，779；*Od.* 9，58；关于这个词的构词法，见 Risch（1974）25f.。

〔120〕 Wissowa（1912）144f.；Latte（1960）119-21；U. Scholz，*Studien zum altitalischen und altrömischen Marskult und Marsymthos*（Heidelberg 1970）81-167；Burkert（1972）179f.；W. Koppers，“Pferdeopfer und Pferdekult der Indogermanen，” *Wiener Beiträge zur Kulturgeschichte und Linguistik* 4（1936）279-411.

充分的证据证明这种仪式源于印欧传统。自从卡利马库斯的时代开始，希波吕托斯就被混同于一位名声不显的英雄维耳比乌斯（Virbius），在靠近罗马附近阿里西亚（Aricia）的狄安娜圣林里用马匹为他献祭。[121]不过，我们不用绕这么大的圈子，在早期希腊，用马匹向海神波塞冬献祭的做法肯定十分常见，与此相应，神话中说马生于泉水，即所谓 Hippu krene（马泉）。有确凿证据证明在距离特罗曾不远的阿哥斯即有这种马祭风俗，[122]一匹马，带着缰绳被沉入海中。在一件发现于特罗曾的几何风格瓶画中甚至描绘了此种马祭场面。[123]按照荷马在其阿波罗颂诗中的记述，在位于贝奥提亚的安切斯托斯（Onchestos）的波塞冬圣林中即举行过一次令人瞩目的马祭仪式：[124]马车上没有驭手，任骏马自由驰骋，神自会驾驭骏马。相应的神话里讲述了克吕墨诺斯国

〔121〕 Callim，fr. 190 cf. G. Radke *PW* IX A 178-82；关于这一仪式，见 Ambros，*virg*. 3，5。

〔122〕 Paus. 8，7. 2；F. Schachermeyr，*Poseidon und die Entstehung des griechischen Götterglaubens*（Salzburg 1950）22.

〔123〕 P. Courbin，*La cèramique géométrique de l'Argolide*（Paris 1966）492，pl. 40；Snodgrass（1971）414.

〔124〕 Hymn. Apoll. 229-38；F. Sokolowski *TAPA* 91（1960）376-80；G. Roux *REG* 77（1964）1-22 认为这是为了考验幼马；A. Schachter *BICS* 23（1976）102-14 试图从非仪式的角度进行解释，全然不顾如下事实：马车不是用于通常的旅行，一辆散架的马车（v. 235），无法单凭让它运转起来就使之“完好如初”（v. 236）；较为正确的解释见 Nilsson（1906）70：马车是留给神使用的。关于在仪式中表演惨剧，见第五章注释〔83〕。

王是如何在这样一场马车竞赛中丧命的，[125]就像希波吕托斯丧命于奔马的蹄下一样。所有的史料都引向一个假设：曾经存在一种仪典 *eph'hippolytou*，其中涉及以解除马具的马匹向特罗曾的波塞冬献祭，[126]这是一种从青铜时代流传下来的传统，众所周知，波塞冬在青铜时代具有非常显赫的地位。特罗曾尽管属于多利安人的势力范围，却与迈锡尼时期有着非常紧密的关联，其与雅典之间的神话关联就印证了这一点。

我们不妨更大胆地进一步推论：如果阿哥斯人将一匹马沉入海中献给波塞冬，他们当期待某种回报，即 *charíessa amoibé*。根据《吠陀经》的记载，印欧传统中的马祭是以获取丰饶的食物为目的——“马带来成群的牲畜”。成群的牲畜，尤其是牛，即为财富的象征。在希波吕托斯神话中，当马祭仪式上的马失去控制之时，牛从大海上出现。[127]这个故事是否把原因和结果搞颠倒了呢？[128]来自大海的财富， *114*

---

〔125〕 Epimenides，Hellanicus，Pindar *Paean* 8，100-11 in *Pap. Ox*. 2442 fr. 29，1-8；Paus. 9，37，1. 比较密耳提洛斯（Myrtilus）害死俄诺玛俄斯（Oenomaus）的诡计。

〔126〕 关于特罗曾的波塞冬，见 Strab. 8 p. 373；Plut. *Thes*. 6，1；Paus. 2，30，6；*PW* VII A 650；特罗曾硬币上的三叉戟，见 Head（1911）443f.。令人感到意外的是保萨尼亚斯并没有提到一座波塞冬神庙，他的祭坛是否为希波吕泰昂（Hippolyteion）的一部分？

〔127〕 Rig-Veda 1，162，22；Gonda（1960）172.

〔128〕 对比渔夫埃波佩奥斯（Epopeus）的神话，见 Ath. 283b，Burkert（1972）233；在布劳隆（Brauron）城的溯源神话中，由于一头熊被人杀死，因此必须向阿耳忒弥斯奉献女孩（W. Sale *RhM* 118［1975］265-84），而在狩猎习俗中，为了得到猎物要举行这种仪式。在献祭伊菲革涅亚（Iphigenia）之前和之后，都涉及一只牡鹿，参见 Burkert（1977）237。

波塞冬用来交换马祭的东西，应是源源不断的鱼。在几何风格陶瓶画上，尤其是阿哥斯的陶瓶画上，常见马与鱼并见。[129]谁敢保证这种画面在当时没有特殊的含义？

女孩子们奉献的头发，与她们的哀悼一道，很容易汇聚于马祭（*eph'hippolytou*）这个共同的假设之下。[130]不过，不管怎么说，在特罗曾的希波吕泰昂（Hippolyteion，这个地名今天犹存）有一座阿芙洛狄特神庙，雅典的圣所也是她的庙宇。假如说阿芙洛狄特并非属于迈锡尼遗产，[131]那么，她就是一位入侵者，而且有具体的证据说明她是如何侵入马匹和战车驭手的地盘的：考古发现了一些有着精美的青铜或象牙装饰的马额饰牌，其原产地为叙利亚北部，开始出现的年代为公元前9世纪，至8—7世纪出现于塞浦路斯、弗里

---

〔129〕这种图像始于青铜时代晚期，关于恩科米出土花瓶上大鱼跟在马车夫背后的图像，见 *AJA* 72（1968）pl. 68，20；罗德岛出土者，见同上 pl. 65，8；拉纳卡（Larnaka）发现的鱼和牛图像，见 *CV* British Museum I，II Cb7（Gr. Br. 19）pl. 12。一般研究，见 B. Schweitzer，*Die geometrische Kunst Griechenlands*（Cologne 1969）64f.；J. L. Benson，*Horse, Bird, and Man*（Amherst 1970）；Burkert（1972）227-35；Courbin，见注释〔123〕。——Paus，10，9，3f. 记述了一个来自科夫岛（Corfu）的传说，一头在海边吼叫的公牛报告了金枪鱼的出现，在开始捕鱼之前，人们将这头公牛献给了波塞冬。

〔130〕比较女孩对海洋女神之子阿喀琉斯的悼念，见 Paus. 6，23，3；海洋女神琉喀忒亚秘仪上的悼念活动，见 Xenophanes *DK* 21 A 13。

〔131〕Boedeker（1974）试图证明阿芙洛狄特的印欧语起源，Aphrodite 是 Aštart 的变形，最近 J. E. Dugand 将其词源追溯到 Aštorît，见 J. E. Dugand，“Aphrodite-Astarté，” in *Hommages à P. Fargues*（Paris 1974）73-98。

几亚和希腊，至今在米利都和萨摩斯都发现了此类实物[132]（见图10、11、12）。在其装饰浮雕上的主要形象是人们熟悉的女神正面裸体雕像。对于东方世界而言，这一形象会被视为伊士塔尔，她在青铜时代晚期获得了一个特殊的地位，被称为“战车女士”。[133]学者们有充分的理由怀疑这些经由商业贸易传入的图像究竟能传达多少信息，不过，我们可以断定希腊人肯定会注意到这些图像，并且肯定会对杀气腾腾的战车与战马头部饰牌上的裸体女人形象之间这一巨大的反差感到奇怪。此外，在两件此类物件画面上，[134]还出现了另一个已为我们熟知的场景，在女神裸体像边上，一位“动物

---

〔132〕 H. J. Kantor *JNES* 21（1962）93-117；R. D. Barnett in *Vorderasiatische Archaölogie: Festschrift A. Moortgat*（Berlin 1964）21-26；Helck（1971）226.（1）石雕马头，发现于辛色利，公元前9世纪，见H. Th. Bossert，*Altanatolien*（Berlin 1942）234 no. 906；*AfO* 10（1935—1936）331：*JNES* 21（1962）94；（2）象牙饰板，发现于尼姆鲁德（Nimrud），见R. D. Barnett，*The Nimrud Ivories*（London 1957）101f.，pl. 63；Barnett（1964）pl. 2,1；（3）青铜饰板，发现于泰纳废丘（Tell Tainat），见*JNES* 21（1962）pl. 11-5；Helck（1971）228 fig. 198；（4）象牙饰板，发现于弗里几亚戈第昂（Gordion），见*AJA* 66（1962）166f.，pl. 46；（5）青铜饰板，发现于萨摩斯岛（Samos），*Neue deutsche Ausgrabungen im Mittelmeergebiet*（Berlin 1959）208；*JNES* 21（1962）108 fig. 13a.；（6）青铜饰板，发现于米利都（Miletus），同上fig. 13b；Barnett（1964）pl. 1，2；（7）英格兰私人收藏中的一件样本，同上23，pl. 2，2；（8）三件青铜饰板、一件青铜坠饰，发现于塞浦路斯萨拉米斯（Salamis）79号墓，见*Excavations in the Necropolis of Salamis* III（Nicosia 1973-74）pls. 82，84，89，270-72；V. Karageorghis，*Salamis*（New York 1969）fig. 23和pl. 49。

〔133〕 J. Leclant，“Astarté à cheval，” *Syria* 57（1960）1-67. 参见*BCH* 100（1976）462 fig. 2；Helck（1971）226。

〔134〕 Nos.（3），（7）in n. 27.

的主人”，纵身跃于一个狮身人面兽之上，或者正踏在一只狮子身上，这一画面中呈现的男性与女性、英雄气概与性感魅力之间的强烈反差，更加意味深长。正是希波吕托斯消灭了“狂野的群兽”，即那个国家的 *thêres*（野兽）。[135] 在另

115 一件器物画面上，伊士塔尔头上顶着日轮，[136] 这一画面正好说明希腊人为何称她为“维德拉”（*Phaidra*）。可见，希波吕托斯故事的所有因素几乎都出现在这些来自东方的马饰上。很有可能，当时有些绘有此类图像的马饰牌被某些赢得赛车比赛的车手作为还原祭品奉献于特罗曾的希波吕托斯神殿，而希波吕托斯神话因此流传开来。在此，有必要讨论一下另一个也同样跟神话中的驭手相关的关于争胜好斗的男性的神话，即柯林斯的柏勒洛丰（Bellerophon）的故事：[137] 他发明了马勒，驯服了波塞冬生的两匹烈马，斯忒涅玻亚（Stheneboea）疯狂地追求他，不过，柏勒洛丰在从飞马帕伽索斯上坠落之前，他还有机会打败喷火兽喀迈拉。顺便说一下，正是在这个神话里第一次出现了闪米特语中的“deltos”一词，即书写泥版。[138] 从柏勒洛丰神话的流传地柯林斯继

---

〔135〕 Eur. *Hipp*. 18.

〔136〕 Nos,（2),（8）in n. 27.

〔137〕 最早见于 *Il*，6，152-205；驯马，见 Hes. fr. 43a 81-87，Pind. *Ol*. 13，63-86；*PR* II 179-85；R. Peppermüller，*Die Bellerophontessage*（Diss. Tübingen 1961），*WSt* 75（1962）5-21；S. Hiller，“Bellerophon，” *A&A* 19（1973）83f.。

〔138〕 *Il*. 6，169 提到的“重叠的片块”（folded tablet）是三角洲（*déltos*），而非指泥版；关于 *déltos* 一词，见 K. Galling in *Near Eastern Studies in Honor of W. F. Albright*（Baltimore 1971）207-23。普洛托斯（转下页）

图 10　马头与饰牌：裸体女神。石雕，发现于辛色利（Zincirli），公元前 9 世纪。（*Archiv fur Orientforschung* 10［1935—1936］331, fig. 7）参见第五章注释〔132〕(1)

续向东，则有法厄同的故事，他正准备跟一位女神结婚，却在一次惊天动地的车祸中粉身碎骨。〔139〕

请不要误解：以上所论并不是说仅仅靠看一眼由东方传来的两片马饰牌上的两个人物，希波吕托斯神话就被“创

（接上页）（Proitos）的信被归于公元前 14 世纪，并被认为是用赫梯象形文字书写，见 V. L. Aravantinos *SMEA* 17（1976）117-25，其观点延续了 F. J. Tritsch in *Atti e memorie del 1° Congresso internazionale di Micenologia, Roma 1968*，223-30；因此 *ptyktôi* 不得不从荷马文本中消失，Aravantinos 124。

〔139〕关于法厄同，见 J. Diggle，*Euripides Phaethon*（Cambridge 1970）。这位“女神”的身份（fr. 781，28=241 Diggle）仍不确定，A. Lesky，*Die Tragische Dichtung der Hellenen*（Göttingen 1972^3）506，以及维拉莫威兹，认为即阿芙洛狄特，Diggle 155-60 反对此说。与这个神话相对应的仪式是罗德岛上的 *hippokathésia*，一辆马拉双轮战车坠入大海，见 *LSS* 94，Festus 181 M。比较双轮战车驭手密耳提洛斯之死（*PR* II 214f.；涉及波提乏母题 Schol. Eur. *Or*. 990，Schol. *AD Il*. 2，104）以及屠马者和欧厄诺斯（Euenus）之死，见 Schol. BD *Il*. 9，557。

图 11　头顶日轮的裸体女神。象牙雕马饰牌，发现于尼姆鲁德（Nimrud）。（*Vorderasiatische Archäologie, Festschrift A. Moortgat*［Berlin 1964］pl. 2，1）参见第五章注释〔132〕（2）

图 12　动物之主和两位裸体女神。青铜马饰牌，发现于泰纳废丘（Tell Tainat）。（*Journal of Near Studies* 21［1962］pl. 12.）参见第五章注释〔132〕（3）

造”了出来。正如柏勒洛丰神话所表明的，当时，伊南娜神话肯定已经通过某种方式为某些希腊人所知了，这个神话更具人间生活气息的变体是波提乏（Potiphar）母题，〔140〕正如

〔140〕　班彼斯的自我阉割者（Kombabos）故事很引人注目（见第五章注释〔46〕）；在佩琉斯（Peleus）的故事中，它发生于借狩猎进行的入社礼语境中，见 Hes. fr. 208f，Pind. *Nem*. 4，53-65；5，27-36；Aristoph. *nub*. 1063 with schol.，Apollo. 3［164-7］13，3；*PR* II 71-73；引诱的女子、阿卡斯托斯（Acastus）的妻子，名叫希波吕忒（Hippolyte，Pind. *Nem*. 4，57；5，26），不可能纯属巧合。

伊南娜－杜穆兹神话已经为帕尼亚西斯所知一样。这些马饰牌上的浮雕作为文化传播的催化剂，将对阿芙洛狄特或她的人间代理人的献祭与波塞冬和战车驭手联系了起来。献祭的场合提供了两者的契合点，这在神话里体现为一场致命的车祸。因此，对于希波吕托斯的双重谋杀，一是阿芙洛狄特所为，一是波塞冬所为，终于可以破案了。而这些马饰图像为我们提供了这一传播过程的时间线索，大概是发生在公元前8世纪或前7世纪，而不会比这个年代更早或更晚。〔141〕正如我们所知，希腊神话并不必然是原生性的，其中很多是后青铜时代以后的意匠经营的产物，但是，这并不意味着它们是希腊天才的神话诗人自由创造的结果，毋宁说，它们是对各民族、各文明所共有的神话类型进行吸收、改造的结果。希波吕托斯神话与阿多尼斯和阿提斯神话既相互关联，又呈现出明显的反差，它代表了东方向希腊文化传播的第三种类型：既不涉及新的仪式经验有意识的宣教，也不涉及有意识的模仿，而只是在图像的辅助下将一个故事纳入了一个业已存在的本土仪式之中。这让希波吕托斯显得比阿多尼斯更具"希腊性"，更不用说阿提斯了。由纯洁无瑕的阿耳忒弥斯这一理想人物所导致的富于感染力的、真正的悲剧性反差，则是诗人再创作的产物，这个诗人就是欧里庇得斯。

118

---

〔141〕如果上面的假说是正确的，希波吕托斯（Hippolytos）这个名字的扩散（cf. nn. 10，35）就呈现了一个"弥赛亚来临的兆示"（*terminus ante quem*）；一只柯林斯花瓶上铭刻有"Hippolytos"的骑手，约公元前600年，见 Schefold（1964）pl. 70a。亚马逊女王希波吕忒的名字大概是来自他的儿子，参见 *PW* VIII 1863-65。

6. 狩猎者的遗产

我们本可以在此结束这场演讲，只须谈论一下审美鉴赏，或许可以再或多或少地加一点对于精神分析学的深入分析，诸如禁忌、进行阉割的母亲等等。然而，我却想再次回到更为久远的史前时期，你们会介意吗？希波吕托斯是一位猎人，阿多尼斯也是在狩猎过程中死于非命。希波吕托斯的不近女色，阿耳忒弥斯的冷若冰霜，确实反映了一种原始的狩猎禁忌：猎人必须禁欲，“干净”。[142]阿多尼斯下了阿芙洛狄特的床就去打猎，注定要倒霉。这一观念甚至指向较之苏美尔的牧人杜穆兹故事更早的历史，事实上，正是由于猎食动物或魔鬼对小羚羊的追猎破坏了田园牧歌的安宁气氛，才导致了杜穆兹的被杀。[143]我们随着狩猎的步伐归来。要理解这一系列讲座中讨论最多的仪式即大母神仪式的细节，我们也不得不回到狩猎问题。

在节日期间，所有大母神的崇拜者都被禁止吃谷物、块根、水果，如苹果、石榴、枣等，某些鱼类、家禽和猪肉也被禁食，至于自我阉割者，则终生都禁食这些东西。[144] 119

---

〔142〕 *GB* III 191-200；Meuli（1946）226f；Burkert（1972）72f.；恩奇都在遇到妓女后失去他对于动物的力量，见 Gilgameš I iii-iv，*ANET* 75；与此类似，在一个胡里安神话中，猎手 Kešši 因为跟妻子接触太多而失败，见 J. Friedrich *ZA* 49（1949—1950）235-42。尤参见 Reichel Dolmatoff（1973）253-56。

〔143〕 见第五章注释〔93〕〔94〕。

〔144〕 Jul. *or.* 5，173c，174ab，175b-177d；Jerome *ep.* 107，8；Hepding（1903）155-57.

有一点一直未引起人们的重视，但却非常重要：甚至从“新石器革命”起，在大母神崇拜的领域内，主要的食物品种就已成为禁忌，被允许食用的只有来自牺牲的肉类，主要是牛肉。这很难被视为苦行，更不能算是戒斋，罗马讽刺作家曾津津有味地谈到那些贪婪的阉人是如何鼓励人们献祭的热诚，为他们源源不断地提供用于大吃大喝的牛肉。〔145〕大母神拒绝希腊人所说的“文明的食物”（*hémeros trophé*），对于希腊人而言，这种食物是野蛮未化的，而希腊语恰恰是大母神纵欲放荡的语言，阉人自己也知道这一点：他们来自生长着松树的森林。〔146〕

其中最重要的献祭环节被称为 *taurobolion*，〔147〕其时，一位新入会者蜷缩于一个上面架着梁木的坑里面，公牛就在他头顶上被宰杀，血淋在他的身上，根据普鲁登修斯（Prudentius）的记载，这种精心设计的鲜血洗礼活动不早于公元 100 年，当时建立了第一座宰牛祭坛；“永生复活”

---

〔145〕 Juv. 2，111-6.

〔146〕 见第六章注释〔84〕。

〔147〕 Prud. *Peristeph.* 10，1006-50；参见 *carmen contra paganos* 57-66，*Poetae Latini Minores* ed. Baehrens III 289；Hepding（1903）61：Oppermann *PW* V A 16-21；J. B. Rutter，“The Three Phases of the Taurobolium，” *Phoenix* 22（1968）225-49；R. Duthoy，*The Taurobolium*（Leiden 1969），参见 T. B. Barnes，*Gnomon* 43（1971）522f.；Vermaseren（1977）101-7。最早的记载见 *Inschriften von Pergamon* II（Berlin 1895）554；在意大利，最早见 *CIL* X 1596，是在公元 134 年，为了维纳斯 · 凯勒斯提斯（Venus Caelestis，～Atargatis？）而举行；雅典最早的“taurobolium”是在 4 世纪末期，见于 *IG* II-III^2 4841。

（*in aeternum renatus*）的铭文直到公元4世纪才出现，而这可能是一场假冒的基督教洗礼。[148]不过，牛祭中某些因素一定有着非常古老的来历，手鼓的使用暗示了这一点，手鼓是一种蒙有牛皮的鼓，这种手鼓是献给大母神的别具特色的祭品。[149] *Taurobolion* 一词，像相对而言不太重要的 *krioblion* 一词一样，意指一种特殊的宰杀方式，必须用某种武器把牛击杀，普鲁登修斯即说公牛是被一支神圣的猎枪（*venabulum*）刺杀的。[150]宰牛祭是一种保留了野牛狩猎因素的仪式。

加泰土丘遗址为此提供了更为确凿的证据，其年代在公元前7—前6千纪之间。[151]尽管这座新石器时期城市的主要食物是大麦和小麦，但仍存在猎牛仪式，在圣所中一尊表

---

〔148〕 *CIL* VI 510，A. D. 376；参见 A. D. Nock，*Conversion*（Oxford 1933）70f.；Nock（1972）103。

〔149〕 参见 Eur. *Hel*. 1346-52；*Bacch*，123-9；Epidaurian hymn *IG* IV $1^2$131＝*PMG* 935；Burkert（1972）291；见第五章注释〔103〕；暗语（*sýmbolon*），见 Clem. *Protr*. 2，15，3；Firm. *err*. 18，1；Hepding（1903）184f.。

〔150〕 Prud. *Peristeph*. 10，1027；参见 F. Cumont *Revue de l'histoire et de littérature religieuses* 6(1901)97-110。*Kriobólion* 在珀伽蒙（Pergamon）作为一项运动（*metà paidiâs*），公元前137—前133年，*OGI* 764，25，但这并不排除其仪式内涵（*pace* Oppermann *PW* V A 19）。在安德罗斯岛（Andros），雅典娜被称为 *taurobólos*，有一个相关传说，讲的是一头公牛如何逃出又如何被捉获，见 Suda *t* 165＝Phot. *tauropólon*，Apollodorus *FGrHist* 244 F 111。关于阿耳忒弥斯的节日 *elaphebólia*，史料不多，*Elaphebolión* 月的名字即来自这个节日，Deubner（1932）209f.，同样，狄俄尼索斯的节日 *aigobólos* 资料也不多（Paus. 9,8,2）。

〔151〕 Mellaart（1967）；见第二章注释〔123〕〔124〕。

现大母神正在分娩的雕像下，陈列着众多牛角。再现猎牛活动的墙壁绘画显示，在通常的手持标枪的猎人之外，还有一些人物打扮成猎豹的样子，将猎豹的皮和尾巴戴在身上。[152]这种装束对于实际狩猎活动实属累赘，这种装束表明这些人物的仪式性地位：这里，我们看到一群强悍的野蛮人，与文明开化的生活相隔绝，这些人的任务是保证狩猎能大获成功，为其圣所获取必需的用品，他们以一种特殊的方式为女神服务。加泰土丘出土了一尊著名的雕像，女神坐于夹在两只猎豹之间的王位上，[153]猎豹是女神的卫士。这一形象与6000年后的库柏勒或罗马大母神形象一脉相承，尽管猎豹换成了更加威风的狮子。[154]加泰土丘的女神甚至还有一个年轻的情人。[155]两者之间肯定存在着某种主要基于社会组织形式的连续性：一部分与正常的、“文明开化”的社会区分开来，不过仍保持着与这个社会之间的密切互动，他们以一种非实用性的、仪式的态度保障狩猎者生活继续维系，这群人演变为一个初级形式的社会组织，一个纯由男人组成的社会，某些时候是在一位伟大女神统领之下的秘密社会。进

120

---

〔152〕 *AS* 12（1962）pls. 12, 14-18；16（1966）pls. 52-55, 57-6l；Mellaart（1967）pls. 54-55，61-63.

〔153〕 *AS* 13（1963）96f.，pl. 24；Mellaart（1967）pl. IX；67-68；参见 Mellaart（1970）504，fig. 229；Vermaseren（1977）14f.，pl. 5.

〔154〕 参见发现于苏萨城（Susa）的伊南娜像（卢浮宫），Tacchi Venturi（1971）II 27，铭文见 Helck（1971）83f.：献给伊南娜的双狮。

〔155〕 尤其是一件发现于哈西拉（Hacilar）的泥塑人像，*AS* 11（1961）59，Helck（1971）27f.。参见 90-92；尽管已有人指出这个人像并非裸体，见 Mellaart（1970）I 170；pl. VI；II fig. 227；对比 figs. 218-20。

入历史时期之后，它的成员成为女神的卫士，其中包括：英勇好战的大母神卫士科律班提斯（Koryhantes），被称为伊得山达克提利（Idaean Dactyls）的库柏勒铁匠卫士，或库巴巴女神的金匠，[156]以及培希奴和希拉波利斯的娘娘腔的阉人祭司。

这当然不是说加泰土丘壁画中打扮成猎豹的男人也是阉人，尽管奥维德记述过一个奇怪的故事，暗示库柏勒麾下的雄狮是被阉过的。[157]然而，这一切足以说明，存在着一系列自相矛盾和反转机制，在仪式中被凸显出来，被参与者经历着，它最终植根于原初的狩猎者情境，涉及屠杀与负罪感，嗜血与性欲，成功与失败，高贵与下贱，死亡与生命，甚至仪式性阉割也必须在这一语境中理解。自我阉割者的所作所为跟大母神祭仪中对被献祭动物的所作所为如出一辙：公牛或公羊的生殖器被切去，然后被郑重其事地运送、埋葬，[158]自我阉割者的生殖器也是经过特殊方式处理之后，最

---

〔156〕 关于“Schmiedekönigtum,”参见 Alföldi（1974）181-217；见第五章注释〔22〕〔23〕。

〔157〕 希波墨涅斯（Hippomenes）和阿塔兰特（Atalanta）的神话，见 Ov. *Met*. 10，686-704；Plin. *n. h*. 35，17；狮子作为贞洁（*pudicitia*）的象征，见 Firm. *err*. 9，2。相反，存在着一种传统认为豹子散发着诱惑的气息，见 Arist. *hist. an*. 612a13，*probl*. 907b 35 etc.；Detienne（1977）93-117；这种观念似乎来自东方的香料贸易（Plin. *n. h*. 13，6 *pardalium*），不过，对“性冷淡”的食肉动物的这种两极化或许有深层的意味，一般性研究参见 O’Flaherty（1973）。

〔158〕 *Vires excepit et trastulit CIL* XIII 1751 cf. 522；Hepding（1903）190-93；*PW* V A 17；释因神话，见 Clem. *Protr*. 15，2；Vermaseren（1977）105f.。

后被安置于大母神的洞穴，或者被埋葬。[159]狩猎者被等同于牺牲者，在狩猎者的习俗和牺牲者的生殖器官之间存在着某种可比性。[160]大母神祭仪以及某些相关的安纳托利亚祭仪的主要景观，是所谓“流血日”，这天自我阉割者会公开鞭挞自己，用刀子或斧头划开自己的手臂，直到浑身上下血流如注，他们在这样做的时候，不会显示出一点痛苦的表情，[161]随后，阉人祭司和叙利亚女神祭司会以同性恋者的样子出现。[162]这并非繁殖仪式，而是自我羞辱，借自我炫耀

---

〔159〕 Arnob. 5，14：*veste velare, lavare, balsamis unguere, terrae mandare*；经防腐处理后存放在箱子里，自我阉割者的神话，见 Luc. *Syr. D.* 20；Schol. Nicandr. *Alex.* 8 on Cyzicus（见第五章注释〔42〕）；Hsch. *thalámai*；the Corybants，Clem. *Protr.* 19，4。

〔160〕 参见 Meuli（1946）247f.，256；关于矮人族，见 R. P. Trilles，*Les pygmées de la forêt équatoriale*（Paris 1933）460；Burkert（1972）80f.；对比爱斯基摩仪式中对海豹的膀胱的处理方式，见 Paulson-Hultkrantz-Jettmar（1962）386，以色列人对肾脏的处理方式，以及东方对心脏的处理方式，（见 Gilgameš VI 151，*ANET* 85；参见 *ANET* 336），至于希腊，见 Burkert［1972］13。

〔161〕 伽罗伊（Galloi）：Plaut. *Truc.* 602（Latte［1960］259）；*AP* 6，51；6，234；Prop. 2，22，15f.；Sen. fr. 34＝Aug. *civ.* 6，10；Stat. *Theb.* 10，170-75；Luc. *Dial. deor.* 12，1；Tert. *Apol.* 25，5；Nonnus *Schol. in Greg. Naz. PG* 36，989；1016；Syria Dea：Luc. *Syr. D.* 50；［Luc.］*Asin.* 37～Apul. *Met.* 8，27f.；女战神（Ma Bellona）：Tib. 1，6，43-50；Juv. 6，511-6；priests of Baal，OT 1 Kings 18：28；另见 Baudissin（1911）131f.；U. v. Wilamowitz-Moellendorff，*Erinnerungen*（Berlin 1928）271。

〔162〕 伽罗伊 *Schol. Greg. Naz. PG* 36，989；Syria Dea：［Luc.］*Asin.* 38～Apul. *Met.* 8，29；Firm. *err.* 4，1-2；克提昂（Kition）城阿施塔特女神的“狗”（*klbm*），见 *CIS* I 86＝*KAI* 37，O. Masson，M. Sznycer，*Recherches sur les Phéniciens à Chypre*（Geneva 1972），65-67。比较 *Saba-kaì Salmakídes*，见 Philodem. *AP* 7，222，以及哈利卡纳苏斯（Halicar-nassus）城“让人变得女人气”的泉水仙子萨拉玛西斯（转下页）

式的自残行为获得尊严。这种仪式传达的信息是，这些男人是完全不同的人，相对于普通人，他们既高贵又下贱：在性地位上是下贱的，但在对待流血和死亡的态度上，他们是高贵的，如此一来，这些托钵漫游的阉人祭司身上笼罩了令人敬畏的光环。在大母神卫士科律班提斯的战争舞蹈中，这种自相矛盾的意味显得比较单薄，而更加凸显了其高贵性的一面，但是，他们的地位同样因为神圣的疯狂而被贬低。另一个下贱－高贵的复合体是库柏勒的铁匠卫士，他们的腿是瘸的，浑身沾满黑黢黢的灰垢，但却掌握着神秘的冶炼术。 121

仪式性的服丧和悲泣，作为塔穆兹－阿多尼斯一系仪式模式的基本特征，乍看之下好像全然不同，我们将悲伤哭泣视为对死亡的自然而自发的反应，而且，这毫无疑义是一个非常古老的人类传统。[163]将服丧视为一种行动模式，它主要体现为自我贬低和自我伤害的展示，包括弄得浑身污秽、抓乱自己的头发、不断拍打胸脯、抓伤面部等。凡此种种，与流血日的做派甚是相似，事实上，在此层面上，阿多

（接上页）（Salmacis），见 Ov. *Met*. 4，285f.；阿什克隆（Ashkelon）“女人气”的祭司，见 Hdt，1，105，参见 Hippocr. *Aer*. 22；在亚法加，见 Euseb. *Vit. Const*. 3，55；在尼罗河的秘仪中，见 Aristaenetus *FGrHist* 623 F 1，Euseb. *Vit. Const*. 4，25，2；拉吉那（Lagina）赫卡特神（Hecate）的“可敬”阉人祭司，见 *BCH* 44（1920）78 no. 11；84 no. 16；另见 Tac. *Germ*. 43，3；一般性研究，见 Baumann（1955）14-44；见第五章注释〔49〕。

〔163〕 K. Meuli，“Entstehung und Sinn der Trauersitten，” *SAVk* 43（1946）91-109＝Meuli（1975）333-51.

尼斯祭仪和阿提斯祭仪显得浑然莫辨，[164]尽管在阿多尼斯祭仪中，相较自轻自贱保留了更多的审美要素，然而，在由狩猎、死亡、献祭交织而成的错综复杂的复合体中，塔穆兹-阿多尼斯这一线索是极端多变的。服丧时的自轻自贱与幸存者相对于死者的无可置疑的优越性相对应，它掩盖了死者的后嗣从死者的死亡获取实际利益这一事实。或许，我们没必要提到，当在狩猎、捕鱼大获而归或农业丰收之后举行类似的仪式时，也会出现假装哀痛、假装哭泣的行为。在这种场合，哭泣非常常见，在狩猎者中，除了献祭之外，也会出现其他一些自我贬低的行为方式。[165]很久以来，塔穆兹-阿多尼斯悼念祭仪就与此类仪典联系起来。[166]这并不是为了给植物之神加油鼓劲，而是源于通过自我贬低以淡化成功之后的罪恶感、为了获得优越地位而接受卑下地位的传统，即通过表演灾祸以避免灾祸。

更高级的文明，尤其是现代生活方式，倾向于将所有的盛衰起伏抹平，将生活想象成一条对应于不断增长的国民生产总值的平滑而稳定上升的直线，而古代的仪式则试图呈现出失望与希望、堕落与上升的相互交织，以便重建生命的

---

〔164〕 参见 Diod. 3，59 谈阿提斯，Luc. *Syr. D.* 6 谈阿多尼斯。

〔165〕 Smith（1894）329-31；*GB* V 43-48，参见 VIII 204-73；Meuli（1946）230f.；伊士塔尔（从献祭的牛肉中）得到一条牛大腿时哀悼“天上的公牛”，见 Gilgameš VI 156-67，*ANET* 85；见第五章注释〔130〕。有关埃及的情况，见 Hdt. 2，39f,；42。

〔166〕 Smith（1894）316f.；*GB* V 231f. 收获时唱的林纳斯歌（Linus song），*Il.* 16，570；Diod. 1，14，2。

平衡。

我们可以对女神神话做更深入的思考。阿多尼斯故事的行动序列可以被视为对普罗普神奇故事行动序列的翻转：爱情及其失败，与以王子公主最后终成眷属的结局背道而驰，女性毁掉男性，则似乎是对习以为常的男性统治地位的颠覆，然而，这一翻转其实只是对一种最基本的生物学事实的重申。女性在生物链中至高无上的地位毋庸置疑，因此，最近出版的一本神话论著，用一只正在吃掉与之交配的雄性螳螂作为封面画，并非没有理由。〔167〕 *122*

在此背景下，希腊人希波吕托斯就以其自身的尊严显得卓尔不凡。他看来既不想追求成功，也不想追求权力，他只是单纯地想成为自己所是的样子，就像他的祈祷词中那些未被触动的鲜花的阴影那样，而这正是他被卷入一个旋涡而难以脱身的原因所在。希波吕托斯就像一位古风时期或古典时期风华正茂的希腊少年，他们通常是一个已故之人或一位神灵的再现。

---

〔167〕 R. Caillois，*Le Mythe et l'homme*（Paris 1972；orig. ed. 1937）.

第六章 从泰勒皮诺斯到泰尔普萨：寻找德墨忒耳

123 本章将对赫梯和希腊常见的一个神话和仪式类型做另一番考察，在安纳托利亚的背景衬托下，希腊神话以其源远流长的历史和枝繁叶茂的衍生物，将立刻呈现出一番独有的、既新异又经典的面貌。

1. 泰勒皮诺斯

在诸多叙事精妙、具有艺术魅力和仪式内涵的赫梯文本中，与泰勒皮诺斯（Telepinus）交易的故事尤为引人注目，[1] 故事说泰勒皮诺斯这位神不知何故消失不见了，带走了所有的生命，人们寻找他，找他回来，并举行仪式安抚他。文本现存好几个版本，有所残缺，而且其开头仍有待发现，因此我们不知道在神话中泰勒皮诺斯是因何缘故而逃离岗位的。故事一开始描述了一场波及所有事物的灾祸："庄

---

〔1〕 *ANET* 126-28；H. G. Güterbock in *Mythologies*（1961）143-50；转载于 Friedrich（1967）II 53-55；参见 H. Otten, *Die Ueberlieferungen des Telipinu-Mythos*（Leipzig 1942）；A. Götze, *Kleinasien*（Munich 1957²）143f.；H. G. Güterbock, "Gedanken über des Wesen des Gottes Telipinu," in *Festschrift Johannes Friedrich*（Heidelberg 1959）207-11；Gaster（1961）295-315。

稼和小麦停止生长，牛、羊和人类停止生育，甚至那些怀了幼崽的生灵也不再生育。”树木凋零，草原枯萎，泉水干涸，人类和神都因为饥馑而濒临死亡。众神集会，决定采取行动：气象神宣布，泰勒皮诺斯不见了，他把所有的好东西都带走了。大大小小各路神，都先后出去寻找他，但都无功而返。太阳神派出目光锐利的雄鹰去寻找，也没能找到泰勒皮诺斯。所有神中最强大的风暴神也无能为力。最后，母亲女神派出蜜蜂，蜜蜂在一片草地上发现了正躺在那里睡大觉的泰勒皮诺斯。蜜蜂不由分说，蜇了泰勒皮诺斯一下，泰勒皮诺斯被蜇醒，一下子跳起来，可以想象，他肯定不会有好脸色：泰勒皮诺斯暴跳如雷，怒不可遏，他倒转河流，摇动房屋，引发洪水和地震，不过他这番折腾让人们知道他终于出现了。当此之际，仪式必须立刻介入，而仪式由人类实施：魔法之神卡姆鲁色帕（Kamrusepas）帮助人类“净化”和安抚泰勒皮诺斯，接下来是祈祷，列举各种献祭品，念诵咒语——太阳神的12只羊被杀了献祭，火被重新燃起又被熄灭，最终，泰勒皮诺斯的怒火、狂暴、怨恨都被转移到一口埋在大地深处黑暗之中的青铜大锅里，凡是进入其中的，再也无法出来。于是，好生活得以重建：火回到了家宅中，众神的祭坛建了起来，牛、羊开始交配繁殖，母亲哺育孩子……然而，首要的是“泰勒皮诺斯关怀国王，泰勒皮诺斯面前竖立起一根柱子，在这根柱子上悬挂了一些羊毛，肥美的羊肉、丰硕的谷粒、美酒都蕴含其中，牛群和羊群蕴含其中，长寿和子孙也蕴含其中”。 124

各种具体之物和象征之物、有魔力之物杂然并陈，[2]就像是仪式从叙事中取来这些事物，正是将叙事应用于仪式，加之对赫梯万神殿中伟大神灵们的指涉以及对危难与忧患的实际经验的指涉，使这个故事成为一个神话。叙事本身很简单，不过是“缺乏—缺乏得以补偿”或“寻求”这一基本母题的变体，相当于普罗普的第8、9、11、15、19个功能。[3]前两次行动失败，第三次才由最弱小、最受轻视者出马而取得成功，这是民间故事中常见的具体化手段之一。叙事和仪式大部分都是并列对应，少数几个片段紧紧相扣。故事从头到尾强调的重点是在一个众神和人类相互依赖的世界中的人类生活秩序，国王就是这种秩序的体现。

泰勒皮诺斯被顺理成章地称为“植物神”，[4]他的失踪和回归被对应于弗雷泽季节模式中的死亡与复活。泰勒皮诺斯的名字究为何义，尚不明朗，它很可能是一个原哈特语的（proto-Hattian）派生词，[5]这个名字还被用作一位早期赫梯国王的专名。其实，这一故事模式并非泰勒皮诺斯所独有，类似的故事并不罕见，其中包含相似的仪式，仪式的对象

---

〔2〕 Goetze的译文（*ANET* 128），最后一句译为“它表示”，而非“它躺在”，与其说是翻译，不如说是解释，参见Gaster（1961）315。

〔3〕 见第一章第2节。

〔4〕 Friedrich（1967）II 53；Gusmani（1971）321；*MW* I 201；比较杜穆兹、阿提斯、阿多尼斯，*WM* I 202。

〔5〕 Güterbock in *Mythologies*（1961）144，149f.；Gaster（1961）301；*WM* I 201. 这一仪式中的路威语（Luwian）因素，见V. Haas，G. Wilhelm，*Hurritische und luwische Riten aus Kizzuwatna*（Kevelaer 1974）8-33。

或是太阳神，[6]或是涅里卡（Nerik）的气象神，或是某位女神。[7]太阳的消失确实是一种季节性现象，然而，在泰勒皮诺斯文本中，没有任何迹象涉及一年中的某个具体季节，甚至没有任何迹象表明其中的仪式是一年一度地进行，其所记述的灾难也只是一般性的，而非由季节转换导致的“令人惊异的巨大变化”，[8]其中提到烟从奄奄一息的火堆上升起，母亲放弃哺育孩子，这些说法可以应用于极端情境，比如突如其来的干旱、瘟疫和社会动乱，在危机情况下，不管是国家的还是个人的危机，最后的办法是获得神明的指引，这些文本是“在需要举行任何其中所描述的那些巫术仪式的时候用来作为指导的指南手册”。[9] 125

一位神藏了起来，因此必须重新找到他，神很生气，因此必须对他进行安抚，此类故事既不罕见，也不难理解，人们发现不仅埃及有此类故事，[10]甚至在日本也有此类故

---

〔6〕 “约兹加特泥版”（Yuzgat tablet），见 Gurney（1954）187f.；Gaster（1961）270-94；Güterbock in *Mythologies*（1961）148；*WM* I 214f.。

〔7〕 Haas（1970）141-74，参见 Güterbock in *Mythologies*（1961）144-48。太阳神女儿伊娜拉斯（Inaras）的退隐，以及哈娜哈娜（Hannahanna）的退隐，见 Güterbock 148。

〔8〕 *GB* V 3（见第五章注释〔2〕)。

〔9〕 Güterbock in *Mythologies*（1961）148，cf. 144；Gaster（1961）299-301 通过周翔的论证，试图重建与新年庆典（Puruli）的原始关联，神树（*eia* tree）和羊毛都出现在这个节日上，参见 36f.，99，313。关于神树，参见 Haas（1970）66f.；Helck（197 1）257；将之竖立于房子的大门前，表示“免除”服役，见 Hittite Laws sec. 50，*ANET* 191。

〔10〕 切斯特·比替纸莎草古卷 IV（Pap. Chester Beatty）中的太阳神，见 *ANET* 15；I. Lévi *Mélanges F. Cumont*（Brussels 1936）819。——泰夫努特（Tefnut）的神话，见 S. West *JEA* 55（1969）161-83。

事，[11]这一点都不令人惊讶。专门就希腊的相似者而言，希腊学者很幸运地发现，泰勒皮诺斯文本是一个绝佳的例子，它不仅在时间上早于希腊的相关史料，而且在地理上也密迩希腊，完全处于已经证实的历史关联范围内。如果我们能在这样一种情形中发现两者之间存在着惊人的相似性，那么，认为两者源于一个共同的传统，不管是直接地还是间接地，就较之把这一切相似性都归于巧合的怀疑论假设更言之成理。

2. 菲加利亚和泰尔普萨，德墨忒耳的愤怒

保萨尼亚斯记述过“黑色德墨忒耳”（*Demeter Melaina*）的洞穴圣所，距离阿卡狄亚的菲加利亚仅有数英里。保萨尼亚斯花了不少笔墨记述了一场半人祭仪场景，其中一个长着马首的德墨忒耳，当时已经从当地人的记忆中消失了，他显然是转引的某位作者书中的记述。[12]保萨尼亚斯还讲述了跟这座洞穴有关的神话：德墨忒耳曾在此隐身，心中充满愤怒，不仅是因为波塞冬强暴了她的女儿，还因为她的女儿失

---

〔11〕 Lévi op. cit. 822-24；参见 G. Säflund, *Aphrodite Kallipygos*（Stockholm 1963）77。还可比较《吠陀经》记载的阿耆尼（Agni）的“出逃”、“隐藏”水中或树林中的故事，见 Hillebrandt I（1927）144-55。

〔12〕 Paus. 8，42；他的材料来源可能是勒普莱昂的哈莫狄欧斯（Harmodius of Lepreon），见 *FGrHist* 319；参见 Wilamowitz（1931—1932）I 402-3；B. C. Dietrich, *Death, Fate and the Gods*（London 1965）118-38；Stiglitz（1967）122-34；在一个当地故事中似乎留下了这一仪式的微弱回声，见 A. Conze *Annali dell' Instituto di Corr. Arch.* 33（1861）58-60。

踪不见了。她的愤怒导致大地上生长的所有东西都濒临毁灭，人类因为饥饿而死去。但是，众神都不知道到哪里能找到德墨忒耳，最后阿卡狄亚的羊腿之神潘神〔13〕发现了隐身于洞穴的德墨忒耳，报告给宙斯，宙斯立刻派命运之神墨伊拉（Moirai）去找她。众神成功地劝说德墨忒耳平息怒火，随着她的回归，大地上所有的果实也重新出现。 126

这个神话与泰勒皮诺斯神话之间的相似性甚至是同一性，可谓一目了然，早就有人指出。〔14〕两个神话中都有大饥荒，威胁人类和众神的生存，都是因为一位神一怒之下玩失踪而导致，都有众神发起的搜寻行动，最后，都是由一位局外人发现了行踪，神的愤怒最终得以安抚。不过，希腊神话中关于仪式并无明文记述。如果说德墨忒耳的怒火是被命运女神墨伊拉抚平的，这意味着关于世界的秩序性分划，即时间和空间，将会保障生命的绵延不绝，而违反常规的动荡则会威胁生命的延续。保萨尼亚斯甚至提供了相关历史信息，认为这一事件发生在公元前5世纪一场灾难性的饥荒暴发的时候，这场饥荒让文明生活岌岌可危，会让阿卡狄亚重新回到野蛮状态，因此，当地人在这座洞穴前“恢复”了黑色德

〔13〕 他通常作为一位女神的男性对立面而出现，参见 C. Bérard，*Anodoi: Essai sur l'imagérie des passages chthoniens*（Basel 1974）。

〔14〕 M. L. Lord，“Withdrawal and Return，” *CJ* 62（1967）241-48；Richardson（1974）258f. ——海伦的私奔和回归，可以作为这一模式一个变化较大的变体，海伦跟树木的关系很密切。就这一例子而言，印欧背景（参见 M. L. West，*Immortal Helen*［London 1975］）让问题变得更为复杂。

墨忒耳祭仪：在德尔菲神谕的指导下，[15]人们“发现”了是哪位神灵受到冒犯，哪个仪式遭到忽视，于是，他们在一个峡谷里找到了那座洞穴，在荒野之上举行祭仪，生命终于重新回到了城市。

保萨尼亚斯继续就针对黑色德墨忒耳的特殊的献祭仪式进行描述：[16]在洞穴前面的一座坟墓边建立一座祭坛，在祭坛上供有采自各种树木的果实、葡萄、带着蜂蜜的蜂巢、未经梳理的羊毛，把油浇在所有这一切之上，当然，同时要念诵祈祷词。除在一年一度的节日期间上供之外，崇拜者一年到头都可以上供，由一位女祭司和一位年轻祭司主持。这并非一种常规的希腊式献祭，后者需要宰杀一头动物牺牲，并将牺牲的某些部分焚烧祭神。在菲加利亚并无用来焚烧牺牲的火祭坛，取而代之的是一张“摆放祭品的供桌”。这是青铜时代宗教不可思议的再现，在米诺斯、迈锡尼和安纳托利亚都有此类宗教遗迹：献给众神的食物被供在圣桌或圣架上，有祭司作为神的代言人，这种祭祀方式作为动物献祭的对立面，似乎在这一时期极为盛行。[17]泰勒皮诺斯文本的结尾

---

〔15〕 Paus. 8，42，5-7；H. W. Parke，D. E. Wormell，*The Delphic Oracle*（Oxford 1956）no. 493；Stiglitz（1967）126，543 认为这是一个希腊化时期的发明，不过，即使神谕文本是编造的，这一事件，以及秘仪的改革，却很可能是史实。

〔16〕 Paus. 8，42，11.

〔17〕 参见 Burkert，“Opfertypen und antike Gesellschaftsstruktur，” in *Der Religionswandel unserer Zeit im Spiegel der Religionswissenschaft*（Darmstadt 1976）168-87。

明确记载了此类献神之物：在泰勒皮诺斯面前的神树上（*eia*-tree）悬挂着一张羊皮，其中蕴含着油脂、葡萄、谷物，象征丰裕和长寿。菲加利亚祭仪所需要的祭品，也有果实和酿酒的葡萄，还有未经梳理的羊毛，相当于羊皮和油脂，两者之间的相似性一目了然。不过，在菲加利亚祭仪中谷物的缺席很值得注意，谷物作为对谷物之母德墨忒耳的报答原本正是她所期待的礼物。[18]综观这两个神话之间的相似性，可以断定在赫梯和阿卡狄亚两个传统之间很有可能存在着某种直接关联，尽管考虑到公元前 5 世纪的改革，我们无法确定迈锡尼的文化遗产中还有多少未经中断地被阿卡狄亚所继承。

127

保萨尼亚斯明确指出，“同样的”关于德墨忒耳的愤怒的故事不仅流传于菲加利亚，还流传于泰尔普萨（Thelpusa），这是另一座相距不远的阿卡狄亚城市。然而，在泰尔普萨，故事的重点放在第一匹马的诞生，这匹神马被称为阿里翁（Arion）或埃里翁（Erion）。[19]泰尔普萨作为神马阿里翁的诞生地，遭到提尔福萨（Tilphussa）的挑战，提尔福萨是贝奥提亚的哈里阿托斯城（Haliartos）附近一眼泉水的名字，[20]该地有一处圣所，附近还有一座阿波罗神庙，

---

〔18〕 Stiglitz（1967）129，参见 *PW* XIX 2068，认为谷物的缺席是当地多山的环境所致。——这种解释诉诸偶然性而非意义。

〔19〕 Paus. 8，25，4-10，参见 8，42，1；Antimachus fr. 32，35 Wyss；Callim fr. 652；Apollod. 3［77］6，8，5；Schol. Lyc. 153；Hsch. *Arion*；Stiglitz（1967）110-22。

〔20〕 Schol. *Il.* 23，346，提到“kyklikoí”（循环），即古诗《提拜德》，*PR* I 590f.。关于泉水和圣所的地方化，见 J. Fontenrose *TAPA* 100（1969）119-31；*AAA* 6（1973）381-85；*Bull. épigr.*（1973）212。

同样，在泰尔普萨附近的距德墨忒耳圣所不远处也有一座阿波罗圣所。传说波塞冬追求德墨忒耳，德墨忒耳逃走，变成一匹母马混进马群里，波塞冬变成一匹种马跟她交配，生下了神马阿里翁。这种关于动物起源的神话类型亦见于吠陀神话。[21]这匹马由一位满怀愤恨和怒火的母亲抚养长大，泰尔普萨人称德墨忒耳为“愤怒者”（*Erinys*）德墨忒耳，在贝奥提亚则简单地称之为“愤怒者”，[22]而与德墨忒耳无涉。蛇发女妖戈耳工的母亲是神马珀伽索斯（Pegasus），[23]这显然是同一故事的另一个变体。泰尔普萨的传统，公元前5世纪时为诗人安提马科斯（Antimachus）所知，公元前3世纪时为诗人卡利马库斯所知，泰尔普萨将神马埃里翁的图像作为硬币图案而广为传播。[24]不过，这个故事的贝奥提亚版本似乎在公元前7世纪的古诗《提拜德》（Thebaid）中就已见端倪。阿里翁作为阿耳戈斯王阿德拉斯托斯的坐骑，则见于《伊利亚特》。[25]

贝奥提亚的泉水名称（指Tilphussa）和阿卡狄亚的城市名称（指Thelpusa）在我们传统中都有多个奇怪的拼写

〔21〕 O'Flaherty（1975）29，34f.

〔22〕 *e-ri-nu*（愤怒者）在克诺索斯遗址得到证实，*KN* Fp 1，8。

〔23〕 Apollo d. 2［32］3，2，1；人首马身造型的美杜莎：卢浮宫的波伊欧式（Boeotian amphora），见Schefold（1964）pl. 15b；科夫岛的山形墙（Corfu pediment），见Schefold 49，参见pl. II。

〔24〕 F. Imhoof-Blumer，P. Gardiner *JHS* 6（1886）102；Head（1911）456.

〔25〕 *Il.* 23，346f.；见注释〔20〕。

变体。[26] 人们也许会据以认为这是一个非希腊语在被希腊语采纳时出现的种种变化，而且，既然保萨尼亚斯将泰尔普萨跟菲加利亚神话联系起来，由此想到泰勒皮诺斯就是顺理成章的，卡利马库斯所说的愤怒者提尔福塞厄（*Erinys Tilphossaie*），[27] 最终让我们回到愤怒的泰勒皮诺斯，泰尔普萨的地名可能就是得名于泰勒皮诺斯祭仪。在这一实例中，安纳托利亚在仪式、神话和名称三方面都发挥了传播的中介作用。那么，为什么不将德尔菲（Delphi）也纳入考虑的范围呢？那未免扯得太远了。泉水名 *Tilphussa*，源于 **Tilphoessa*，在希腊语内部即可得到充分的解释，*tilphe* 是一种昆虫的名称，[28] *Tilphussa* 泉之得名源于水中有很多此类水甲虫，至于泰尔普萨城之得名是否与此同其来历，抑或另有缘由，则尚在未定之中。泰尔普萨神话的动机体现出一种奇怪的自我复制现象，因为德墨忒耳变身母马的经历导致了

128

〔26〕 参见 *PW* V A 1618；在阿卡狄亚（Arcadia），硬币（见注释〔24〕）上有写作 *Thelpousion* 者，铭文作 *Thelphousa*（*IG* V 2 411f.，cf. p. 101），或 *Thelphoisios*（*SEG* 11 [1950] 1254a，Jeffery [1961] 215 no. 16）；Androtion *FGrHist* 324 F 7 写作 *Delphousia*，Polybius 和 Steph. Byz. 作 *Telphousa*，Pausanias 作 *Thelpousa*。至于贝奥提亚，荷马的阿波罗赞美诗写作 *Delphousa*，可能指的是 Delphi（参见 Wilamowitz [1931] I 400，5；*Telphousa* 似乎是一个古老的变体），Pindar 写作 *Tilphossa*（fr. 198b），写法同 Herodian postulates（Steph. Byz. *Telphousa*），参见 Ephorus *FGrHist* 70 F 153，Dem. 19，141；Paus. 9，33，1 出现有 *Tilphousa*。

〔27〕 Callim. fr. 652.

〔28〕 通常写作 *silphe*，但雅典诡辩家写作 *tilphe*，见 Phrynichus p. 300 Lobeck，以及 Luc. *Adv. ind.* 17；写作 *tiphe*，见 Aristoph. *Ach.* 920，925etc。

一对双胞胎的诞生，其中一个是神马阿里翁，一个是“秘密”的女儿，后者与吕科苏拉（Lycosura）的德斯珀伊娜（Despoina）女神有关，[29]而在保萨尼亚斯笔下，作为德墨忒耳神话典型环节的寻找和回归神话仅与菲加利亚的洞穴有关。这里似乎存在着不同传统的交叉重叠，却没有任何线索将泰勒皮诺斯与马联系起来。因此，“泰勒皮诺斯和泰尔普萨”（Telepinus and Thelpusa）可能只是一个单纯的双关语，归根到底，在神话研究中，名字是最不可靠的线索。

然而，另一方面，甚至在“官方”版本的德墨忒耳神话中也明确无误地出现了泰勒皮诺斯神话的动机，[30]荷马的德墨忒耳颂诗说，德墨忒耳因女儿珀耳塞福涅被诱拐而怒不可遏，回到她在厄琉西斯的神庙，大地因此停止生产任何庄稼，全体人类都陷入饥荒，如果不是宙斯及时采取行动，众神也会失去昔日的特权：他派出自己通常用来通风报信的信使，即彩虹女神伊里丝（Iris），前去召回德墨忒耳，遭到拒绝；其他的神也都先后拜访德墨忒耳，希望她归位，她依然不为所动，发誓只要珀耳塞福涅不回到自己身边，她就不会回天庭。最后，赫耳墨斯把珀耳塞福涅从阴间带了回来，众神之母瑞亚（Rhea）亲自到厄琉西斯将德墨忒耳请回众神所

---

〔29〕 关于吕科苏拉，见 Paus. 8,37f.；Stiglitz（1967）30-46；Burkert（1977）418。

〔30〕 *Hymn. Dem.* 303-30,441-84；参见 Eur. *Hel.* 1301-52；Richardson（1974）258f.；见注释〔14〕。

居的奥林匹斯山，于是，地里的庄稼重新开始生长，大地一片欣欣向荣，生命得以恢复。

这个版本中提到“所有的神”都去拜访女神，最后，众神之母才成功说动她，使这个版本较之阿卡狄亚版本更加接近赫梯的泰勒皮诺斯神话，尽管赫梯故事中泰勒皮诺斯隐秘的住所，在这个版本中变成了位于厄琉西斯“卓然不群的山丘”上引人注目的新建神庙，〔31〕因此，在这个版本里根本不需要像在赫梯版本里那样到处寻找神的隐身之所。神庙这一因素显然是新增加的，通常，一位神来到神庙，不是为了隐身，而是为了跟其崇拜者交流，另外，在这个版本中，德墨忒耳的怒火缘于珀耳塞福涅被诱拐，这跟赫梯版本中泰勒皮诺斯缘由不明的怒火形成鲜明对比。尽管有这些不同，两个故事的基本模式之间的延续性仍清晰可见。甚至连德墨忒耳的女祭司被称为“蜜蜂”（*melissai*）这一事实，〔32〕也被认为有一定的来历。尽管泰勒皮诺斯是男性，德墨忒耳是女性，但这种性别的差异并不足以作为否认两者之间关联的根据，有一个赫梯文本将伊娜拉斯（Inaras）作为太阳神的女儿，另一个文本则让母亲女神哈娜哈娜斯（Hannahannas）替补了泰勒皮诺斯的角色，〔33〕我们所关心的是动作模式和典型特征，它们对男神和女神都同样适用，无关乎性别。

129

〔31〕 *Hymn. Dem.* 270-72，297f.；Burkert *Gnomon* 49（1977）442f.

〔32〕 Apollodoros *FGrHist* 244 F 89；Porph. *antr.* 18；Schol. Theocr. 15，94；参见 Pind. *Pyth.* 4，106a m. Schol。

〔33〕 见本章注释〔7〕。

3. 木板神像和女神胸饰

菲加利亚的德墨忒耳在我们的史料提供者保萨尼亚斯的时代久已被人遗忘，不过，还有另外一些与女神相关的祭仪，也涉及女神消失和复归的仪式，其中一些在古代世界各地一直都有流传。其中，史料最丰富的是萨摩斯的赫拉，这要感谢一位当地历史学家，即门诺多图斯（Menodotus）的详细记载，赫拉也是一位被认为一度失踪的女神，后来被找到并且被带回来参加节日。[34]根据传说，有一次，这位女神的神像被来自卡里亚（Caria）的海盗趁着夜色从神庙里偷走了，不过，奇怪的是，他们发现没办法把神像从海滩上挪走搬到船上，最后不得不决定把神像留在海滩上，甚至还在神像前面留下食物，好像是供养女神的样子。天亮后，萨摩斯人吃惊地发现女神不见了，他们四处寻找，发现她正在海边享用早餐。他们以为是她自己擅自逃走，因此把她带回来，

---

〔34〕 Ath. 671e-674a，援引了 Menodotus *FGrHist* 541 F1 和 Nicaenetus（= A. S. F. Gow，D. L. Page，*Hellenistic Epigrams*［Cambridge 1965］2703-10）。关于圣所，见 Gruben（1976）324-40；H. Walter，*Das Heraion von Samos*（Munich-Zürich 1976）；R. A. Tomlinson，*Greek Sanctuaries*（London 1976）124-27；关于仪式，见 Merkelbach-Meuli（1975）1059-64；Burkert（1977）213。G. Kipp，"Zum Hera-Kult auf Samos," *Innsbrucker Beiträge zur Kulturwissenschaft* 18（1974）157-209，试图发现与树木之间的神圣婚姻，尽管树木通常被视为女性。将萨摩斯岛的赫拉与泰勒皮诺斯关联起来的想法来自 Karl Meuli，现可参见 R. Merkelbach in Meuli（1975）1035-81，esp. 1074-76（精简版见 *Antaios* 12［1971］549-65）；有关"束缚"的史料似乎是被过度阐释了，神树（*eia*-tree）也未被提及。

拴在一片柳树丛（*lygos*）中，用柳树枝把她包围起来，以防她再次溜走。后来，女祭司来了，她清洁了神像，将其重新安置到神庙之中。这并非一个典型的寻求型故事，但明显是对仪式的再现。整个故事可分为三个阶段：在夜间，将神像搬出神庙；在早晨，“找到”神像并将它搬到柳树丛中；最后，将之归位到神庙中。我们还发现三个阶段分别对应于三种参与仪式的人：“海盗”，萨摩斯人，女祭司。萨摩斯的赫拉神庙遗址离海滨非常近，在其祭坛所在的地方考古学家发现了一截柳树的树干。〔35〕文献记载证明萨摩斯人确实在此地举行节日活动，头戴“老卡里亚人的柳圈”，斜靠于用柳树枝编织的长椅之上，聚会宴饮，吃的当然是奉献给大祭坛的作为牺牲的动物。〔36〕当女神被找回来时，人们即在柳树林里当着女神的面开始节日庆祝活动。

据说，收藏在神庙的赫拉神像原本是一块“未加雕琢的木板”（*axoos sanis*），直到后来，*Smilis*（雕刻者）将它雕刻成粗具人形的样子。〔37〕我们可以从罗马硬币上对她的样貌有一个大概了解：女神呈站姿，双臂的前臂有力地伸向前方，头戴一顶高筒状女王冠（*polos*），她佩戴的胸饰是何种 *130*

---

〔35〕 *AA* 1964，222f.

〔36〕 Nicaenetus，见注释〔34〕；关于 *stibás*，见第二章注释〔72〕。

〔37〕 Callim. fr. 100-101；R. Pfeiffer *SB* Munich（1934）10，17-19；K. Mras *RhM* 87（1938）277-84；*WSt* 56（1938）45-54；N. Valmin *AA* 70（1955）33-40；Chr. Kardara *AJA* 64（1960）343-58；C. Gallavotti *RFIC* 40（1962）294-96；Zuntz（1971）131-35；G. Dunst *MDAI*（*Athen*）87（1972）143f.；Merkelbach-Meuli（1975）1059f.，pl. 59 nos. 28-31.

类型不太清楚，硬币上所显示的图案由三或四串球形组成。其中一些细节，比如手上垂下的细带，筒状女王冠上的角形装饰，透露出其与东方肖像传统之间的联系。[38]萨摩斯赫拉神庙被认为是希腊的第一座神庙，考古发掘证明可以追溯到公元前9世纪，而位于柳树林中的祭坛比神庙更为古老。[39]这座神庙的传说甚至将赫拉祭仪的年代推回到希腊人到来之前。

萨摩斯人赫拉神像的姿态和饰物清楚地表明了其与广为人知的一系列希腊－安纳托利亚祭仪神像之间的渊源关系，其中最著名者是以弗所的阿耳忒弥斯。这位“多乳女神”让心理分析学家倍感亲切，让现代旅游者津津乐道，[40]然而，一件鲜为人知的简单事实是，这些所谓“乳房”根本不是对女性性征的复制粘贴，那其实只是女神佩戴的胸饰，这一观点在数十年前已经得到证实。这件造型独特的胸饰把以弗所的这尊女神像跟卡里亚及其周边地区的其他一些祭仪

〔38〕 Kardara，见注释〔37〕。关于饰带，比较：伊士塔尔“举着长长的抖动的绳子”，见 *Descent of Ishtar* 27，*Chicago Assyrian Dictionary*（1956ff.）s. v. keppû。

〔39〕 E. Buschor *MDAI*（*Athen*）55（1930）1-99；Gruben（1976）324-40；B. Bergquist，*The Archaic Greek Temenos*（Lund 1967）43-47.

〔40〕 S. Freud，“Gross ist die Diana der Ephesier，” *Zentralblatt für Psychoanalyse und Psychotherapie* 2（1911）158f. ＝Standard Edition XII（London 1958）342-44。 参 见 A. Galvano，*Artemis Ephesia: Il significato del politeismo greco*（Milan 1967）以及 M. Ghidini Tortorelli 的评论文章，见 *Nuova Rivista storica* 56（1972）440-52。关于以弗所观光之旅的评论，见 O. F. A. Meinardus *WSt* 7（1973）244。

造像联系了起来，其中包括库柏勒、拉布朗达（Labraunda）的宙斯乃至大马士革的阿塔加提斯等祭仪。[41]尽管如此，以弗所的祭仪[42]的重要性不仅限于其地方性，在那里有一种奇特而复杂的、由不同等级的男女祭司组成的组织。最新的解释认为，阿耳忒弥斯胸前的累累“乳房”实为作为牺牲献给女神的公牛的牛卵，[43]这种观念对于我们来说或许是难以想象且令人厌恶的，但是按照生命的循环原则，却是不难理解的，生命的最初源头是神，最后也必将归还于神。[44]或许有人依然会想，这些粗俗的装饰物到了后来是否被某些象征物代替了，因此才被后人一直误解为“乳房”，有此可能。现在证实，这尊神像也跟卡里亚的赫拉神像一样，在特定的日子里会被从庙里面抬出来，在一个叫作 *daitis* 的地方，意为“就餐之地”，跟崇拜者共进盛宴，神像被放在芹菜上，并被撒上盐。[45]崇拜者在神庙前要举行分食牺牲的盛宴，这一点可由位于此地的仅存的大型祭坛遗

---

〔41〕 对考古资料的全面评述，见 Fleischer（1973）；对这些资料的解释见 Zuntz（1971）114-41（参见 Burkert *Gnomon* 46［1974］322f.）。关于以弗所图像材料，见 M. Meurer，*Römische Mitteilungen* 29（1914）200-219；H. Thiersch，*Artemis Ephesia* I（Berlin 1935）；*Ependytes und Ephod*（Stuttgart 1936）；Ch. Seltman，“The Wardrobe of Artemis，” *Numism. Chron*. VI 12（1952）33-51；Zuntz（1971）127f.；Fleischer（1973）74-88；Merkelbach in Meuli（1975）1051-55。

〔42〕 Ch. Picard，*Ephèse et Claros*（Paris 1922）。另见 Hanfmann（1975）10-12。

〔43〕 G. Seiterle in *Antike Welt* 10，3（1979）3-16.

〔44〕 见第五章注释〔158〕—〔160〕。

〔45〕 *Et. Gen*. =*Et. M*. 252，11；Nilsson（1906）245f.；Merkelbach-Meuli（1975）1054，cf. 1071.

址得以证实。[46]由此可见，以弗所的阿耳忒弥斯祭仪与萨摩斯的赫拉祭仪在找回女神并与之共同宴饮的诸环节上如出一辙，以弗所的阿耳忒弥斯祭仪显然是植根于安纳托利亚的传统，我们甚至知道她的非希腊语名字叫乌皮斯（*Upis*）。[47]

131 另有一类小雕像，相对而言不太惹人注目，但却数量众多，且特色鲜明，例如在西西里岛、各地德墨忒耳圣所和科瑞（Kore）圣所遗址发现的还愿小雕像，尤以格拉（Gela）和阿格里真托（Agrigento）发现的最为引人注目：[48]神像是一位女神，端坐于王座，雕像大体上就是一块平直的厚木板，刻出一个人头部的形象，对于四肢则毫不留意。这些女神都戴着筒状女王冠，穿着简单的服装，佩有一串精心雕琢的胸饰，跟萨摩斯的赫拉所佩胸饰非常相似，跟以弗所的阿耳忒弥斯也有几分相像，其中包括：数排并列的球形，有些就像是按照一个模子漫不经心地刻出来的，在一些雕刻较为用心的雕像上，除球形饰物外，还会出现长颈油瓶、盛谷物的容器、动物的头部、人的面部和各种果盘，“人们会不由得将它们视为苹果、石榴、梨子和杏”，不管是什么，总归是“一种发自本能的、一目了然的对于丰饶多产场景的再现”。[49]这位女神带来丰饶，尤其是

[46] Gruben（1976）348-59.

[47] Callim. *Hymn*. 3，204；240；4，292；W. Fauth，*Beiträge zur Namensforschung* 4（1969）148-71.

[48] 对此的全面探讨见 Zuntz（1971）114-41；关于女神胸饰，见 139-41；“最原始的服饰形式”，见 127。

[49] Zuntz（1971）140f.

丰饶的食物：果实、油脂、谷物、肉，所有这一切都注定会随着女神的归来而到来，会随着德墨忒耳的出现或科瑞女神的归来而到来，说到底，财神普鲁托斯（*Ploutos*）是德墨忒耳的儿子。[50]不过，这些小雕像却提出了一个有待解释的问题，而且很难有明确的答案，即这些还愿小雕像所再现的究竟是德墨忒耳，还是她的女儿珀耳塞福涅？[51]因为这母女两人都有着隐退和重新归来的经历。荷马的赞美诗，以及菲加利亚的传说，让人觉得这是德墨忒耳，而狄奥多罗斯（Diodorus）则记载了一个"科瑞到来"（*kores katagoge*）的节日，在初夏的收获季节举行。[52]格拉和锡拉库扎的僭主格伦（Gelon）和希罗（Herio）对这两位女神的祭仪都曾做过传播推广，他们宣布自己的祖先曾是一位大祭司，在格拉城设立了隆重的女神"到来"（*katagoge*）仪式，他们还将自己的男性祖先追溯到一位特林内斯（Telines），他来自小亚细亚的尼多斯（Cnidus）地区，此地距离萨摩斯岛并不甚远。[53]综上所述，西西里木板偶像及其象征丰饶的装饰把它也跟安纳托利亚联系了起来。

还有来自米利都的证据，米利都在萨摩斯与以弗所之间：这座城市的创建者涅琉斯得到一个神谕，告诉他到森林里寻找一棵橡树，树上会悬挂着"各种各样的果实"，他

[50] Hes. *Theog*. 969.

[51] Zuntz（1971）123-26.

[52] Diod. 5，4，6；Nilsson（1906）356f.

[53] Hdt. 7，153；Zuntz（1971）136-39；Burkert *Gnomon* 46（1974）322.

命人把这棵橡树雕成一个神像，并设立了一个叫“*Artemis Chitone*”的祭仪。[54]我们发现这番简单的记述结合了正在讨论的模式中的各种因素：在荒野中寻找，树木带来“各种各样的果实”，“Chitone”一词所明确暗示的某种饰物。这一故事的地点在小亚细亚，时间是爱奥尼亚人刚开始定居于此的时候。

132 在以上所有四个实例中，我们都看到木头雕像，戴着丰饶胸饰，至少在两个实例中都强调了从无偶像阶段向神人同形阶段的转变；[55]我们还看到“寻找”仪式，随着这一神像的到来，财富和丰饶纷纷降临；我们看到表示财富和丰饶的各种基本象征，尤其是野风浓郁的装饰物和各种食物。在所有这几个实例中，都出现了安纳托利亚传统因素，其中两个实例，即以弗所和萨摩斯，都明确指向前希腊阶段。事实上，以弗所类型主要集中于卡里亚及其附近。[56]卡里亚的

---

〔54〕 Schol. Call. *Hymn*. 1，77b，参见 Callim. fr. 80，17f.，*Hymn*. 3，225-27。萨迪斯新发现的一件铭文提供了为阿耳忒弥斯举行的 *chitones* 仪式的材料，她从以弗所被送到萨迪斯，见 *Anzeiger der Ak. Wien* 99（1962）50-52；*OeJh* 46（1961-63）175-82；F. Sokolowski *HThR* 58（1965）427-31。

〔55〕 用非人形的木板或树干作为偶像，对于佩尔戈的阿耳忒弥斯（Artemis of Perge）尤其显而易见，见 Fleischer（1973）pls. 96-106a，这些丝毫不具有人形的偶像甚至穿着女神的衣物。——在塞浦路斯的早期青铜时期遗址中发现了一些奇怪的小雕像，见 Buchholz，Karageorghis（1971）nos. 1713-16，*Fasti archaeologici* 22（1967）pls. 4，10，*CAH* pl. 64c；见第六章注释〔104〕。

〔56〕 向南一直到大马士革的阿塔加提斯女神，见 Fleischer（1973）263-69。

语言至今仍顽强地对抗所有解读的努力，[57]这种语言无法追溯到任何一种已知的青铜时期语言，然而，其中的部族名称 *Léleges*（列列该斯），其复数形式 *Lex*，有时候跟“Carians”（卡里亚人）相等同，包含了一个事实上来自原哈特语的复数前缀。[58]如上所述，泰勒皮诺斯的名字也被认为是源于原哈特语，这是一个脆弱的联系纽带，不过，仪式提供了更多明确的线索：木板偶像及其象征丰饶的胸饰与赫梯文本中提到的悬挂于神树（*eia*-tree）上的蕴含着油脂、谷物和葡萄酒的羊毛有着明显的亲缘关系。这些相似性，加之它们都出现于小亚细亚的相邻区域，肯定不仅是巧合，而大体上是同一种传统，其神人同形的神像都源于那棵蕴含丰饶的神树，在不同地方获得了各种不同的希腊名字：阿耳忒弥斯、赫拉、阿芙洛狄特、德墨忒耳、科瑞。

4. 代达拉

希腊语中有一个专门的词表示初具面目的木头雕像，即代达伦（*daidalon*），贝奥提亚的一种重要庆典即

---

〔57〕 参见 V. V. Sevoroskin *Kadmos* 7（1968）150-73；*Klio* 50（1968）53-69；O. Masson *BSL* 68（1973）187-213；*Kadmos* 13（1974）124-32；M. Meier *Kadmos* 17（1978）76-84。

〔58〕 A. Kammenhuber，“Das Hattische，” in *Handbuch der Orientalistik* I 2，1/2，2（Leiden 1969）463-67，不过，鉴于地理学上的理由，他对涉及列列该斯人（*Léleges*）的问题表示怀疑（441），关于这一问题，见 W. Brandenstein，*PW* Supp. VI（1935）169f.。关于列列该斯人和卡里亚人问题简明扼要的概述，见 W. W. How，J. Wells，*A Commentary on Hesiod* I（Oxford 1928²）130-32。

由此而得名为代达拉（*daidala*），这种庆典活动以普拉蒂亚城（Plataea）为首，[59]普拉蒂亚和贝奥提亚的其他13个城市轮流制作代达伦，而且规定必须用砍伐自阿拉尔科摩尼（Alalcomenae）城的一片森林里的木头制作。每过60年（大致相当于一个人的寿命），将14个城市所有的代达伦集中在西塞隆山（Cithaeron）山顶上点火焚毁，这是一个在夜间举行的火的节日，熊熊火光照亮了四面八方。我们不了解在这期间这个共同体都用他们的代达伦干些什么事情，肯定不会让它们躺在后院里无所事事，肯定是被竖立在城市的某个地方，可见代达拉就相当于欧洲的五月节花柱，[60]过去的 *133* 一些时候，五月柱也并不是每年都换新的，而是一直竖立于村庄的中央，直到最后被烧掉。制作新代达伦时，要举行一场精心安排的仪式，保萨尼亚斯记述了这一仪式的情形：[61]普拉蒂亚人在一座圣林前举行献祭，摆放一些碎肉，他们等待着有乌鸦来叼肉，乌鸦飞走后，他们跟着它，看它落在哪棵松树上，他们就用乌鸦栖落的这棵树制作代达伦。将这只乌鸦与那只找到泰勒皮诺斯的鹰相比，是否被认为是牵强附

---

〔59〕 Plut. fr. 157 Sandbach＝Euseb. *Praep*. *Ev*. 3，1；Paus. 9，3，1-8；Nilsson（1906）50-56；K. Kerényi，*Zeus und Hera*（Leiden 1972）114f. 见于Paus. 9，3，6的“14个社区”可能暗示普拉蒂亚城在被卡桑德（Cassander）光复时加入贝奥蒂亚联盟（Boeotian league），见*PW* III 657f.。

〔60〕 Mannhardt（1875）I 155-90.

〔61〕 Paus. 9，3，4。——在科俄斯的考古发现证实了为赫拉砍伐树木的仪式（*dendrokópion*）确实存在，见R. Herzog，*Koische Forschungen und Funde*（Leipzig 1899）133。

会呢？至少，这种寻找活动需要有专心致志的等待和耐心。值得注意的是，与此仪式相关的传说讲述了一位失踪的女神，必须把她找回来：这位女神就是赫拉，她离开了贝奥提亚，隐藏在埃维厄岛（Euboea）的某个地方，[62]按照普鲁塔克的解释，女神的失踪事件相当于一场旱灾，[63]所有人都认为正是代达拉节的设立才使赫拉重归其位。对此，有一个十分滑稽有趣的释因神话给予解释：赫拉跟宙斯两口子吵架，赫拉宣布她要维护女人的权利，撇下丈夫，离家出走，宙斯求助于婚姻顾问阿拉尔科摩尼俄斯（Alalcomeneus），后者建议他刺激赫拉的嫉妒心，让她回心转意。于是，宙斯四处散布消息，说自己要迎娶一位新的妻子，名叫普拉泰娅（*Plataia*）。他砍来一棵树，把它打扮成新娘的装束，放到自己的马车上。这一情景让赫拉看到了，她顿时暴跳如雷，但是，当她冲上去撕下新娘的婚纱时，发现新娘只是一根木桩，立刻爆发出一顿大笑。不过，她还是不依不饶，坚持要把这个木头新娘烧掉。在欧洲有些地方的五月节花柱习俗中，用为花柱的树木也会被打扮成一位姑娘的样子，并被称为"新娘"，当男人们从树林里把树运回来时，女人们会欢呼着迎接他们，[64]正如上述传说中普拉蒂亚城所有的女人都跟随着赫拉去迎接宙斯的马车和他的"新娘"一样。

当然，不能把这个释因神话当成对这种仪式的解释，

---

〔62〕 Plut. fr. 157；Paus. 9，3，1f.

〔63〕 Plut. fr. 157，7.

〔64〕 Mannhardt（1875）I 157f.

其实，希腊人自己就没有把它当回事，尽管如此，在它提到的宙斯的新娘普拉泰娅这个名字里，还是蕴含了十分丰富的印欧传统的因素：*Plataia* 与《吠陀经》中的 *prthivi* 正相对应，意指大地女神，她是 *dyaus pita*（天父）的妻子，[65]天空和大地的交配保证了生命的繁育，正如贝奥提亚神话中的模拟婚姻结束了旱灾及其导致的苦难一样。然而，取回树木，却与这一观念没有任何直接的意义关联。在那些不可能受印欧传统影响的仪式中都可见到树木的身影，例如大母神祭仪、“叙利亚女神”祭仪，以及比布鲁斯城的祭仪。[66]早在早期青铜时代，在安纳托利亚和希腊之间就已经有了联系，在此背景下，泰勒皮诺斯神话中所体现的原哈特语关联，尤其耐人寻味，因为阿哥斯附近“大泉”的名字勒尔纳（Lerna），也有原哈特语的语源。[67]焚烧代达伦的山顶上的木制祭坛，也见于米诺斯时期的克里特岛，[68]在迈锡尼时期的克诺索斯王宫遗址也有一处代达伦遗迹。[69]另一方面，“赫拉”（Hera）这

134

〔65〕 Risch（1974）74；G. Nagy in *Studies in Greek*，*Italic*，*and Indoeuropean Linguistics Offered to L. R. Palmer*（Innsbruck 1976）220.

〔66〕 在比布鲁斯城的伊西斯圣所，有一棵神树的树干，包裹着亚麻布，被人们当成崇拜的对象，见 Plut. *Is.* 357c；见第五章注释〔68〕、第六章第 6 节。

〔67〕 Hittite *ar* (i) *na* ‘spring’ +l-prefix（见第六章注释〔58〕），参见 E. Forrer *Glotta* 26（1938）195f.。

〔68〕 I. A. Sakellarakis *AE* 1972，245-58 重建了米诺斯时期图像的场景：一个女祭司捧着献祭动物走向一座木制祭坛。

〔69〕 *KN* Fp 1，3. 关于被称为 *Daidáleia* 的偶像，见 Aristoph. fr. 194，参见 Meuli（1975）1038f.。

个名字，以及宙斯的另一位妻子勒托的名字，正如普鲁塔克[70]所指出的，却指向另一种常见的希腊传统或“荷马传统”，在这种传统中，女人妒忌的故事是用来应对宙斯到处拈花惹草这一风流本性的一个方便法门。这好像是一个各种历史关联错综交织的迷宫，研究者晕头转向，但各种不同起源的神话和仪式“符号”完全可能相互交融，传达一个共同的信息。

5. 厄瑞西俄涅和达夫涅福里亚节

取回一棵树，带回来财富，这一仪式模式为我们提供了一条明晰的线索，在它的引导下，我们很自然地注意到希腊传统中一个更基本的与阿波罗有关的仪式，即厄瑞西俄涅（*eiresióne*），[71]这个名字明显是“羊毛”的意思，此物是一根缀有羊毛、各种果实、饼干和长颈橄榄油瓶的橄榄树枝。在一年中的特定日子里，雅典和其他一些地方的孩子们会擎着它游行，一边唱着“厄瑞西俄涅带来了无花果和香喷喷的面包，蜂蜜在罐子里，用来抹身的油，还有好喝的葡萄酒”，一边讨要礼物作为回报。厄瑞西俄涅最后会被插

〔70〕 Plut. fr. 157，3-5.

〔71〕 Crates *FGrHist* 362 F 1；Plut. *Thes*. 22，7=*Carmina popularia* 2 Diehl；Schol. Aristoph. *Eq*. 729，Plut. 1054；*Lex. Patm. eiresióne*=*FGrHist* 401 c F 1. Samos：*Vit. Hom. Herodot*. 33=*Carmina popularia* 1 Diehl；Rhodes：Ath. 360bd=Theognis *FGrHist* 526 F 1=*PMG* 848。参见 Dieterich（1911）324-52；Deubner（1932）199-201；Meuli（1975）33-68=*SAVk* 28（1927—1928）1-38。

在各家各户的门上，其中总会有一个被送到阿波罗·德尔菲尼俄斯（Apollo Delphinios）的神殿里，[72]一直存放在那里，直到最后被烧毁。德尔菲尼俄斯自然会让希腊人联想到海豚（dolphin），早在荷马的阿波罗颂歌中就提到海豚，但是，阿波罗祭仪却跟海豚没有任何关系。阿波罗·德尔菲尼俄斯在历史上是否曾经跟泰勒皮诺斯有关呢？厄瑞西俄涅树枝的到来标志着财富的降临："开门啊，财神来了。"萨摩斯的孩子们这样唱道。厄瑞西俄涅树枝上的果实、饼干、油瓶以及羊毛，在上面谈到过的女神像硕果累累的胸饰上几乎都能看到，跟赫梯泰勒皮诺斯神树上的供品更是如出一辙。孩子们的游戏不像德墨忒耳、科瑞、阿耳忒弥斯、赫拉这些女神的回归仪式那么严肃和规范，但是，它仍笼罩在神性的光环之下，并且很明显模仿并延续了泰勒皮诺斯类型的仪式。

135

比上述少年游戏更庄严、更规范的是一个叫作达夫涅福里亚（Daphnephoria）的节日，即"传送月桂枝"的节日，月桂树枝象征阿波罗的来临，但并没有将这位神呈现为神人同形的偶像。神话中说，月桂枝是阿波罗自己从位于色萨利的潭蓓山谷（Tempe）一路带来的，由此开创了

---

〔72〕 德尔菲见于 Plut. *Thes*. 18，1 cf. 22，6；比较忒修斯的故事，见 Paus. 1，19，1；Apollo Delphinios（v. 1. Delpheios）*hymn. Apoll*. 495，与德尔菲故事有关。关于德尔菲尼俄斯，见 F. Graf *MH* 36（1979）2-22；与泰勒皮诺斯神的关系，见 R. D. Barnett，*The Aegaean and the Near East*（Locust Valley 1956）219。

皮提亚竞技会，[73]不过，阿波罗月桂树枝节祭仪的传播范围远远超出德尔菲。品达在一首献给底比斯的阿波罗·伊斯墨涅斯神庙（Apollo Ismenios）的题为《达夫涅福里卡》（*Daphnephorika*）的诗中，[74]详细描写了一次达夫涅福里亚节的队列，其中，月桂枝似乎换成了某种类似于五月节花柱或圣诞树之类的圣物：一棵橄榄树干上，装饰着月桂树细条、闪闪发光的金属球、紫色的饰带。在一件发现于阿普利亚（Apulia）的瓶画上，[75]描绘了一棵此类圣树及其游行队列，队列里还出现了酒神狄奥尼索斯，他乘坐的由牡鹿牵引的马车原本是阿波罗的座驾，在他的左边是一棵装饰着金球、铃铛和垂带的圣树。就我们的研究而言，其中的人物是阿波罗还是狄奥尼索斯并不重要，他们两者都曾经失踪不见，后来在为他们举行的节日上才重新归来。不管神叫什么

---

〔73〕 Callim. fr. 89；Ael. *var. hist.* 3，1；参见 Callim. fr. 194，34-36；Plut. *q. Graec.* 293c.；*Def. Orac.* 418ab；Burkert（1972）146f.。

〔74〕 Proclus，*Chrestomathy*，in Phot. *Bibl.* 321a 35-b32＝Schol. Clem. *Protr.* p. 299，4-19 Stählin，参见 Pindar fr. 52r. Nilsson（1906）164f.；Burkert（1977）165f.。——埃雷特里亚（Eretria）一座 8 世纪形状的阿波罗·达夫尼夫洛斯神庙（Temple of Apollo Daphnephoros），发掘者认为其中有一座“月桂小屋”遗址，见 *AK* 17（1974）60-68。在西西安（Sicyon），孩子们要把“逃走”的阿提斯和阿波罗唤回来，见 Paus. 2，7，7f.。

〔75〕 Madrid，Museo Arqueológico 11050＝A. Cambitoglou，A. D. Trendall，*Apulian Red-Figured Vase Painters of the Plain Style*（1961）48 no. 21；*Gymnasium* 64（1957）pl. 8 fig. 14（原文如此，来源“列宁格勒”指 fig. 13）。——阿格里奥尼亚节（Agrionia festival）期间“寻找酒神”的活动，好像他逃跑了，见 Plut. *q. conv.* 717a；Burkert（1972）197。——蒂罗尔（Tirol）的“丰饶树”（*albero della cuccagna*），见 Mannhardt（1875）I 169，172 n.；关于圣诞树，见 Mannhardt 238-51。

名字、有什么权能，重要的是他的到来带来了对于丰衣足食的黄金时光的许诺，人们正是在节日上才体验到这种黄金时光，圣树的出现即象征这一时光的到来。

在另一个例子中，仪式的含义似乎被反转了：厄律西克同（Erysichthon）因为在德墨忒耳圣林中砍伐了一棵树并把它带回本城的节日游行队伍，被罚永远也吃不饱，最终成为乞丐饿死道旁。早在赫西俄德的《妇人名录》中，这个神话就被改编为滑稽故事，[76]但是，即使形式已经面目全非，却仍保留了明显的仪式背景："乞讨"，讨要礼物，似乎一直就是带回圣树仪式的一个环节。永远处于饥饿中的厄律西克同是"清除乞丐"（Bettelumzüge）的绝好候选人。厄律西克同是特厄帕斯（Triopas）的儿子，他的名字会让人联想到克尼多斯（Cnidos）的特厄皮安（Triopion）海岬，他跟德墨忒耳－特林内斯（Demeter-Telines）传统的关系似乎十分密切。[77]另一方面，根据雅典传统的说法，提洛岛的厄律西克同作为厄律西克特尼代（*erysichthonidai*）氏族的神话祖先，建立了与阿波罗岛的使节关系，因此与达夫涅福里亚节的乞

---

〔76〕 Hes. fr. 43；Hellanicus *FGrHist* 4 F 7；Palaephatus 23；Callim. *Hymn.* 6；Ov. *Met.* 8，728-878；O. Crusius *RML* I 1373-84；*PR* I 776f.；Kern *PW* VI 571-73；Wilamowitz（1924）II 34-44；K. J. McKay, *Erysichthon*（Leiden 1962）；D. Fehling，"Erysichthon oder das Märchen von der mündlichen Ueberlieferung，" *RhM* 115（1972）173-96 认为树的故事是卡利马库斯编造的——尽管卡利马库斯声称只会讴歌"证实无误的事情"，fr. 612。——既然"Aithon"被作为厄律西克同的另一个名字，这个名字可能跟表示"红土"的词根 *eryth-* 有关。

〔77〕 Call. *Hymn.* 6，24；Diod. 5，57，6。见第六章注释〔51〕。

讨游行活动有着直接的关联。[78]

6. 森林、树木、献祭

让我们做一下总结：厄瑞西俄涅橄榄枝、阿波罗的月桂枝、代达伦树、佩有丰饶胸饰的木板神像、赫梯的神树等等，尽管形式各样，但我们看到的是同一种把圣树带回来的仪式活动，旨在传达同一个信息：财富的回归，神的回归。神的名字各不相同，泰勒皮诺斯、阿耳忒弥斯、赫拉、德墨忒耳、珀耳塞福涅、阿波罗、狄奥尼索斯，既有女神，也有男神，权能也各不相同，但是，不管怎样，这些神都是“好东西的给予者”。[79] 136

带回树木这种活动被赋予此种意义，该如何解释？诉诸“巫术”，固然简单，却也太简单了，在这种仪式中找不到任何支持树木崇拜理论的证据，按照曼哈特的说法，这种理论将树精等同于植物精灵。[80]在这种仪式中，树木通常并不具有神性，而只是各种好东西的承载者，而且其所承载的不仅限于各种果实。

---

〔78〕 *Erysichthonídai*：*Inscr. Délos* 2517-18；参见 Jacoby on Phanodemus *FGrHist* 325 F 2；Plut. fr. 158；Paus. 1，18，5；1，31，2，提到极北乐土和爱勒提亚（Eileithyia），参见 Hdt. 4，35 论与乞丐歌的关联。

〔79〕 *dotêres eáon*：*Od.* 8，325 cf. 335，一个印欧语表达法，见 R. Schmitt，*Dichtung und Dichtersprache in indogermanischer Zeit*（Wiesbaden 1967）10f.。

〔80〕 Mannhardt（1875）I 155-251；他试图用寓意法解释焚烧树木：“夏季的阳光和温暖促使植物生长和成熟。”186。

对于弗洛伊德主义的精神分析学家而言，竖立一棵树，含义很明显，他们会毫不费劲地从阳物象征中引出各种各样的生殖繁育，即使明知对于希腊人和罗马人而言，这些树木总是具有女性特征，他们也不会气馁，对于女神的阳物崇拜他们更是津津乐道。[81]然而，不管是将其外在的、可见的特征视为弗洛伊德式的或荣格式的精神的形式化力量、梦无意识的直接体现，或者视为源于相承不绝的传统与生俱有的、外在的功能性行为，问题依然存在。

还有一种顺手可得的结构主义解释：从森林里砍伐带回城市的树木，从树上折下插到家宅或神庙门上的树枝，从城外带进城市、神庙或家宅之内的各种好东西，显然是一个自然与文化之间的“中介”，面临毁灭危险的文明开化的生活被来自周围荒野的新鲜生命重新注入活力，就像泰勒皮诺斯神话所生动描述的那样。活力枯竭的文明渴望来自森林的“野人”，后者用一种古老的方式挥舞着苍翠的树枝，向自己款款走来。[82]此说确实切中要害，然而，难道仪式是结构逻辑的产物吗？人们为什么会恰恰对用这种方式表达的讯息寄予厚望？

137

〔81〕 G. Roheim, “Aphrodite or the Woman with a Penis,” *Psychoanalytic Quarterly* 14（1945）350-90.

〔82〕 见第二章注释〔62〕—〔68〕。比较马哥尼西亚（Magnesia）阿波罗·西拉塔斯（Apollo Hylatas）圣所的“圣人”，见 Paus. 10，32，6，Franke（1968）no. 118：他们拔出树木，跳下山的斜坡。Strab. 10p. 468 认为“运送树木”（*dendrophoríai*）是入神秘仪的特点，尤其是德墨忒耳秘仪和酒神秘仪。

用历史的眼光看，不如说，由树木与城市的对立所表达的是由狩猎转变为农业的进程。菲加利亚得到的神谕事实上已经暗示了这一点：[83]如果他们不把女神请回来，城市居民将重新变成游牧者，靠在森林捡拾坚果为生。带回树木也是大女神祭仪中的典型环节，例如罗马的大母神祭仪或希拉波利斯的阿塔加提斯祭仪，[84]类似的活动形式也见于塞浦路斯的阿多尼斯祭仪，要砍伐树木并献给阿芙洛狄特。[85]然而，在诸如此类的活动中似乎看不见圣诞树带来的那种欢乐气氛，在罗马，"带回树木"（*arbor intrat*）之后紧接着就是"浴血日"（*dies sanguinis*），据说，阿提斯就是在这棵松树下自行了断的，不管怎么说，血腥的宰牛祭就是在这棵树下进行的，祭仪结束后，这棵树要被烧掉。[86]在希拉波利斯，献祭的动物被绑在这棵树上带到圣所，最后也要把树跟动物一起烧掉。[87]这是一个残暴而血腥的场所，适合表达狂乱和悲伤，而这正是大女神祭仪的典型特征。令人惊讶的是，甚至

〔83〕 见第六章注释〔15〕。

〔84〕 "*arbor intrat*"：费劳凯洛斯历（calendar of Philocalus）的3月22日；见Jul. *or*. 5，168c；Lydos *Mens*. 4，59，p. 113 Wuensch；Vermaseren（1977）115，pl. 73；Mannhardt（1877）II 291-95；Hepding（1903）150f.；希拉波利斯（Hierapolis）：Luc. *Syr. D*. 49；Mannhardt II 259-63。Firm. *Err*. 27，2提到一个普罗塞耳皮娜（Proserpina）的节日：带着砍好的树枝和一个少女的偶像，与众人一道到那里，仪式之火将连续燃烧40个昼夜，40个昼夜里人们一直都在哀悼。

〔85〕 Hsch. *Aoîa*，见第五章注释〔72〕。

〔86〕 Firm. *Err*. 27，1；4.

〔87〕 Luc. *Syr. D*. 49.

在泰勒皮诺斯系列的祭仪中也发现了类似血祭活动的遗迹：在以弗所的阿耳忒弥斯雕像和西西里的木板女神像上均有动物的半身像图案，在五月节花柱和圣诞树上都会悬挂动物小雕像，在威尔士和爱尔兰，在圣诞节这天，男孩子们会捕捉一只鹪鹩，把它弄死插在一根杆子上，一群男孩子举着这根杆子，一边唱着歌，一边游行，向人家讨要钱和食物，当晚用讨来的东西大吃一顿。[88]在希腊图像学中最声名狼藉的树是马人的树，正如杰弗里·柯克指出的那样，马人本身就是自然与文化的中介者，[89]马人的树上常挂着各种小动物，这是马人猎获的成果。[90]

在罗马大母神祭仪中还有其他一些因素最初似乎也是源于狩猎活动，[91]而且正是这一情况解释了贯穿于其中的成功与愧疚、狂欢与悲伤相互交织的自相矛盾现象。我们现在也忍不住要把目光投向狩猎时代：猎人出去到森林搜寻猎物，当他们从森林里回来，会带回大量的食物，守候在家的女人们会用欢呼和礼物欢迎他们。然而，自从“新石器革命”发生以后，这一场景在生活中不复常见，人类开始自己

---

〔88〕 *GB* VIII 317-21. 杀死狼的人为了给狼举行葬礼到处“收集礼物”：见 Schol. Apoll. Rh. 2，123。

〔89〕 Kirk（1970）152-62.

〔90〕 Amphora Berlin A 9，*CV* Berlin 1 pl. 5（Deutschland 51），J. D. Beazley，*The Development of Attic Black-Figure*（Berkeley 1951）pl. 4，Schefold（1964）pl. 29a。——现代狩猎者被教导折断松树枝标识被杀的牡鹿，并用另一根小树枝装饰自己，见 W. Frevert，*Das jagdliche Brauchtum*（Hamburg 1969[10]）67-70。

〔91〕 见第五章第 6 节。

生产食物。但是，饥荒时常发生，饥寒交迫的人类不得不重操旧业：到森林中去，搜寻猎物，带回食物，迎接他们的是摆脱忧患之后的喜悦。随着历史的推移，这种行动模式变得越来越象征化，可能变成萨满教，在萨满神树的帮助下从天国或阴间带回好东西。[92]最终得以保留的可能只是一根“单纯的”月桂树枝，不再跟食物有关，或者是一位奥利匹斯神，或者是圣诞树，今天的圣诞树甚至已经变成了塑料制品。不过，我在一些依然保持旧式虔诚之风的德国村庄里听说按照当地习俗，圣诞树必须是从树林里偷来的才行。仪式承载着信念，因为我们仍然与那些古老的传统心曲相通，在这个日益摩登、与自然渐行渐远的世界，我们感到依然离不开绿色，在由混凝土、金属和玻璃构成的人造环境中，我们依然眷恋草木的枝繁叶茂。最终，心理学、结构主义、历史学的解释殊途同归。 138

7. 母亲与女儿：希腊神话的结晶

让我们回到德墨忒耳神话：珀耳塞福涅被诱拐，德墨忒耳的悲伤以及最后母亲与女儿的重聚，这个故事获得了巨大的成功，在文学作品和宗教史上常常会与之不期而遇。甚至连尼尔森都觉得无法割舍这个故事，尽管在他编

---

〔92〕 关于萨满的神树，见 Findeisen（1957）112-20，尤其见 116；关于神树的大胆思辨，见 E. A. S. Butterworth，*The Tree at the Navel of the Earth*（Berlin 1970）。

的那本手册中神话一般是被摒弃不收的。[93]这个神话因其揭示了人类的深层情感而深受称颂，被视为“原初经验”（Urerlebnis）或“原型”（archetype），[94]同时，它又被认为是一个最为直截了当的关于谷物生长的寓言，庄稼必须首先埋进土里、死去，才会再次生长出来。然而，珀耳塞福涅降入阴间和回到阳间究竟是在一年中的哪个季节，史料对此并无明确记载，学者也歧说纷纷。尼尔森认为，珀耳塞福涅是在夏天时储藏于地下容器里的谷种，在秋天被挖出来用于播种，然而，荷马的赞美诗中却说珀耳塞福涅在春天回到阳间，[95]此说虽符合一般人的情感，但却并不符合地中海农业的实际情况，也与实际的祭仪不符。看来，这个故事可以用于各种不同的场合，而其中的诱拐、寻找、回归诸环节却并非源于这些应用场合。甚至对于这个故事的人类维度，我也心存疑虑，难道女儿回到母亲身边果真就万事大吉了吗？他

139

〔93〕 Nilsson（1955）469：“In die Demeterreligion greift der Mythos ungewöhnlich tief ein.”关于这个神话的变体，见 R. Förster，*Der Raub und die Rückkehr der Persephone in ihrer Bedeutung für die Mythologie, Litteratur-und Kunstgeschichte*（Stuttgart 1874）；L. Bloch *RML* II 1284-1379；Richardson（1974）esp. 74-86；Graf（1974）151-81。.

〔94〕 Helck（1971）92f.：“Urerlebnis”；K. Kerényi，*Eleusis: Archetypal Image of Mother and Daughter*（NewYork 1967）.

〔95〕 *Hymn. Dem.* 401-3；Nilsson *ARW* 32（1935）106-14＝（1952）577-88，cf.（1955）472-74；其说追随 F. M. Cornford，*Essays and Studies presented to W. Ridgeway*（Cambridge 1913）153-66；反对之说见 K. Kourouniotis *Deltion* 15（1933—1935）6-15。今可参见 A. B. Chandor，“The Attic Festivals of Demeter and their Relation to the Agricultural Year”（Diss. University of Pennsylvania 1976）。

那位行踪诡秘的丈夫呢？

对这个故事的进一步分析，让我们的疑惑有增无减，请注意这个故事中的母题复见现象：母亲和女儿各自分别经历了一番先是失踪、后来被唤回的经历，西西里发现的那些赤土陶制小雕像〔96〕那令人难以理解的含混性也与此有关。然而，这种复见现象并没有出现于仪式中，在东方的史料和民俗史料中也没有出现，可见，它是为希腊神话所独具的特点。

曼哈特和弗雷泽确实从全球各地收集了大量关于五谷妈妈或五谷娘娘的故事和信仰，但是，在他们搜集的数百个实例中，只有两个可疑的实例中同时出现了妈妈和女儿。〔97〕对于“原型”而言，这真是太多了！〔98〕在近东，有两个可与之相比较而且高度相似的神话，即赫梯的泰勒皮诺斯神话和美索不达米亚的伊南娜－伊士塔尔神话。〔99〕两个故事中神的失踪导致的后果几乎一模一样：所有人、动物、植物的生命都停止了，甚至众神也面临灭顶之灾。然而，故事中还

---

〔96〕 见第六章注释〔48〕。

〔97〕 *GB* VII 131-213，其说追随 Mannhardt（1884）296-350；“年迈的妻子”和“老女人”，见 *GB* VII 164-68，cf. 197-99，209；在欧洲，古代神话的影响从来没有消失，参见“科瑞斯”（Ceres）*GB* VII 135。

〔98〕 一个切罗基人（Cherokee）的神话（见 J. Mooney，*Myths of the Cherokee*，19th Annual Report of the Bureau of American Ethnography［Washington 1897—1898］252-54；C. Lévi-Strauss，*Mythologiques* III［Paris 1968］229）中太阳妈妈的女儿被响尾蛇杀死，六个男人试图救活她，但失败了，人们用跳舞让太阳重新开始微笑。这个神话与大母神 / 德墨忒耳神话在结构上如出一辙，但并未提到谷物。

〔99〕 见第六章第 1 节，第五章注释〔93〕。

有一种与阴间世界及其阴险的女王相关联的特殊恐惧，这导致伊南娜的回归阳间也颇显得模棱两可，这确实是生命的回归，然而死亡却降临到杜穆兹头上。下阴间的情节，女人把身上的衣物一件件脱掉，最后被悬挂于横梁上，令人怀疑可能是用少女献祭场景的回响。试与希腊史料相对照，伊南娜的阴间冒险像极了科瑞的经历，其中即透露出少女献祭的消息——科瑞进入锡拉库扎附近的科瑞涅泉，而沉水祭长期以来一直就存在，〔100〕伊南娜被幽灵缠身的回归可以与男性“科瑞使者”（*koragoi*）〔101〕的仪式，以及赫卡特（Hecate）的祭仪相对应。另一方面，德墨忒耳的所作所为跟泰勒皮诺斯的所作所为几乎一模一样。在菲加利亚，类似的行为被如法炮制，并且被详细记述下来，却没有提到珀耳塞福涅，而在西西里岛，根据狄奥多罗斯的记载，“科瑞到来”祭仪与德墨忒耳的节日是分开的。〔102〕流传最广的德墨忒耳祭仪是立法女神节，〔103〕这个节日由不受丈夫束缚的已婚妇女一手操办，节气期间要用猪献祭，将死猪扔进洞穴或土坑里，在传说里，将这一做法与科瑞下阴间联系起来，然而，在整个祭

140

〔100〕 Diod. 4，23，4；5，4，2；Cic. *Verr.* 4，107； Ov. *Met.* 5，412-24，见第四章注释〔48〕；II 6 n. 9；Burkert（1972）287。

〔101〕 曼提尼亚（Mantineia）的 *Koragoí* 仪式，见 *IG* V 2，265；266；参见 Hsch. *korageîn*（抚育科瑞）；*An. 0x.* I 255 s. v. *Korýbantes*。

〔102〕 见第六章注释〔52〕。

〔103〕 Nilsson（1906）313-25；Farnell（1896-1909）III 75-112；Deubner（1932）50-60；Nilsson（1955）463-66；J. Prytz Johansen，“The Thesmophoria as a Women's Festival，” *Temenos* 11（1975）78-87；Burkert（1977）365-70.

仪过程中，似乎并未出现母女重聚的欢乐场面，自始至终只是举行一场献祭和一场聚宴，预示着“美好的子孙后裔”（*Kalligeneia*）。

还有一类奇异的出土雕塑资料，即“双联女神”小雕像，大概在新石器时代早期开始出现。[104]这些雕像以各种高度抽象的形式出现，安纳托利亚、塞浦路斯的早期青铜时代遗址出土者尤其如此。它们造型各异，或者是一个女人坐在另一个女人的头上，或者是肩并肩如同连体双胞胎，或者就在同一块木板上简单雕出并排的两个脑袋。在希腊艺术的发展过程中，两位女神同时出现却难分伯仲的作品经常出现，她们或并肩而立，或并排而坐，其中有些明显可以称为德墨忒耳和珀耳塞福涅，或者是勒托和阿耳忒弥斯。关于这一更早的传统，没有相关的文本资料可供参照，因此只能推断，这种双联造型的女神像体现了女性地位的两重性，一会

---

〔104〕 Helck（1971）28f.；关于纳图菲因文化（Natufien），见 J. Mellaart, *Earliest Civilizations*（London 1965）29 fig. 11；关于加泰土丘，ib. fig 76＝Mellart（1967）pls. 70-71，Helck 47 fig. 122；在新石器时期的罗马尼亚和南斯拉夫，见 M. Gimbutas，*The Gods and Goddesses of Old Europe*（London 1974）pls. 86，100；在布拉克土丘（Tell Brak），公元前 4 千纪，见 Helck fig. 126；前 3 千纪见 Alaça Höyük：Akurgal-Hirmer（1961）fig. 21；Helck fig. 123；库尔提普（Kültepe）遗址，见 Helck fig. 124，U. Badahir Alkim，*Anatolien* I（Geneva 1968）fig. 70；前 2 千纪，塞浦路斯，见 Helck fig. 125，Buchholz，Karageorghis（1971）nos. 1714-16，见第六章注释〔55〕、第四章注释〔2〕。双女神，见 T. Hadzisteliou Price，“Double and Multiple Representations in Greek Art and Religious Thought，” *JHS* 91（1971）48-69。

儿是姑娘，一会儿是母亲，既要有性魅力，又要生儿育女，一身而兼两职，而苛刻的、普遍存在的乱伦禁忌尤其强化了这种分化，在母神祭仪和用女孩献祭之间，很可能存在着某种关联。[105]然而，我们不知道任何较早的与此相关的言语表达形式。

文化传播取决于接受能力，在希腊，传播和接受两者俱有体现。按照希腊的路数以其特有的方式构建的德墨忒耳－科瑞神话，与相似的但相对较为简单的近东神话相对比，可以看出希腊神话中个体性更为突出。在泰勒皮诺斯神话中，故事和仪式都立刻与跟众神相关的人类联系起来，举行仪式安抚泰勒皮诺斯的是人类，其所针对的显然是人类的苦难情境，整个文本都具有明显的咒语特征。众神和人类是同一行动模式中的搭档，故事的最终结局是泰勒皮诺斯照料国王及其土地和人民。与此相反，希腊神话的结局是德墨忒耳回到奥利匹斯山，回到众神之中，从此就留在那里。正是借助同一母题的复见，借助同一个行动的重复，一方面是科瑞下到阴间，一方面是德墨忒耳回归神界，这个故事才成为完全自足的，在一个封闭的、仅关注自身的众神体系中完成了从分离到重聚的循环，人类则作为边缘角色被排斥在这个圈子之外，只是作为德墨忒耳跟众神讨价还价的一个小小的筹码而已。普拉蒂亚的代达伦传说尽管主要是沿着滑稽讽喻

〔105〕 Steph. Byz. *Lemnos*... “伟大的女神，人们称之为勒姆诺斯（Lemnos），据说，人们用少女向她献祭。”

的方向展开，但其中发生的事情也完全可以与德墨忒耳神话相比。这个传说只有在提到旱灾时对人类的存在稍有暗示，在提到赫拉的扈从人员时对普拉蒂亚的妇女有所指涉，除此之外，这完全是一个关于众神的故事，他们相互之间钩心斗角、争论吵架，神与神互相怨怼，互相取笑。在这些神话中，神与人并非相互依赖的搭档，神界事务和人间疾苦是并行不悖、互不相干的两个领域，尽管两者互为镜像、互相反映。正因为荷马的神是如此人性化，神才高高在上，与人类渺不相涉。 *141*

众所周知，《伊利亚特》体现的正是这种观念，但这种观念也适合于一般意义上的希腊宗教。迈锡尼和早期米诺斯文化的偶像造型都呈现为所谓主显节的姿态，即两只手朝前上方伸向崇拜者，[106]这种姿势是人们在接受群情激昂的人群欢呼时摆出的典型姿态，甚至直到现在仍是如此。这种姿势在公元前 8 世纪的早期希腊雕塑艺术中经常出现，但到 7 世纪就不复可见了。古风时期的神依然会大战怪物或巨人，古典时期的神则是一个卓然自立的完美形象，如果身边有伙伴的话，也同是神。他通常是独自一人伫立，向自己献祭。[107]已经有人注意到了在荷马的神与柏拉图的理念之间存在相似

〔106〕 S. Alexiou，*"He minoikè theà meth' hypsoménon cheirôn." Kretikà Chronikà* 12（1958）179-299；E. Brandt，*Gruss und Gebet*：*Eine Studie zu Gebärden in der minoisch-mykenischen und frühgriechischen Kunst*（Waldsassen 1965）；来自奥林匹亚的早期宙斯小雕像，见 E. Kunze *A&A* 2（1946）98-101。

〔107〕 见第二章注释〔51〕。

之处。

在古代近东和地中海这一共同世界里，各方文化的交流互通一直持续不断，层层累积叠加，形成了一种普遍的故事和仪式传统，在这一普遍性背景下，希腊神话呈现为一个自成一体的形式，凝结成一个独具特色的结晶体，其主要原因在于，口头史诗传统发展为一种高度专门化的艺术，以及荷马的《伊利亚特》势不可当的巨大影响力。比起以前的神话，这种形态的神话更有审美感染力，更加圆融畅达，但与此同时却也失去了其原有的直接性和现实性。实际上，早在古风时期，对此就有了批评之声，指责这种神话无非是“诗人的谎言”和艺术家的胡编乱造，然而，正是诗人和艺术家的创造使这种神话作为一种高级教育的入门阶段，在周边的文明中深受欢迎、畅行无阻，而且，作为古典文化遗产的主要组成部分流传了2500多年，一直到今天。不过，尽管希腊文化的形式化力量如此强劲持久，却并不足以保证希腊的文化形式就一定会长盛不衰，我们的时代似乎正在经历着这种文化形式的衰落。

目前，这可能恰恰是希腊神话提出的时代课题，与其仅仅把希腊神话视为一种自成一体、独具特色的文化形式，142 我们更应该大胆地在一个更为广阔的人文传统语境中重新认识它，经由希腊文化形式，洞悉作为其前身的、在那些已然逝去的漫长岁月和广阔空间中造就了人类生活并塑造了人类精神的经验动力结构。在我们这个时代，人类社会正面临着全面而急骤的变化，向着未知新边疆进发。看到当代科学幻想小说中那些最为惊心动魄的场景仍然万变不离其宗地延续着古代冒险和争霸故事中那些古老的神话模式，我不知道是否应该感到欣慰。归根到底，我们不得不面对这一事实：未来的危机和希望与传统的连续性密不可分，正是这种传统定义了什么是“人类”。

参考文献

Aarne, A. *The Types of the Folktale: A Classification and Bibliography*. Translated and enlarged by S. Thompson. Helsinki 1964.

Akurgal, E., Hirmer, M. *Die Kunst der Hethiter*. Munich 1961.

Alföldi, A. *Die Struktur des voretruskischen Römerstaates*. Heidelberg 1974.

Alster, B. *Dumuzi's Dream: Aspects of Oral Poetry on a Sumerian Myth*. Copenhagen 1972.

Atallah, W. *Adonis dans la littérature et l'art grecs*. Paris 1966.

Barrett, W. S. *Euripides Hippolytus*. Oxford 1964.

Barthes, R. *Mythologies*. Paris 1957. ~ *Mythen des Alltags*. Frankfurt/M 1964. Quoted from the French edition.

Baudissin, W. W. *Adonis und Esmun*. Leipzig 1911.

Baumann, H. *Das doppelte Geschlecht: Ethnologische Studien zur Bisexualität in Ritus und Mythos*. Berlin 1955.

———. "Mythos in ethnologischer Sicht." *Studium Generale* 12 (1959) 1–17.

Bausinger, H., Brückner, W., eds. *Kontinuität? Geschichtlichkeit und Dauer als volkskundliches Problem*. Berlin 1969.

Boas, F. "Tsimshian Mythology." In *Annual Report of the U.S. Bureau of American Ethnology* 31 (1916) 29–1037.

Boedeker, D. D. *Aphrodite's Entry into Greek Epic*. Leiden 1974.

Brisson, L. *Le mythe de Tirésias: Essai d'analyse structurale*. Leiden 1976.

Brommer, F. *Denkmälerlisten zur griechischen Heldensage*. I, *Herakles*. Marburg 1971.

———. *Herakles: Die zwölf Taten des Helden in antiker Kunst und Literatur*. Darmstadt 1972^2.

———. *Vasenlisten zur griechischen Heldensage*. Marburg 1973^3.

Buchholz, H. G., Karageorghis, V. *Altaägaäis und Altkypros*. Tübingen 1971.

Bunge, M. *Treatise on Basic Philosophy*. I, *Semantics I: Sense and Reference*. II, *Semantics II: Interpretation and truth*. Dordrecht 1974.

Burkert, W. *Homo Necans: Interpretation altgriechischer Opferriten und Mythen*. Berlin 1972.

———. *Griechische Religion der archaischen und klassischen Epoche*. Stuttgart 1977.

Calame, C. "La légende du Cyclope dans la folklore européen et extra-européen: Un jeu de transformations narratives." *EL* III 10,2 (1977) 45–79.

Campbell, J. *The Masks of God*. I, *Primitive Mythology*. New York 1959 (repr. 1969).

Cazeneuve, J. *Sociologie du rite: Tabou, magie, sacré*. Paris 1971.
Cook, A. B. *Zeus: A Study in Ancient Religion*. I–III. Cambridge 1914–40.
Cumont, F. *Les religions orientales dans le paganisme romain*. Paris 1929[4]. ~ *Die orientalischen Religionen im römischen Heidentum*. Stuttgart 1931. (Quoted from the German edition.)
Dawkins R. *The Selfish Gene*. Oxford 1976.
Detienne, M. *Les jardins d'Adonis*. Paris 1972.
———. *Dionysos mis à mort*. Paris 1977.
Deubner, L. *Attische Feste*. Berlin 1932.
Dieterich, A. *Kleine Schriften*. Leipzig 1911.
Dodds, E. R. *The Greeks and the Irrational*. Berkeley 1951.
Ducrot, O., Todorov, T., Sperber, D., Safonan, M., Wahl, F. *Qu'est-ce que le structuralisme?* Paris 1968.
Dundes, A. G. *The Morphology of North American Indian Folktales*. Helsinki 1964.
———. "Structuralism and Folklore." *Studia Fennica* 20 (1976) 75–93.
Durkheim, E. *Les formes élémentaires de la vie religieuse*. Paris 1912. ~ *The Elementary Forms of Religious Life*. London 1915. (Quoted from the French edition.)
Edsman, C. M. *Studies in Shamanism*. Scripta Instituti Donneriani Aboensis 1. Stockholm 1967.
Eibl-Eibesfeldt, I. *Liebe und Hass: Zur Naturgeschichte elementarer Verhaltensweisen*. Munich 1970.
———. *Der vorprogrammierte Mensch: Das Ererbte als bestimmender Faktor im menschlichen Verhalten*. Vienna 1973.
Eissfeldt, O. *Adonis und Adonaj, SB* Leipzig 115,4 (1970).
Eléments orientaux dans la religion grecque ancienne. Colloque de Strasbourg 22–24 mai 1958. Paris 1960.
Eliade, M. *Le Chamanisme*. Paris 1951. ~ *Schamanismus und archaische Ekstasetechnik*. Zürich 1957. ~ *Shamanism: Archaic Techniques of Ecstasy*. New York 1964. (Quoted from the French edition.)
———. *Myth and Reality*. New York 1963.
———. *Histoire des croyances et des idées religieuses*. I, *De l'âge de la pierre aux mystères d'Eleusis*. Paris 1976.
Falkenstein, A., v.Soden, W. *Sumerische und akkadische Hymnen und Gebete*. Zürich 1953.
Farnell, L. R. *The Cults of the Greek States*. I–V. Oxford 1896–1909.
———. *Greek Hero Cults and Ideas of Immortality*. Oxford 1921.
Faure, P. *Functions des cavernes Crétoises*. Paris 1964.
Fauth, W. *Hippolytus and Phaidra*. *Abh*. Mainz (1958) 9/(1959)8.
Fehling, D. *Ethologische Ueberlegungen auf dem Gebiet der Altertumskunde*. Munich 1974.
———. *Amor und Psyche: Die Schöpfung des Apuleius und ihre Einwirkung auf das Märchen. Eine Kritik der romantischen Märchentheorie. Abh*. Mainz (1977)9.
Findeisen, H. *Schamanentum*. Stuttgart 1957.
Fittschen, K. *Untersuchungen zum Beginn der Sagendarstellungen bei den Griechen*. Berlin 1969.
Fleischer, R. *Artemis von Ephesos und verwandte Kultstatuen*. Leiden 1973.

Fodor, J. D. *Semantics: Theories of Meaning in Generative Grammar*. Hassocks 1977.
Fontenrose, J. *Python: A Study of Delphic Myth and Its Origins*. Berkeley 1959.
———. *The Ritual Theory of Myth*. Univ. of Calif. Publ.: Folklore Studies, 18. Berkeley and Los Angeles 1966.
Franke, P. R. *Kleinasien zur Römerzeit: Griechisches Leben im Spiegel der Münzen*. Munich 1968.
Franke, P. R., Hirmer, M. *Die griechische Münze*. Munich 1972².
Frankfort, H. *Cylinder Seals*. London 1939.
———. *Stratified Cylinder Seals from the Diyala Region*. Chicago 1955.
———, Frankfort, H. A., Wilson, J. A., Jacobson, Th. *The Intellectual Adventure of Ancient Man*. Chicago 1946. ~ *Before Philosophy*. Harmondsworth 1949 (quoted from this edition).
Friedrich, A., Buddruss, G. *Schamanengeschichten aus Sibirien*. Munich 1955.
Friedrich, J. *Hethitisches Elementarbuch*. II. Heidelberg (1946) 1967².
Frisk, H. *Griechisches etymologisches Wörterbuch*. I–II. Heidelberg 1960–70.
Galinsky, G. K. *The Herakles Theme: The Adaptation of the Hero in Literature from Homer to the Twentieth Century*. Oxford 1972.
Gaster, Th. H. *Festivals of the Jewish Year*. New York 1953.
———. *Thespis: Ritual, Myth, and Drama in the Ancient Near East*. Garden City (1950) 1961².
Germain, G. *Genèse de l'Odyssée*. Paris 1954.
Gese, H. *Die Religionen Altsyriens*. In *Die Religionen Altsyriens, Altarabiens und der Mandäer*. Stuttgart 1970.
Glenn, J. M. "The Polyphemus Folktale and Homer's Kyklopeia." *TAPA* 92 (1971) 133–81.
Gonda, J. *Die Religionen Indiens*. I. Stuttgart 1960.
Graf, F. *Eleusis und die orphische Dichtung Athens in vorhellenistischer Zeit*. Berlin 1974.
Greimas, A. J. *Sémantique structurale: Recherche de méthode*, Paris 1966. ~ *Strukturale Semantik*. Braunschweig 1971. (Quoted from the French edition.)
Gruben, G. *Die Tempel der Griechen*. Munich 1976².
Gruppe, O. *Griechische Mythologie und Religionsgeschichte*. Handbuch der Altertumswissenschaft. Munich 1906.
———. *Geschichte der klassischen Mythologie und Religionsgeschichte*. Leipzig 1921 (*RML* Supp.)
Gurney, O. R. *The Hittites*. Harmondsworth (1952) 1954².
Gusmani, R. "Le religioni dell' Asia Minore nel primo millennio a.C." In *Tacchi Venturi*, II (1971) 293–341.
Haas, V. *Der Kult von Nerik*. Wiesbaden 1970.
Hanfmann, G. M. A. *From Croesus to Constantine: The Cities of Western Asia Minor and Their Arts in Greek and Roman Times*. Ann Arbor 1975.
Harrison, J. E. *Prolegomena to the Study of Greek Religion*. Cambridge (1903) 1922³.
———. *Themis: A Study of the Social Origins of Greek Religion*. Cambridge (1912) 1927².
———. *Epilegomena to the Study of Greek Religion*. Cambridge 1921.
Haspels, C. H. E. *The Highlands of Phrygia: Sites and Monuments*. Princeton

1971.
Head, B. V. *Historia Numorum*. Oxford 1911².
Helck, W. *Betrachtungen zur Grossen Göttin*. Munich 1971.
Hepding, H. *Attis, seine Mythen und sein Kult*. Giessen 1903.
Herskovits, F. S. "A Cross-Cultural Approach to Myth." In *Dahomean Narrative*, Evanston 1958, 81–122.
Herter, H. *Kleine Schriften*. Munich 1975.
Hetzner, U. *Andromeda und Tarpeia*. Meisenheim 1963.
Hillebrandt, A. *Vedische Mythologie*. I–II. Breslau 1927–29².
Höfler, O. *Siegfried, Arminius und die Symbolik*. Heidelberg 1961.
Jacobsen, Th. *The Treasures of Darkness: A History of Mesopotamian Religion*. New Haven 1976.
Jeffery, L. H. *The Local Scripts of Archaic Greece*. Oxford 1961.
Jung, C. G., Kerényi, K. *Einführung in das Wesen der Mythologie*. Zürich 1941. ~ *Introduction to a Science of Mythology*, New York 1951. (Quoted from the German edition.)
Kaibel, G. *Epigrammata Graeca ex lapidibus collecta*. Berlin 1878.
Kent, J. P. C., Overbeck, B., Stylow, A. U. *Die römische Münze*. Munich 1973.
Kerényi, K. *Dionysos: Urbild des unzerstörbaren Lebens*, Munich and Vienna 1976. ~ *Dionysos: Archetypal Image of Indestructible Life*. London and Princeton 1976. (Quoted from the German edition.)
Kirfel, W. *Die dreiköpfige Gottheit: Archäologisch-ethnographischer Streifzug durch die Ikonographie der Religionen*. Bonn 1948.
Kirk, G. S. *Myth: Its Meaning and Functions in Ancient and Other Cultures*. Berkeley and Los Angeles 1970.
———. "Aetiology, Ritual, Charter: Three Equivocal Terms in the Study of Myths." *YCS* 22 (1972) 83–102.
———. *The Nature of Greek Myths*. Harmondsworth 1974 (1976²).
Kramer, S. N. *Sumerian Mythology*. New York (1944) 1961².
Kümmel, H. M. *Ersatzrituale für den hethitischen König*. Wiesbaden 1967.
Kunze, E. *Olympische Forschungen*, II. Berlin 1950.
Kurtz, D. C., Boardman, J. *Greek Burial Customs*. Ithaca, N. Y. 1971.
Laroche, E. "Recherches sur les noms des dieux Hittites." *Revue hittite et asianique* 17,46 (1947) 7–133.
La Fontaine, J. S., ed. *The Interpretation of Ritual: Essays in Honour of A. I. Richards*. London 1972.
Latte, K. *Römische Religionsgeschichte*. Handbuch der Altertumswissenschaft. Munich 1960.
Lawick-Goodall J. *In the Shadow of Man*. London 1971. ~ *Wilde Schimpansen*. Reinbeck 1971. (Quoted from the German edition.)
Leach, E., ed. *The Structural Study of Myth and Totemism*. London 1967.
Leipoldt, J. *Bilderatlas zur Religionsgeschichte*. 9–11. *Die Religionen in der Umwelt des Christentums*. Leipzig 1926.
Leroi-Gourhan, A. *Préhistoire de l'art occidentale*. Paris 1965.
Lesky, A. *Gesammelte Schriften*. Bern 1966.
Lévi-Strauss, C. *Anthropologie Structurale*. Paris. 1958. ~ *Structural Anthropology*. New York 1963. ~ *Strukturale Anthropologie*. Frankfurt 1967. (Quoted from

the English edition.)
———. *Mythologiques*. I. *Le Cru et le cuit*. Paris 1964. ~ *The Raw and the Cooked*. New York 1969. (Quoted from the French edition.)
Lippold, G. *Griechische Plastik. Handbuch der Altertumswissenschaft*. Munich 1950.
Lorenz, K. *Das sogenannte Böse: Zur Naturgeschichte der Aggression*. Vienna 1963 (1970[25]). ~ *On Aggression*. New York 1966. (Quoted from the Bantam edition 1967.)
Lot-Falck, E. *Les Rites de chasse chez les peuples sibériens*. Paris 1953.
Lüthi, M. *Das Volksmärchen als Dichtung: Aesthetik und Anthropologie*. Düsseldorf 1975.
———. *Märchen*. Stuttgart (1962) 1976[6].
Makarius, R. L. *Structuralism ou ethnologie: Pour une critique radicale de l'anthropologie de Lévi-Strauss*. Paris 1973.
Malinowski, B. *Myth in Primitive Psychology*. New York 1926. In Malinowski (1954) 93–148.
———. *Magic, Science and Religion*. (New York 1948) Garden City 1954.
Mannhardt, W. *Wald- und Feldkulte*. I. *Der Baumkultus*. II. *Antike Wald- und Feldkulte*. Berlin 1875–77 (slightly revised 1905; repr. 1963).
———. *Mythologische Forschungen*. Strassburg 1884.
Maranda, P., ed. *Mythology: Selected Readings*. Harmondsworth 1972.
Masson E. *Recherches sur les plus anciens emprunts sémitiques en grec*. Paris 1967.
Meissner, B. *Babylonien und Assyrien*. Heidelberg 1925.
Mellaart, J. *Çatal Hüyük: A Neolithic Town in Anatolia*. London 1967 ~ *Çatal Hüyük: Stadt aus der Steinzeit*. Bergisch Gladbach 1967. (Quoted from the German edition.)
———. *Excavations at Hacilar*. Edinburgh 1970.
Metzger, H. *Les Représentations dans la céramique attique du IVe siècle*. Paris 1951.
———. *Recherches sur l'imagérie Athénienne*. Paris 1965.
Meuli, K. *Odyssee und Argonautica*. Berlin 1921 (repr. in Meuli [1975] 593–676).
———. *Griechische Opferbräuche*. In *Phyllobolia: Festschrift P. Von der Mühll* (Basel 1946) 185–288 (repr. in Meuli [1975] 907–1021).
———. *Gesammelte Schriften*. I–II. Basel 1975.
Michael, H. N., ed. *Studies in Siberian Shamanism*. Toronto 1963.
Moortgat, A. *Tammuz: Der Unsterblichkeitsglaube in der altorientalischen Bildkunst*. Berlin 1949.
Morris, D. *Primate Ethology*. London 1967.
Müller-Karpe, H. *Handbuch der Vorgeschichte*. I. *Altsteinzeit*. II. *Jungsteinzeit*. Munich 1966–68.
Munz, P. *When the Golden Bough Breaks: Structuralism or Typology?* Wellington, New Zealand 1973.
Mythologies of the Ancient World. S. N. Kramer, ed. Garden City 1961.
Nathorst, B. "Formal or Structural Studies of Traditional Tales: The Usefulness of Some Methodological Proposals Advanced by V. Propp, A. Dundes, C. Lévi-Strauss and E. Leach." *Stockholm Studies in Compar. Rel.*, 9(1969).
Nilsson, M. P. *Griechische Feste von religiöser Bedeutung mit Ausschluss der at-*

tischen. Berlin 1906.
———. *The Minoan-Mycenaean Religion and Its Survival in Greek Religion*. Lund 1950².
———. *Opuscula selecta ad historiam religionis Graecae*. I–II. Lund 1951–52.
———. *Geschichte der griechischen Religion*. I². (= I³ 1967), II² (= II³ 1974). Munich 1955–61.
Nock, A. D. *Essays on Religion and the Ancient World*. Cambridge, Mass. 1972.
O'Flaherty, W. D. *Asceticism and Eroticism in the Mythology of Siva*. Oxford 1973.
———. *Hindu Myths: A Sourcebook, Translated from the Sanskrit*. Harmondsworth 1975.
Page, D. L. *The Homeric Odyssey*. Oxford 1955.
Palmer, F. R. *Semantics: A New Outline*. Cambridge 1976. ~ *Semantik: Eine Einführung*. Munich 1977. (Quoted from the English edition.)
Paulson, I. *Schutzgeister des Wildes (der Jagdtiere und Fische) in Nordeurasien*. Uppsala 1961.
Paulson, I., Hultkrantz, A., Jettmar, K. *Die Religionen Nordeurasiens und der amerikanischen Arktis*. Stuttgart 1962.
Peek, W. *Griechische Vers-Inschriften*. I. *Grab-Epigramme*. Berlin 1955.
Piaget, J. *Le Structuralisme*. Paris (1968) 1970⁴. ~ *Structuralism*. New York 1970, London 1971. ~ *Der Strukturalismus*. Olten 1973. (Quoted from the French edition.)
Poucet, J. *Recherches sur la légende Sabine des origines de Rome*. Louvain 1967.
Propp. V. J. *Morfologija skaski*. Leningrad (1928) 1969². ~ *Morphology of the Folktale*. Bloomington 1958, London 1968². ~ *Morphologie des Märchens*. Munich (1972) 1975². (Quoted from the German edition.)
———. *Istoričeskije korni volšebnoj skaski*. Leningrad 1946. ~ *Le radici storiche dei racconti di fate*. Turin (1949) 1972². (Quoted from the Italian edition.)
Radke, G. *Die Götter Altitaliens*. Münster 1965.
Radloff, W. *Aus Sibirien*. Leipzig (1889) 1893² (repr. Oosterhout 1968).
Raglan, L. *The Hero: A Study in Tradition, Myth, and Drama*. New York 1936 (1956).
Rank, O. *Der Mythus von der Geburt des Helden*. Vienna 1909. ~ *The Myth of the Birth of the Hero*. New York 1952.
Rasmussen, K. *Rasmussens Thulefahrt*. Frankfurt 1926.
Reinach, S. *Cultes, Mythes et Religions*. III. Paris 1908².
Reichel-Dolmatoff, D. *Desana: Le Symbolisme universelle des Indiens Tukano de Vaupés*. Paris 1973. ~ *Amazonian Cosmos: The Sexual and Religious Symbolism of the Tukano Indians*. Chicago 1971. (Quoted from the French edition.)
Richardson, N. J. *The Homeric Hymn to Demeter*. Oxford 1974.
Ricoeur, P. *La Métaphore vive*. Paris 1975.
Ringgren, H. *Religions of the Ancient Near East*. London 1973.
Risch, E. *Wortbildung der homerischen Sprache*. Berlin and New York 1974².
Röhrich, L. *Erzählungen des späten Mittelalters*. II. Bern 1967.
Schefold, K. *Frühgriechische Sagenbilder*. Munich 1964.
Schiwy, G. *Der französische Strukturalismus*. Reinbeck 1969.
Schmidt, L. *Die Volkerzählung: Märchen, Sage, Legende, Schwank*. Berlin 1963.
Schweitzer, B. *Herakles*. Tübingen 1922.

Schwyzer, E. *Griechische Grammatik*. Handbuch der Altertumswissenschaft. Munich, 1939.
Sebeok, Th. A., ed. *Myth: A Symposium*. Bloomington and London 1955.
Sharpe, E. J. *Comparative Religion: A History*. London 1975.
Simon, E. *Die Götter der Griechen*. Munich 1969.
Sittig, E. "De Graecorum nominibus theophoris." Diss. Halle 1911.
Smith, W. R. *Lectures on the Religion of the Semites*. Cambridge (1889) 1894[2] ~ *Die Religion der Semiten*. Tübingen 1899. (Quoted from the German edition.)
Snodgrass, A. M. *The Dark Age of Greece*. Edinburgh 1971.
Soyez, B. *Byblos et la Fête des Adonies*. Leiden 1977.
Stiglitz, R. *Die Grossen Göttinnen Arkadiens*. Vienna 1967:
Strommenger, E. *Fünf Jahrtausende Mesopotamien*. Munich 1962.
Tacchi Venturi, P., ed. *Storia delle religioni*. Turin 1970–71[6].
Travlos, J. *Bildlexikon zur Topographie des antiken Athen*. Tübingen 1971.
Usener, H. *Kleine Schriften*. IV. Leipzig and Berlin 1913.
Vermaseren, M. J. *The Legend of Attis in Greek and Roman Art*. Leiden 1966.
———. *Cybele and Attis: The Myth and the Cult*. Leiden 1977.
Weidkuhn, P. *Aggressivität, Ritus, Säkularisierung*. Basel 1965.
Weinstock, St. "Saturnalien und Neujahrsfest in den Märtyreracten." In *Mullus. Festschrift Th. Klauser*, Münster 1964, 391–400.
West, M. L. *Early Greek Philosophy and the Orient*. Oxford 1971.
v. Wilamowitz-Moellendorff, U. *Euripides, Herakles*. Berlin 1895[2] vol. I (= repr. 1959 vol. II).
———. *Hellenistische Dichtung in der Zeit des Kallimachos*. Berlin 1924.
———. *Der Glaube der Hellenen*. I–II. Berlin 1931–32.
Wissowa, G. *Religion und Kultus der Römer*. Handbuch der Altertumswissenschaft. Munich 1912[2].
Zimmern, H. "Der babylonische Gott Tamuz." *Abh*. Sächs. Ges. der Wissenschaft 27,20, Leipzig 1909, 701–38.
Zuntz, G. *Persephone: Three Essays on Religion and Thought in Magna Graecia*. Oxford 1971.

索　引

（以下索引中的页码为原书页码，即本书边码；以n开头表示出现在注释中，n. 5. 129即第五章注释129）*

*　索引中的专名和术语均译为汉语；索引中以斜体标识的古词语，正文中对其词源和语义有专门考证和解说，此类词语若在正文中已译为汉语，则索引亦译为汉语，若正文中未译为汉语，索引亦保留原文不译。

B

C

E

F

G

H

I

J

M

N

O

P

R

S

T

U

V

W X Z

"古典与文明"丛书

第一辑

义疏学衰亡史论　乔秀岩　著

文献学读书记　乔秀岩　叶纯芳　著

千古同文：四库总目与东亚古典学　吴国武　著

礼是郑学：汉唐间经典诠释变迁史论稿　华喆　著

唐宋之际礼学思想的转型　冯茜　著

中古的佛教与孝道　陈志远　著

《奥德赛》中的歌手、英雄与诸神　〔美〕查尔斯·西格尔　著

奥瑞斯提亚　〔英〕西蒙·戈德希尔　著

希罗多德的历史方法　〔美〕唐纳德·拉泰纳　著

萨卢斯特　〔新西兰〕罗纳德·塞姆　著

古典学的历史　〔德〕维拉莫威兹　著

母权论：对古代世界母权制宗教性和法权性的探究

〔瑞士〕巴霍芬　著

“古典与文明”丛书

第 二 辑

作与不作：早期中国对创新与技艺问题的论辩 〔美〕普　鸣　著

成神：早期中国的宇宙论、祭祀与自我神化 〔美〕普　鸣　著

海妖与圣人：古希腊和古典中国的知识与智慧

〔美〕尚冠文　杜润德　著

阅读希腊悲剧 〔英〕西蒙·戈德希尔　著

蘋蘩与歌队：先秦和古希腊的节庆、宴飨及性别关系　周轶群　著

古代中国与罗马的国家权力 〔美〕沃尔特·沙伊德尔　编

学术史读书记　乔秀岩　叶纯芳　著

两汉经师传授文本征微　虞万里　著

推何演董：董仲舒《春秋》学研究　黄　铭　著

周孔制法：古文经学与教化　陈壁生　著

《大学》的古典学阐释　孟　琢　著

参赞化育：惠栋易学考古的大道与微言　谷继明　著